课程治理现代化丛书

张秋来　王　琦　杨四耕　主编

CIM 课程

创客教育的要素设计与实践探索

王　琦　庄丽伟◎主编

华东师范大学出版社

·上海·

图书在版编目(CIP)数据

CIM 课程:创客教育的要素设计与实践探索/王琦,庄丽伟主编. —上海:华东师范大学出版社,2025.(课程治理现代化丛书). —ISBN 978 - 7 - 5760 - 5870 - 3

Ⅰ. G632.0

中国国家版本馆 CIP 数据核字第 202508AA69 号

课程治理现代化丛书

CIM 课程:创客教育的要素设计与实践探索

丛书主编　张秋来　王　琦　杨四耕
主　　编　王　琦　庄丽伟
责任编辑　刘　佳
项目编辑　林青荻
特约审读　陈雅慧
责任校对　王丽平
装帧设计　卢晓红

出版发行　华东师范大学出版社
社　　址　上海市中山北路 3663 号　邮编 200062
网　　址　www.ecnupress.com.cn
电　　话　021 - 60821666　行政传真 021 - 62572105
客服电话　021 - 62865537　门市(邮购)电话 021 - 62869887
地　　址　上海市中山北路 3663 号华东师范大学校内先锋路口
网　　店　http://hdsdcbs.tmall.com

印刷者　上海龙腾印务有限公司
开　　本　787 毫米×1092 毫米　1/16
印　　张　18.5
字　　数　175 千字
版　　次　2025 年 4 月第 1 版
印　　次　2025 年 4 月第 1 次
书　　号　ISBN 978 - 7 - 5760 - 5870 - 3
定　　价　58.00 元

出版人　王　焰

编委会

丛书总序

　　为了高水平推进区域课程治理现代化,深圳市坪山区立足"创新坪山、未来之城"的建设,唱响"深圳坪山,无限可能"的口号,相信每一所学校的力量,相信每一位教师的力量,相信每一个学生的力量,深化区域课程教学改革,推进课程治理机制创新,深化育人重点领域和关键环节改革,提升课程智治水平,转变育人方式,高水平推进深圳东部中心课程治理现代化。

　　坪山区确定了课程治理现代化的总体目标:完善课程治理机制,优化课程治理方式,创新课程治理载体,提升课程治理效能,形成国家主导、区域统筹、学校实施、社会参与和学生选择的课程治理新局面,开辟高水平推进区域课程治理现代化新赛道,争当深圳市课程治理现代化先行者,努力成为全面展现中国特色社会主义教育制度优越性的示范窗口和典型样板。在此基础上,形成了区域课程治理现代化的具体目标。

　　1. 完善课程治理机制。构建上下联动、问题倒逼、试点推广和协同推进等课程治理新机制,持续深化基础教育课程改革;广泛吸纳各种力量参与,通过由学校引导机制、师生参与机制、专家干预机制和社会力量融入机制等组成的复合型机制,促进课程资源高质量供给,有效达成课程改革的多重目标。

　　2. 优化课程治理方式。采用文化治理与依法治理相结合、内部治理与外部治理相结合、全面治理与专项治理相结合、横向治理与纵向治理相结合的多维课程治理方式,实现课程治理方式的优化组合。根据治理的问题难度、治理的主体组合和治理的过程情况,灵活采取一种或多种治理方式,实现课程治理最优化。

　　3. 创新课程治理载体。进一步理清政府、社会、学校及教师的课程治理权限,强化课程治理的国家意志,把握课程政策走向,理解课程标准,设计课程计划,研制课程规划,优化课程设计,推进课程审议,落实课程研修,开展课程视导,寻求技术赋能,创建多元协同课程治理共同体,不断创新课程治理载体。

　　4. 提升课程治理效能。培育一批深入实施新课程的先进学校,提升教师课程治理能力,促进学生个性全面发展;总结发现一批课程育人成效显著的典型案例,形成一套更加完善的,有时代特征、坪山特点、中国特色的课程治理制度体系,为率先实现高水平课程治理现代化提供坚实保障,奠定坪山区教育现代化的制度基石。

如何高水平推进区域课程治理现代化?深圳市坪山区把握以下几条原则。

一是坚持正确方向,强化课程治理的国家意志。课程治理是国家事权,要坚持正确方向,充分体现课程治理的国家意志,确保社会主义办学方向,坚持立德树人,服务国家战略需求,将社会主义核心价值观融入课程体系之中。

二是坚持问题导向,破解课程治理的系列难题。围绕着课程理念难更新、课程逻辑难理顺、课程实施难深入、课程资源难协调、课程研究难深化、课程治理体系不配套等突出问题,深化体制机制改革,着力破解课程治理的系列难题,助力学生健康成长。

三是坚持守正创新,把握课程治理的内在逻辑。加强学校课程顶层设计,总结课程改革成功经验,着眼于课程制度建设,坚持守正创新,鼓励各校深入探索、勇于创新、不断完善,把握课程治理的内在逻辑,持续激发学校课程治理活力,讲好坪山课程故事,传递中国课程话语。

四是坚持放管结合,构建课程治理的协同机制。处理好政府办学主体责任和学校办学主体地位之间的关系,遵循多元治理原则,明确政府、社会、学校和教师的治理权限,发挥自上而下与自下而上相结合的课程改革动力作用,坚持顶层设计与分步推进相结合的课程改革方法论,构建课程治理的协同机制,深化基础教育课程改革。

五是坚持有序推进,完善课程治理的路径选择。强化党委统筹、政府依托和各方参与间的协调配合,坚持渐进调适与全面深化相结合的课程治理路径选择,注重从实际出发,加强分类指导,因校制宜,积极稳妥推进,处理好改革、发展、稳定三者的关系,切实增强课程治理的针对性、协调性和有效性。

为高水平推进区域课程治理现代化,深圳市坪山区注重系统性,避免零打碎敲;注重渐进性,实现平稳过渡;注重协同性,实现点面结合,全面建设高品质课程体系。深圳市坪山区主要围绕以下六大任务推进区域课程治理现代化。

第一大任务:健全立德树人落实机制

1. 价值引领机制。以课程规划为抓手,建立健全德智体美劳全面发展的人才培养体系。在坚定理想信念、厚植爱国主义情怀、加强品德修养、增长知识见识、培养奋斗精神、增强综合素质上下功夫,建构坪山区"5T"课程目标观,着力培养有思想(thinking)、有才干(talented)、有韧性(temper)、会合作(teamwork)、可信赖(trusty)的新时代坪山学子,使学生有理想、有本领、有担当,培养德智体美劳全面发展的社会主义建设者和接班人。

2. 系统衔接机制。完善中小幼一体化德育课程体系,大力培育和践行社会主义核心价值观,推进各学段纵向衔接、各学科横向融通、课内外深度融合。提高智育水平,培养关键能力,激发创新意识。完善体质健康教育,增强师生审美能力。加强劳动教育,完善家庭、学校、社会教育体系。实现不同学段、不同环境中的课程思政的前后贯通和优势互补。

3. 动力形成机制。以评价改革为纽带,通过设计和推进适用于政府、学校、社区和教师等不同主体的立德树人评价标准,探索多样化的适合师生需要的激励方式,增强不同教育主体立德树人的动力,不断激发课程育人的积极性、主动性和创造性。

4. 能力提升机制。以学科育人为重点,通过加深教师对学科课程哲学和育人价值的理解,通过对各学科课程目标、结构、内容、实施方法和评价要求的把握,发挥好立德树人主渠道的作用,不断提升课程育人能力。

5. 力量汇聚机制。以供给侧改革为统领,通过对人、财、物、时间、空间五大要素的优化整合与合理配置,构建社会支持、机构指导、协会自治、联盟推进、家校共育的合作体系,形成学校全面开放、家长深度参与、社会共同支持的力量汇聚机制,形成立德树人合力,不断提高课程育人成效。

第二大任务:建设高质量课程体系

高质量课程体系建设要突出课程育人属性,面向全体学生,因材施教,通过多主体协作、多资源统整、多场域协同,研制学校课程规划,优化学校课程结构,形成学校课程特色,满足学生多元发展需求。

1. 研制学校课程规划。坚持"一校一策",把国家统一制定的育人"蓝图"细化为学校的个性化育人"施工图"。学校要立足实际,分析资源条件,确立学校课程哲学,厘定培养目标,细化课程目标,因校制宜规划学校整体课程,以育人方式和学习方式变革为重点,创造性设计课程实施方案,激活学校课程管理,提升课程的文化内涵,彰显课程的逻辑力量。

2. 优化学校课程结构。以促进学生个性全面发展为目标,设计刚需课程、普需课程和特需课程,高质量落实体现国家课程刚性要求的刚需课程,建设体现学生兴趣爱好的普需课程,设计基于学生个性发展的特需课程,将课程理念、原则要求转化为具体的育人实践活动,满足学生多样化发展需要。

3. 形成学校课程特色。学前教育阶段按照幼儿学习与发展五大领域的要求,注重共同课程与特色课程的全面建构;义务教育阶段确保全面落实国家课程,注重与地方课程和校本课程的统筹实施;普通高中在保证开齐开好必修课程的基础上,注重适应学生特长优势和发展需要,提供分层分类、丰富多样的选修课程,形成体现学校办学特色的课程育人体系。

第三大任务:开发高品质课程内容

积极回应社会发展的新要求和育人实践的新挑战,把握课程迭代发展要求,构建以国家课程为主体、地方课程和校本课程为重要拓展和有益补充的课程内容体系,促进课程资源的高质量供给。

1. 推动学科课程群建设。以学科课程标准为依据,立足学校实际,培育优势学科和特色学科,基于学生发展需求,从学科课程哲学、学科课程目标、学科课程框架、学科课程思路、学科课程实施和学科课程管理等方面研制学科课程群建设方案,推动学科课程群建设,形成学科教学特色,优化学科教学过程,落实学科核心素养,严格学科常规管理,抓实学科教研活动,促进学科教研组建设,打造一批特色学科建设示范学校,实现优质均衡发展。

2. 落实科学素养提升行动。立足科技发展前沿,深化科学教育改革,开齐开足科学课程,强化做中学、用中学、创中学,推进跨学科综合教学。加强科学教育实践活动,持续深入开展科普教育,激发青少年好奇心、想象力、探求欲,提升学生解决实际问题的能力,发展学生科学素养。继续推进 STREAM 课程、创客教育课程、大师进校园课程和人工智能课程,关注未来社会,传播未来思想,增强未来意识,建立未来观念,探索未来教育课程体系,增强课程摄入的主动性。

3. 推进综合素养课程建设。继续推进家校共育"燃"课程、阳光阅读"亮"课程、底色艺术"炫"课程、悦动体育"嗨"课程、劳动教育"润"课程和生涯教育"导"课程,积极融入时代潮流,充分彰显课程的时代内涵,提升学生的综合素养。

第四大任务:提升课程实施质量

立足课程标准,通过试点先行和示范引领机制,探索单元整体课程设计,推进教学方式深度变革,提高作业设计水平,着力解决课程改革重难点问题,全面提高课程的实施质量。

1. 探索单元整体课程设计。聚焦核心素养培育,基于学科课程标准,以学科大概念为核心,从明确单元课程理念、分析单元课程情境、厘定单元课程目标、研发单元课程内容、激活单元课程实施和设计单元课程评价等方面入手,探索单元整体课程设计,实现标准要求与目标设计、课程设计与教学设计、内容设计与学习设计、任务设计与活动设计、教学设计与评价设计的有机统一,提升学科课程育人价值。

2. 推进教学方式深度变革。根据核心素养形成规律,依据学生学习发生的基本途径,在学习、交往、实践和反思的基础上,逐步把间接学习与直接学习,知识学习与问题解决,形式训练与任务完成,课堂学习与实践活动,课内外、校内外、家庭学校社会结合起来,多主体协同、多途径融合、多情境转换,课程实施路径与学生学习方式紧密结合,注重学科实践和跨学科学习,让学生通过亲身体验丰富学习的直接经验,促进经验之间的转化和融合。加强课程学习与综合实践、社会生活的联系,建立以学习为中心的课程连续体,丰富学生的学习情感态度,体验学习过程与方法,促进学生核心素养的形成。

3. 全面提高作业设计水平。在用好基础性作业的基础上,多维度引导教师提高作业设计水平,鼓励教师设计探究性作业和实践性作业,探索设计情境性跨学科综合作业;广泛开展优质作业设计展示交流,加强作业设计培训。

第五大任务:创新课程评价方式

课程评价是课程建设质量的根本保证,对高品质课程建设具有激励、监督和调控作用。

1. 课程发展的文本评价。系统考查学校课程规划、学校课程指南、学科课程群建设方案、跨学科课程创意设计、校本课程纲要、单元整体课程设计等课程文本是否齐备,查看相关内容要素是否完整、表述是否科学、设计是否规范。

2. 课程建设的主体评价。课程建设的主体评价主要包括校长、教师和学生。其中,评价校长的课程领导力,主要从价值理解力、逻辑建构力、目标厘定力、框架设计力、课程开发力、实施推进力、评价激励力和资源保障力角度进行;评价教师的课程执行力,最主要看教师对所教课程的理念理解度和目标达成度;评价学生的课程学习,最主要是看通过课程的学习,学生的行为模式和学业成绩的提升效果,即学校育人目标的达成度。此外,外部因素对于课程实施的影响,比如政府机构的支持力度,相关社会力量诸如社会团体、社区资源以及学生家长的支持和理解等,也是课程实施过程评价需关注的内容。

3. 课程实施的效果评价。从以下三个维度进行评价:一是学生的学习结果,包括学生在课程学习过程中的表现、学生对课程学习的态度、学生核心素养的培养、学生对不同学习方式的运用、学生对课程的满意程度；二是教师的专业发展，包括教师课程领导力的提升、教师参与课程设计能力的提升、教师进行评价能力的提升、教师共同体的成长、教师对课程方案的满意程度等；三是学校的发展成效，包括课程建设是否促进学校的发展、是否为学校发展带来新的契机，家长对学校课程的满意程度，课程评价结果对于学校课程发展的价值等。

第六大任务：提高课程智治水平

课程治理现代化是在信息化、数字化、智能化背景下，通过创新教育模式、优化课程体系、推进课程实施、加强课程管理，全面提升课程品质的过程。升级课程资源数据库，构建课程智治长效发展机制，全面提高课程智治水平，是课程治理现代化的重要任务。

1. 加快课程数字化转型。充分利用人工智能和大数据技术，建设泛在学习环境，推进课程数据库建设，实现课程供给的个性化精准服务和资源多元融合，推进课程数字化转型，发展终身学习体系。

2. 推进数字化赋能教学。充分利用数字化赋能基础教育，推动数字化在拓展教学时空、共享优质资源、优化课程内容与教学过程、优化学生学习方式、精准开展教学评价等方面的广泛应用，基于大数据开展信息技术与教育教学的深度融合，推进个性化精准教学，促进教学更好地适应知识创新、素养形成发展等新要求，构建数字化背景下的新型教与学模式，助力提高教学效率和质量。

3. 建立课程反馈改进机制。完善课程管理规范体系，建立学习数据隐私保护机制。统筹推进课程数据无感采集、深度挖掘和开放共享，建立贯通的课程大数据归集和分析系统，形成课程反馈改进机制，为有效推进课程实施提供参考依据。

为了落实上述六大任务，深圳市坪山区变革传统教研方式，以问题为导向，在区域层面推进科研、教研、师训、信息四大研究部门贯通与融合，整合各类资源，建立健全协同研究机制。联合教科研机构、高校及培训、电教、装备等部门，充分发挥外部专业力量与内生力量的共同作用。探索课程备案与审议制度，强化专业引领，促进课程品质的整体提升。同时，构建课程督导机制，强化政府履行教育职责，提升政府对课程改革的保障能力，优化课程资源配置，优化区域课程改革环境。推进课程视导，落实课程专项督导制度，提升课程专项督导水平。引入第三方课程视导机制，合理运用视导结果，将结果作为资源配置的重要依据。

五年来，坪山区推进课程治理现代化取得了丰硕的成果，抢占了时代制高点，找准了理想落脚点,突出了现实结合点,把握了根本着力点,形成了常态落实点,积累了独具特色的坪山课程改革经验。

张秋来　王　琦　杨四耕

2024 年 6 月 7 日

目 录 | contents

第一章　　　问题的驱动性　　　　　　　　　　　　　　　1

　　　问题驱动性是 CIM 课程的首要特征。驱动性问题具有现实性、挑战性、主体性、开放性和创新性等特征,有助于持续推进学习过程,提升学生综合运用各学科知识解决问题的综合能力。

第二章　　　目标的融合性　　　　　　　　　　　　　　49

　　　CIM 课程的核心目标在于培养学生创造性地运用知识与技能解决真实情境中的复杂问题的能力。其目标的融合性体现在:通过整合多学科知识的跨学科项目的设计与实践,提升科学素养、技术素养、工程素养以及数学素养等多种素养,进而促进学生的全面发展。

第三章　　**内容的涌现性**　　　　　　　　　　　　98

　　形成学科持续创新能力,需要经历一个由弱到强的漫长过程,即传统课程持续创新能力的生成过程,生成的途径就是有效发挥 CIM 课程内容的涌现性。CIM 课程的涌现性突出学习过程中知识产生时所表现出的新颖性、结构性、复杂性和生成性。

第四章　　**学习的具身性**　　　　　　　　　　　　133

　　学习的具身性体现在学习场景层面的真实性,学习活动的交互性,学习内容层面的层次性,学习评价的多元性。学生在学习过程中通过身体活动与环境的有效互动,能够获得知识、技能和情感等多方面的体验。

第五章　策略的境脉性　

策略的境脉性体现在知识的系统性、学习过程的情境性、学习主体的主动性。通过整合学科知识提升学生对知识的系统性理解,创设真实学习情境主动探索问题并寻求解决方案,进行互动学习实现知识的主动探索和创新应用。

第六章　评价的生长性　

评价的生长性强调关注学生的学习过程和发展轨迹,从而促使学生实现最大限度的成长。在实施过程中应做到,评价目标指向核心素养,评价任务设置具体合理,评价方式综合多类手段,评价反馈指导持续有效。

前言　培养未来的创造者

　　1957年10月，苏联发射了第一颗人造卫星，震撼了全球。世界科学教育发生了重大变革，杜威的进步主义教育受到冷落，布鲁纳的结构主义课程和发现教学受到推崇。在这一背景下，人们努力推动学习方式变革，推动科学技术普及，倡导培育创新思维与创新人才。

　　2012年，美国政府倡导在1000所学校中建立"创客空间"。他们的创客教育理念被概括为四个词：自主性(Self-regulation)、开放性(Open)、灵活性(Flexibility)、创新性(Think different)。四个词的英文首字母构成了另一个英文单词SOFT。①

　　创客教育的第一个理念是自主性，强调让儿童成为学习主体，倡导探究、捣鼓和改造等学习方式。探究(Inquiry)，指学习者对材料的开发、选取、出现的所有可能性保持高度的开放性和好奇心，而不是老师准备好材料，准备好教材，让学生机械模仿。捣鼓(Tinkering)就是动手做，实际上就是对各种材料和工具，进行有目的地摆弄、探索、测试。改造(Hacking)就是不满足于现有的材料和工具，通过重组和重用赋予工具和材料新的用途。这三种学习方式都体现出学习的自主性。在美国哈佛大学的ABD(Agency by design)项目中，将创客教育应具备的核心能力概括为以下三个方面：仔细观察、探索复杂性、发现机会。这三种核心能力分别对应于探究、捣鼓和改造三种学习方式。

　　创客教育的第二个理念是开放性，包括学习者工具的开放性和思维的开放性。如在美国探索馆的创客工坊里就是自己出主意、自己捣鼓、找出结论，完全是一种开放式的科技教育理念。教师的指导活动只是辅导、辅助，只是出出主意，提供一点可能的方向性指点。

　　创客教育的第三个理念是灵活性，强调学习者的思维活动与思维方式是多元的。

---

① 董萍. 创客教育核心理念探究[J]. 产业与科技论坛，2019，18(17)：185—186.

包括让学习者灵活运用聚合思维和发散思维，启发形象思维与跨界思维，以及从丹尼尔·平克《全新思维》一书中所论述的，运用左右脑功能的差异（左脑是线性思维的，右脑是非线性思维的，左脑重在逻辑推理，而右脑实际上更加偏重于形象思维），也就是要在创客教育中，反复地引导开发思维的多样性，进一步开发右脑，增进全脑创造力的提升。

创客教育的第四个理念是创新性。就是强调要打破思维定势，用乔布斯的说法就是"不同凡想"（Think different）。创意不是随便拍脑袋而是有方法可循的。创新是一个复杂的系统，往往不是主观创新本身而是需求拉动起决定性作用。产生创意就需要进行"需求调查、用户体验、需求分析、形成创意"的过程，这也是创客教育的根本做法。

可以说，当下教育正呈现出一系列创新的变革趋势，培养高素质的富有创新精神和创新意识的人才的任务已摆到了尤为突出的位置。根据 2017 年《全球未来教育指数》报告分析，学生在未来所需要掌握的技能包括以下六大类：跨学科能力、创新与分析能力、企业家能力、领导能力、数字技术能力、全球意识与公民教育。新西兰教育政策早就在国家的教育投入，如教育政策环境、教学环境、社会经济环境等各方面着手努力了。当今，我国正处于推进高质量发展、建设创新型国家的攻坚期，创新人才尤其是基础学科拔尖创新人才的培养已成为关系中华民族伟大复兴全局的一个关键因素。"少年强则国强"，加强青少年的科技创新教育将为国家的发展提供强有力支撑。2023年，教育部等十八部门发布《关于加强新时代中小学科学教育工作的意见》，强调着力做好科学教育，一体化推进教育、科技、人才高质量发展。只有高质量的创新教育，才能塑造出自由心智，培养出有高度主动性、责任感、高度智慧的人。

近年来，坪山区以课程改革驱动内涵建设，以教学变革促进课堂转型，以学习方式转变优化育人方式，促进学生个性化发展、学校品牌化建设和区域教育品质提升。坪山区聚焦新时代教育发展趋势与未来人才培养需求，结合课程发展前沿动向，前瞻性地优化课程内容，创建引领性课程，推动生涯教育课程、跨学科融合课程、人工智能教育课程、STEAM 课程等，形成了"项目化设计、竞争性评审、开放式合作、递进式培育"的有效策略。同时，在课程实施方面积极探索，尝试在中小学系统开设人工智能教育课程，将智能素养作为坪山学子核心素养的重要维度，全面开展跨学科融合课程实践，着力培养学生自主学习、动手实践、创造性思维、合作沟通、责任担当等必备品格和关键能力。以课程领导力建设为抓手，加强课程资源整合与利用，推动学校特色发展，深化课程改革，促进教育优质均衡发展。

在此背景下,以创新教育理念为核心的 CIM 课程应运而生。在这里,"CIM"是英文 Creativity(创意)、Innovation(创造)和 Maker(创客)的首字母缩写。创意(Creativity)——创意模块,强调学生的迁移、想象能力,在前人的基础上进行更新、迁移和改造;创造(Innovation)——创造模块,强调从无到有,培养学生的创造性思维,发明具有社会价值的新型物品;创客(Maker)——创客模块,重视学生工匠精神的培育,将学生的创意实用化、产品化和产业化。

朱永新等人指出:"创新教育也就是根据创新原理,以培养学生具有一定的创新意识、创新思维、创新能力以及创新个性为主要目标的教育理论和方法。"[①]在我们看来,CIM 课程是一种创新教育课程实践模式,包含课程的理念、目标、内容、实施和评价的整个过程,具有创新教育课程实践的基本特征。CIM 课程以立德树人为根本任务,关注学生"创新意识、创新思维、创新能力以及创新个性"等创新素养培育,将"人工智能+STEM"课程项目化,充分挖掘跨学科课程资源,建立系统而富有特色的创新教育课程实践体系,形成"创意之门—创造之旅—创客之果"课程群,培养把创意变成现实的人。具体来说,用 CIM 课程来统整、开发区域创新教育课程,表现出六大特征,它们分别是问题的驱动性、目标的融合性、内容的涌现性、学习的具身性、策略的境脉性以及评价的生长性(图 0 - 1)。

图 0 - 1　CIM 创客课程特征图谱

---

① 祝智庭,孙妍妍. 创客教育:信息技术使能的创新教育实践场[J]. 中国电化教育,2015(1):
14—21.

第一，问题的驱动性。在 CIM 课程中，驱动性问题至关重要，它贯穿项目全程，激发学生求知欲，促进跨学科学习，提升综合能力。驱动性问题具有创新性和开放性，引导学生自主学习、探究和思考。教师设计问题时，需考虑学生实际，调整难度与广度。实施中，教师应引导学生主动探究、合作学习，提供技术支持与多元化评价。教学后，及时反思改进，优化教学策略。

第二，目标的融合性。CIM 课程通过科学、技术、工程、艺术和数学等学科进行融合，促进学生的全面发展，培养学生综合运用知识和技能解决问题的能力，培养创新能力、实践能力、团队协作能力等，具有目标的融合性。具体来说包含跨学科的复杂性、深关联的情境性、多主体的协作性以及活用化的创新性等特征。实践表明，CIM 课程是一种有效培养学生学习能力、解决问题能力以及交流合作能力的课程组织方式，在关注知识与技能的同时，更强调学生创新思维的培养目标的融合性。

第三，内容的涌现性。CIM 课程的涌现性，通常是指多个要素组成系统后，出现了系统组成前单个要素所不具有的性质。这个性质并不存在于任何单个要素当中，而是系统在低层次构成高层次时才表现出来，所以人们形象地称其为"涌现"。课程内容的涌现性突出学习过程中知识产生时所表现出的新颖性、意外性和复杂性。这种涌现性通常是在学习过程中产生的，而不是由外界强加进去的，不仅体现了学习的自主性和创造性，还反映了学生思维和情感的丰富性和深度。在学习的过程中的互动和交流，学生不断探索、发现和创造新的知识，学生互动和交流不仅能够增强学生的学习效果，还能够培养学生的合作精神和社交能力。教师需灵活运用多种教学策略，引导学生自主制定学习计划、选择学习内容和学习方法，为学生提供更加丰富多样的学习资源和平台，促进他们自主实践。

第四，学习的具身性。CIM 课程是经验学习，而不是知识学习，主要是学习如何创造的过程，而不是书本上用来考试的东西，是以创意制作与开源分享为特征的综合性实践课程。CIM 课程贯彻强调学习本身的具身性。具身学习是在具身认知理论基础上发展起来的一种新型学习方式，它强调学习的全身性，是一种通过学生在身体活动与环境的有效互动中获得体验，进而促进思维品质与情感发生变化的新型学习方式。"全身性""情境性""生成性"是具身学习的三个特征。具体做法包括在理念层面倡导真实性学习场景，在目标层面注重多学科融合性，在内容层面注重差异选择性，在方法层面注重引导性，在技术层面注重搭建开放性教学载体，在评价层面注重多元性。实践表明，CIM 课程既是一种新的学习范式，其蕴含着创新教育理念，又能够更好地培养学生的创新能力和综合素质。

第五,策略的境脉性。在CIM课程中,学生使用多元的、开放的工具开展创客活动。如美国很多活动,都从选用工具材料开始让学生探究、捣鼓和改造。CIM课程中的境脉学习,是一种基于问题解决、强调知识综合运用、培养元认知素养的学习行为。这种学习方式以浸润型和生成性为主导,学生在深入互动与潜移默化的过程中,达到学习的目的。所谓浸润型,指的是这种学习方式是境脉化的、互动化的、潜移默化的。[①] 浸润型学习强调了境脉化和互动化,使学生在深入理解和应用知识的过程中,能够自然而然地吸收和掌握。生成性学习则突出了学习过程的非线性和学习结果的多元性,倡导学生在探索和创新中,实现自我发展和提升。学生的学习状态始终处于混沌的边缘,也就是在已知和未知的交界处,原有经验和新经验的交融地带。这恰好符合维果茨基的"最近发展区"理论,为学生在CIM课程的科技创新学习中,提供了广阔的空间和无限的可能。这也是坪山模式所强调的,让学生在境脉学习中,实现科技创新能力的提升和个人素养的全面发展。

第六,评价的生长性。CIM课程是开源、开放、合作、共享的创客文化,强调站在巨人的肩膀上发展,所以创意的过程,不是藏着掖着的,它是共享的,因此,要在群体创作活动中贯彻和发扬这种精神。CIM课程关键在于适用的工具手段和评估体系的建立。评价的生长性是指在关注学习目标达成情况的同时,突出评价的诊断和发展功能,主张评价应该随着学习认知过程、学习表现情况、学习活动参与过程及时有效进行,促进真实学习、增值学习的发生,从而帮助每位学生最大限度地实现生长。[②] 科技创新教育注重培养学生的创新思维、动手实践能力和问题解决能力等核心素养,以上素养的培养需要一个持续的过程。生长性评价关注学生的学习过程和发展轨迹,能够全面了解学生在科技创新领域的成长和进步情况,帮助教师更好地指导学生的学习和发展。

基于以上CIM课程的六大特征,我们在全区推动了一批教师研制创新教育课程案例,积累了大量的项目案例。每一个项目案例都符合CIM课程的特点,基本按照用于阐述项目理念、背景与价值的项目背景,借助流程图直观化表达的项目思路,根据关键技能、必备品格、正确价值观三个维度描述的项目目标,由驱动问题转化为系列任务

---

① 徐燕萍.境脉学习:一种引导学习转型的新范式[J].江苏教育研究,2017(29):23—27.
② 黄文业.语文学科教学中生长性评价的构建与运用[J].小学语文教学,2023(9):14—17.

的学习任务,具身而又翔实的实施步骤,过程性与终结性评价相统一的学习评价等关键要素撰写。本书所选的 29 个案例,是我们从众多的案例中精选出来的,具有典型性,可以供有志于通过创新教育提升课程品质的学校或教师参考。

实践证明,学生创新素养的培育不是某门特定课程的功能和任务,学校的所有课程都应成为学生创新素养培育的阵地。CIM 课程对指导区域、学校和教师,系统性思考创新教育课程实践,深化科学教育改革具有重要意义。第一,CIM 课程有利于整合项目诸要素,发挥课程育人功能,形成一个有目标、结构、内容、实施要求和评价的科学教育课程体系;第二,CIM 课程有利于从课程变革的角度推进内涵发展,加强学科交融以及与现实生活的丰富联系;第三,CIM 课程有利于提升学校创新教育课程领导力,可以更加清晰地认识创新教育的育人方向、建构过程与要求,进而提升学校创新教育课程的建构力与执行力。

(撰写者:深圳市坪山区东部湾区实验学校　彭小艳)

第一章

问题的驱动性

问题驱动性是 CIM 课程的首要特征。驱动性问题具有现实性、挑战性、主体性、开放性和创新性等特征,有助于持续推进学习过程,提升学生综合运用各学科知识解决问题的综合能力。

随着社会的发展和科技的进步,创新能力已经成为当代人才必备的素质之一。因此,创新教育课程实践模式 CIM 课程应运而生。问题驱动性是 CIM 课程的首要特征,是指在教学过程中,通过提出问题转化为驱动性任务来激发学生的学习兴趣和主动性,进阶问题建构,借助追问形成问题链,引发学生自主探究与合作探究,旨在培养学生的创新思维和创新能力。驱动性问题的设计是评价一个项目活动是否成功的标准之一,本章将从驱动性问题的特征、重要性及过程性策略三个方面进行阐述,为 CIM课程的实施提供一定的参考。

一 驱动性问题的特征

在 CIM 课程中,驱动性问题具有现实性、挑战性、主体性、创新性和开放性等特征。

1. 驱动性问题具有现实性。CIM 课程强调对真实问题的解决,这些问题通常来源于真实世界中的问题或挑战。通过将课程内容与实际情境相结合,学生可以更好地理解知识,并将所学应用到实际生活中;此外,解决现实问题也可以激发学生的兴趣和动力,让他们更加积极地参与学习。

2. 驱动性问题具有挑战性。挑战性的问题可以激发学生的求知欲和探索精神,促使他们积极思考和寻找创新性的解决方案。挑战性问题应该具有一定的难度,但又不至于让学生感到无法克服。难度适中的问题可以激发学生的挑战精神,促进学生的思考和学习。

3. 驱动性问题具有主体性。在 CIM 课程中,需要从学生的兴趣和需求出发,引导学生自主提出问题并鼓励自主探究。同时,需要提供个性化的学习支持并鼓励学生自我评价和反思。这样可以更好地激发学生的主体性和创造力,促进学生的全面发展。

4. 驱动性问题具有创新性。创新性的问题能够引发学生的思考和探究,鼓励学生从多个角度思考问题,并尝试寻找新的解决方案。可以激发学生的创新意识和创新精神,促使学生跳出传统的思维模式,尝试新的方法和思路来解决问题。还可以帮助学生培养批判性思维和逆向思维等思维方式,进一步拓展他们的思维能力和视野。

5. 驱动性问题具有开放性。在 CIM 课程中,开放性的问题没有标准的答案,可以让学生有更多的发挥空间和想象空间。通过开放性的问题,学生可以自由发挥想象力,从多个角度思考,寻找独特的解决方案,从而培养他们的创新意识和实践能力。同时,教师也可以根据学生的实际情况和需求来调整问题的难度和广度,使问题更具针对性和实效性。

二 驱动性问题的重要意义

在 CIM 课程中,驱动性问题具有重要的意义,有助于持续推动学生的学习过程,促进学生综合运用各学科知识解决问题,提升综合能力,主要体现在以下几个方面。

1. 驱动性问题贯穿项目全过程,可以持续地推动学习进程。驱动性问题的解决通常具有创新性和开放性,即问题的解决路径不明确,需要学生通过自主学习、探究和思考来寻找解决方案。这种问题设置方式能够激发学生的求知欲,使他们在解决问题的过程中保持学习动力。学生在完成任务的过程中不断调整和优化方案,有助于持续推动学习进程。

2. 驱动性问题关联各个学科,可以提供整合学习的机会。CIM 课程强调在一个主题下,将各学科的知识包容在一个问题的解决之中。通过驱动性问题的引领,学生将运用不同学科的知识来解决问题,建立起不同学科领域之间的联系。学生为了成功完成项目,必须整合各个学科的知识和生活经验,充分调动学生的自主学习能力,让他们在提出问题、解决问题的过程中,获取知识、有效运用知识,发展学生综合运用各学科知识解决问题的能力。

3. 驱动性问题引导课程实践,可以促进学生综合能力的提升。驱动性问题中隐含着问题解决线索,学生围绕驱动性问题的解决,将其拆解成若干子问题,并分别对应具体的学习任务,经历从识别问题、定义问题到解决问题的探索过程,这有助于培养学生的分析问题、解决问题的能力及创新能力。同时驱动性问题或任务通常需要学生与他人合作完成,通过与他人的交流和合作,学生可以从不同的角度和思维方式中获得启发,拓宽自己的视野,有助于培养学生的团队合作精神和沟通交流、批判性思维等多种能力,最终促进学生综合能力的提升。

三 驱动性问题的过程性策略

在 CIM 课程中,驱动性问题的过程性策略是一种引导学生主动探索问题、发现问题并尝试解决问题的教学方法。以下是从设计、实施、支持、评价、反思等几个关键步骤提出的策略,具体如下。

1. 情境关联策略:设计具有挑战性和实际意义的问题。教师需要深入分析教学内容和学生的实际情况,设计具有挑战性和实际意义的问题。这些问题应该与学生的实际生活和兴趣相关,从而让他们感受到学习的乐趣和实际意义。问题的情境,应力求真实、具有挑战性,使学生能够身临其境地感受到问题的严峻性和复杂性。

2. 学习激活策略:引导学生主动探究,合作学习。教师在教学过程中,应引导学生主动探究、合作学习,使他们能够充分利用所学知识和技能去解决问题。这需要教师在教学过程中,注重培养学生的自主学习能力和团队协作能力,鼓励学生积极参与讨论、交流、合作,形成自己的解决方案,并给予及时的反馈和指导。同时,教师需要给予学生充分的自主权和选择权,让他们自主安排学习进度和方式。

3. 技术支持策略:提供及时、有效的学习支持。为了帮助学生更好地解决问题,教师应提供及时、有效的学习支持,例如相关的书籍、网站、实验设备等;同时,教师还需要为学生提供适当的指导和帮助,例如解决问题的方法和技巧、思路和方向的引导等。

4. 评价激励策略:开展多元化评价和总结。在 CIM 课程中,评价和总结也是非常重要的环节之一。教师需要对学生开展多元化的评价,包括学生自评、互评和教师评价等方式。评价应该关注学生的学习过程、学习成果以及情感态度等方面,并给予及时的反馈和指导。同时,教师还需要对整个课程进行总结和评价,帮助学生梳理知识体系和思路,一方面可加深他们对知识的理解和掌握,还能使学生明确自己的优势和不足,不断提高自己的能力和素质。

5. 反思改进策略:及时进行反思、改进。在实施教学后,教师需要及时对整个教学过程进行反思和改进。反思应该包括对问题或任务的设计、情境创设、引导方式、评价方式等方面进行思考和总结,发现问题并及时改进。同时,教师还需要不断更新教学资源和技术,提高自己的教学能力和水平。

综上所述,问题驱动性是CIM课程的起点,也是学习的动力源。通过将驱动性问题贯穿于项目全过程,教师可以帮助学生将理论知识与实际应用相结合,提高其创新思维和解决问题的能力。同时,这种方法还可以激发学生的学习兴趣和动力,促进其自主学习和终身学习,有助于他们更好地应对未来的挑战和机遇。

(撰稿者:深圳市坪山区碧岭实验学校　张云)

【创意设计 1–1】多功能直立双拐发明制作

适用对象:四、五、六年级　项目课时:4 课时

一　项目背景

《义务教育科学课程标准(2022 年版)》在课程实施这一部分中指出,要"从学生已有经验出发,选择合适的情境素材,运用观察、实验、调查、制作等活动创设教学情境,提出有价值的问题,引发认知冲突,激发探究动机"。因此,在教学情境中,问题的设置至关重要。有价值的问题能够引发学生的认知冲突,引出学生已有的经验,激发他们的探究动机。当教师看到腿脚不便的家长接学生,捡掉在地上的东西遇到困难,于是提出这样的问题:"如果这是我们自己的家长,我们能做点什么?"这样的问题既能引发学生的思考,又能激发他们开展科学探究的热情。为此,教师设计了"多功能直立双拐"的项目。此项目旨在提升残疾人群的生活质量,通过实践平台有效促进学生创新思维与实操技能的融合,实现学习与现实的紧密对接。在此过程中,学生深化了对专业理论的认识,掌握了问题解决的技巧,并培养了关注社会议题、运用所学回馈社会的责任感与能力。

二　项目思路

科学发展的宗旨在于更好地服务民众,其中科学课程探索助力解决腿脚不便家长的难题。本项目分阶段实施,涵盖从发现问题至成果评价的全过程,每阶段均设定明确的目标,保障项目的顺畅推进。需求分析阶段深入调研用户需求,如使用场景、功能与安全要求;方案设计阶段则据此定制多功能直立双拐;制作与测试阶段则将设计变为现实,并严格检验其性能。

三 学习目标

义务教育科学课程标准强调学生自主探究与合作学习,通过"多功能直立双拐"项目培养创新精神、实践能力及科学素养,促进学生全面发展,为成为有梦想、有能力、有作为的科技人才奠定基础。

1. 学科知识

力学:能够运用人体力学原理,设计并评估拐杖的各项参数(如长度、重量、平衡点),以确保拐杖的稳定性和用户使用的舒适性与安全性;同时,能够分析拐杖作为三脚马扎时的稳定性和承重能力需求,运用力学原理进行相应的设计和优化。

材料科学:通过学习教科版二年级上册科学"不一样的材料"单元,学生能够理解不同材料的特性及其在实际应用中的差异。在拐杖设计与材料选择的情境中,学生能够识别并分析拐杖所需的关键材料特性,如轻质、坚固、防滑、耐磨等,并能够举例(如碳纤维、钛合金)说明这些特性如何影响拐杖的功能和耐用性。此外,学生能够进一步考虑拐杖的便携性(如挂在脖子上)对材料柔韧性和舒适性的特殊要求,从而综合评估并选择合适的材料。

动力学:学生能够将动力学原理应用于拐杖抓手部分的设计,学生能够确保拐杖抓手既能轻松抓取各种大小和重量的物体,又能有效减轻用户在使用过程中的负担。

2. 能力目标

发现问题能力:通过项目研究,学生能够敏锐地观察现实生活中的问题,学会从多角度、多层次分析,从而有效提升发现问题和提出问题的能力。

创新思维和设计能力:在解决问题的过程中,学生能够灵活运用所学知识,设计出新颖、实用的解决方案,培养其独特的设计能力。

团队合作和沟通能力:通过小组讨论、分工协作、信息共享等方式,培养学生的团队协作精神和有效沟通能力。

学习评价和自我反思能力:学生学会对学习过程和成果进行自我评价和反思,明确自己的优点和不足,进而制定改进措施,不断提升自我学习和发展的能力。

3. 学习素养

通过本项目的学习,学生将激发对科学的浓厚兴趣与探索精神,拓宽知识视野与兴趣领域,提升问题发现与解决能力,并在动手实践中提升创新实践能力,最终通过成果转化体验创新价值,持续推动个人创新能力的提升。

四 学习任务

本项目源于日常的生活需求,旨在帮助残障人士解决生活的问题,结合科学知识设计、发明、制作一种安全、可靠、实用性也比较强的"多功能直立拐杖"。同时,设计具体的学习任务(表1-1-1)。

表1-1-1 设计多功能直立拐杖学习任务分解表

核心驱动问题	核心任务	最终成果
如何设计安全、实用、可靠的多功能直立拐杖	学生团队合作,利用材料,结合科学原理进行研发、设计、制造	投标书 多功能直立拐杖模型
分解驱动问题	评估任务	阶段产品
如何解决拐杖掉落的问题	设计可以挂脖的拐杖	解决方案
挂拐累了该怎么办	拐杖设计成三脚马扎,可以挂拐休息	多功能直立拐杖模型
挂拐的人想捡地上的东西怎么办	设计将拐杖当作抓手的功能,不弯腰就能捡起地上的东西	投标书 多功能直立拐杖模型

五 实施步骤

教师融合科学教育理念设计教学流程,师生共同调研拐杖市场需求与现有产品优劣,据此绘制多功能直立拐杖初稿。随后,学生制作并测试模型,邀请目标用户试用并收集反馈,经多轮迭代优化后,最终确定设计方案。

(一) 驱动问题

核心问题:如何设计安全、实用、可靠的多功能直立拐杖?

分解问题1:如何解决拐杖掉落的问题?

分解问题2:挂拐累了该怎么办?

分解问题 3:拄拐的人想捡地上的东西怎么办?

(二)明确任务

为了发明出科学、实用的"多功能直立拐杖",学生小组开展了深入的讨论,制定出切实可行的研究方案,进行分工合作,明确任务。

1. 发明的"多功能直立拐杖"要能解决传统拐杖在使用过程中存在的问题,通过设计提高拐杖的实用性。

2. 对传统拐杖存在的问题,结合实际的需求,提出改进的方案。

3. 进行作品分析和制作,做出样品。

4. 展示发明成果,请一些残疾人士进行试用与评价。

(三)制定计划

2024 年 2—3 月,学生撰写研究方案,采购材料,设计并制作多功能直立拐杖模型。2024 年 4—6 月,学生再一次对作品进行调式改进,邀请客户使用,听取意见,制定具体计划(表 1-1-2)。

表 1-1-2 时间要求和进度安排表

时间	任务	人员分工
2024 年 2—3 月	撰写《多功能直立拐杖课题研究方案》,采购材料,设计、制作作品模型	组长:负责制定研究方案,召集课题组成员开展讨论交流。 成员一:负责采购拐杖、布带、抓手、按压开关等材料。 成员二:负责研究作品的结构、原理,归纳创新点
2024 年 4—6 月	进行作品的测试改进	全体成员:参与制作,并邀请一些人试用作品,听取意见,对作品进行修改和提升

(四)原型制作

为了解决上述问题,我们的作品在普通拐杖的基础上进行了改进。它由以下几个构件组成:拐杖、连接挂绳、取物抓手、伸缩卡扣等。

连接挂绳设计:在传统拐杖基础上,创新性地加入连接挂绳,将两个拐杖相连并可挂于颈部,有效防止拐杖脱落,提升使用安全性与便捷性,同时,便于休息时将拐杖挂于墙面,节省空间。

三脚马扎转换功能:在拐杖中部增设连接点与辅助支撑杆,使拐杖在休息时可快速转换为三脚马扎,稳定支撑地面,无需倚靠其他物体,既美观又实用,极大提升了用户的休息体验。

捡物器功能:改造拐杖底部为取物大抓手,轻松捡拾地面物品,减少弯腰动作,对老年人及行动不便者尤为友好,展现了细致入微的人性化设计。

为了更直观地展示我们的设计,我们制作了作品模型。模型展示了整体图以及连接挂绳和主要部件的细节图。通过这些模型,我们可以更清晰地看到作品的结构和功能,详见图1-1-1、图1-1-2。

图 1-1-1　靠壁静立　　　　　图 1-1-2　秒变三脚马扎

1. 功能需求与设计

(1)可挂脖设计:拐杖的顶部设置可调节的挂脖带,用户可以将拐杖挂在脖子上,避免拐杖掉落地上的尴尬和危险。

(2)三脚马扎功能:拐杖底部可拆卸设计,安装上附加的支撑杆,即可固定成三脚马扎,方便用户坐下休息。

(3)抓手功能:拐杖底部设置可伸缩的抓手,用户可以通过操作拐杖上的按钮,使抓手伸出并捡取地上的物品,无需弯腰。

2. 技术实现

(1)挂脖带设计:采用可调节的尼龙带,确保不同身高的用户都能舒适地挂在脖子上。

（2）三脚马扎结构：使用轻质金属材料制作支撑杆，确保马扎的稳定性和耐用性。

（3）抓手设计：利用电动伸缩机构和抓手夹具，实现自动抓取功能。

（五）原型测试

多功能直立拐杖成功解决了传统拐杖易脱落及缺乏停靠功能的痛点。通过巧妙融入连接挂绳与辅助支撑杆设计，实现了拐杖在颈部与地面的稳固固定，显著提升了使用的安全性与便捷性。同时，拐杖底部的取物大抓手设计，更是贴心解决了日常捡拾物品的难题，减少了不必要的弯腰动作，体现了对用户需求的深入分析。

经过残疾人朋友们的亲身试用与反馈，我们的设计得到了高度评价。他们一致认为，设计思路清晰、条理分明，不仅有效改进了传统拐杖的不足，更在便利性与舒适性上实现了质的飞跃，展现出卓越的设计理念与实操能力。

同时，我们也虚心接受了用户提出的宝贵建议。未来，我们将致力进一步优化设计，如引入可调节元素，让用户根据个人身形调整拐杖长度与角度，实现个性化定制；并探索增加座椅、照明等附加功能，以全方位提升用户体验，让"多功能直立拐杖"成为更多需要帮助者的得力助手，为他们的生活带来更多的便利与舒适。

六　学习评价

在教学过程中，教师秉持全面发展的教育理念，注重过程评价与最终成果并重。教师采用即时反馈机制，敏锐捕捉并指导学生修正设计中的不合理之处，确保学生能在实践中不断完善作品，深化学习体验与成效。为构建多维评价体系，教师引入多元评价机制，鼓励学生自我反思与同伴互评，以促进学生自我审视、相互学习与启发，并增强团队协作与沟通能力。通过多元评价，教师能精准把握每位学生的学习特征与发展需求，实施个性化教学策略，最大化激发学生的发展潜力。而学生也能更清晰地认识自己的学习轨迹与成长路径，积极投身于自我提升与全面发展的征程中。因此，我们强烈建议广泛推广并深入应用多元评价体系，以评价为杠杆，撬动教学质量与学生素养的双重飞跃，为培养具备创新精神与实践能力的复合型人才奠定坚实基础。

七 项目反思

在这次"多功能直立双拐"的发明创新活动中,研究者通过实践获得了许多宝贵的经验,提高了综合能力。

1. 问题驱动,让实践有方向。学生能够敏锐地发现传统拐杖存在的问题,并设计出一种具有创新性的解决方案。课题组成员所设计的多功能直立双拐能够解决传统拐杖容易脱落和缺乏停靠功能的问题,同时还具有捡拾地上物品的功能,充分展现了学生发现问题和解决问题的能力。

2. 问题驱动,让教学更创新。学生在"多功能直立双拐"的设计中结合拐杖要实际解决的问题进行设计。通过增加连接挂绳、辅助支撑杆和底部取物抓手等功能,成功地解决了传统拐杖存在的问题,并且使拐杖变得更加实用。这种创新的结构原理充分展示了学生的设计能力。

3. 问题驱动,让实践更高效。学生能够通过制作模型来展示自己的设计思路和结构原理,并且能够根据试用者提出的问题进行改进。这种实践能力和动手能力是非常宝贵的,也是科技创新活动中必不可少的。

4. 问题驱动,让评价更多元。在本次活动中,学生能够对自己的研究进行学习评价和自我反思,发现自己在设计中的问题并加以改进。这种自我反思和学习能力对于未来的科技创新活动是非常重要的。

(撰稿者:深圳市坪山区马峦小学　雷倩、杨小杰、殷子惠)

【创意设计 1‑2】盲人智能导航帽

适用对象:四、五、六年级　项目课时:8 课时

一　项目背景

　　《义务教育数学课程标准(2022 年版)》强调,综合与实践以培养学生综合运用所学知识和方法解决实际问题的能力为目标,根据不同学段学生特点,以跨学科主题学习为主,适当采用主题式学习和项目式学习的方式,设计情境真实、较为复杂的问题,引导学生综合运用数学学科和跨学科的知识与方法解决问题。在实际问题解决中,创设合理的信息化学习环境,提升学生的探究热情,开阔学生的视野,激发学生的想象力,提高学生的信息素养。

　　在当今这个科技日新月异的时代,现代工业文明的飞速发展虽极大地丰富了我们的日常生活,却也无形中加剧了信息鸿沟。特别是对于盲人群体而言,尽管信息革命浪潮汹涌,他们却往往被这股潮流边缘化,难以享受到科技进步带来的诸多便利。我国作为发展中国家,在盲人出行辅助产品的设计与研发上相较于发达国家仍存在差距,这一现状亟待改善。因此,如何创新设计,有效回应盲人群体的实际需求,帮助他们跨越障碍,充分融入并享受信息化社会带来的便捷,成了当前社会面临的一项紧迫而重要的任务。这要求我们不仅要在技术层面不断探索与创新,更要从人文关怀的角度出发,深刻理解盲人群体的特殊需求,为他们量身定制解决方案,让科技的温暖之光照亮每一位盲人的前行之路。

二　项目思路

　　本项目旨在发明创造出智能导航帽帮助盲人出行。具体的实施路径从以下几方面展开。(1)研究与分析:学生首先需要收集有关盲人导航技术的相关资料,了解现有技术的优缺点,分析盲人出行面临的主要困难,确定项目的可行性和研究方向。(2)设

计方案:学生根据收集到的信息,需要设计一份发明创造盲人智能导航帽的方案。(3)制作原型:在设计方案确定后,学生需要利用现有材料、工具、设备,制作出盲人智能导航帽的原型。(4)测试与优化:在学生制作完成后,需要对智能导航帽进行测试,根据测试结果,对导航帽进行优化改进,提高其实用性和用户体验。(5)成果展示:学生需要将制作完成的盲人智能导航帽进行展示,向其他同学和老师介绍项目的研究过程、设计思路、制作经验等。

三 学习目标

本项目涉及数学、信息技术、科学等学科知识,具体内容包括小学数学学科中的统计与概率知识板块;信息技术学科中的利用电脑制作统计图;科学学科中的简单线路连接等知识。本项目的目标是融合数学、信息技术、科学等学科知识去发明创造出一款盲人智能导航帽,让学生们学会发现问题和分析问题,提出解决方案、制作模型和实验展示,从而提高学生的动手能力和创新能力。

具体目标如下。

1. 学科知识

(1)数学:学生能够运用统计与概率板块的知识来分析和解决实际问题,包括数据的收集、整理、分析、解释以及概率的计算与应用,从而提升他们的问题解决能力和逻辑思维水平。(2)信息技术:学生能够学会使用电脑软件绘制各类统计图(如条形图、折线图、饼图等),通过这一过程,不仅加深了对统计数据的理解和分析能力,同时也促进了信息技术应用能力的提升,学生的信息素养得到显著提高。(3)科学:学生能够经历从明确问题到解决问题的一整套流程,包括明确问题需求、进行设计规划、动手制作模型以及进行测试验证等关键步骤。通过这一过程,学生将提升创新思维、实践动手能力和问题解决能力,为未来的学习和生活奠定坚实的基础。

2. 能力方面

本项目的设计与发明能够激发学生的求知欲和好奇心,培养学生的问题解决能力和创新思维,提升学生的动手能力和实践能力,培养学生的团队合作精神和沟通能力,激发学生的创新意识和创造力。

3. 学习素养

(1)人文底蕴,强调学生在学习与运用人文领域知识过程中,不仅掌握基本技能,更深化情感认同与价值判断,具体展现为深厚的人文积淀、温暖的人文情怀及高雅的审美情趣。(2)科学精神,注重学生在科学探索中树立的价值观念、逻辑思维与探索勇气,体现为严谨的理性思维、独立的批判质疑能力及不懈的勇于探究的精神。(3)实践创新,聚焦于学生在实践活动中的动手能力、创新思维及应对挑战的能力,涵盖积极的劳动意识、有效的问题解决策略及灵活的技术应用能力,共同促进学生成为具有综合素养的新时代人才。

四 学习任务

本项目旨在激发学生的创造力与同理心,挑战设计并发明一款专为盲人设计的智能导航帽。这款导航帽将融合先进的科技与人性化设计,为盲人群体的日常生活出行提供便捷、安全的指引,展现科技在温暖人心,促进社会的无障碍发展上的作用,并设计具体的学习任务(表1-2-1)。

表1-2-1 发明创造盲人智能导航帽学习任务表

任务名称	活动目标	活动内容	活动成果
调查盲人出行情况	1. 让学生学会制作简单的采访调查表; 2. 让学生了解盲人的出行方式; 3. 让学生了解盲人的出行是否方便、安全; 4. 让学生了解盲人对智能导航帽的需求	通过对盲人实地采访调查,让学生清楚地知道盲人出行的困难,明确发明创造出盲人智能导航帽的意义	调查报告
分析采访调查数据	1. 让学生学会用电脑制作统计图; 2. 让学生学会分析调查数据	学生统计和分析采访调查到的数据	
设计智能导航帽的模型和导图	让学生懂得融合数学、信息技术、科学等学科知识去设计产品	设计智能导航帽的模型和导图	形成设计思路
制作产品	1. 让学生学会购买材料; 2. 培养学生动手实践能力; 3. 培养学生创新能力	按照设计的模型购买材料并完成产品制作	做出样本
测试产品	测试产品是否达标	测试	反馈产品功能
成果展示与推销	让学生学会对产品进行展示和推销	展示和推销	推广

本项目深度融合了数学、信息技术及科学等多领域知识,实现了跨学科的深度交融与创新;针对盲人出行不便的社会痛点,引导学生协作设计智能导航帽。通过实践学习,制作模型并测试,培养学生创造力、创新思维及实践能力。具体步骤如下。

(一) 研究与分析

智能电子导盲辅助设备的应用,让盲人出行不再仅仅依赖于传统的导盲杖。但是,这些智能电子设备通常价格不菲,而且盲人在操作中通常会遇到一些困难。虽然有些导盲产品确实可以给盲人带来方便,但它们的实际应用范围仍然很小。从相关研究来看,虽然我国市场上盲人产品的设计和开发还处于起步阶段,但可以看出,盲人产品的大趋势是逐渐向人性化服务和品种多样化方向发展。学生通过采访17位盲人按摩师,了解并汇总了盲人的实际需求(表1-2-2),以便更精准地满足其需求。

表1-2-2　盲人出行方式调查情况

您一般用什么方式出行?	导盲杖等工具	导盲犬	亲人带领
	14	1	2
您觉得现在的出行方式方便、安全吗?	方便、安全	不方便、不安全	无所谓
	12	4	1
您需要一个既安全,又能够帮助您导航的安全帽吗?	需要	不需要	无所谓
	14	2	1

学生绘制关于问题"您一般用什么方式出行?"统计图(图1-2-1)。

学生通过分析统计图,可以看出普通的盲人基本上用导盲杖等工具出行。

学生绘制关于问题"您觉得现在的出行方式方便、安全吗?"统计图(图1-2-2)。

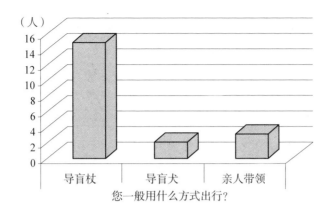

图 1-2-1 盲人出行方式统计图

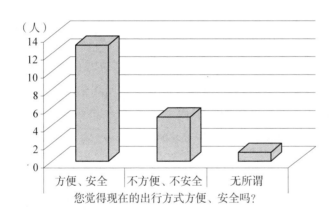

图 1-2-2 盲人出行是否方便、安全统计图

学生分析统计图发现,多数盲人认为出行方便安全,归因于城市文明、设施完善及市民帮助。但也有少数盲人反映不方便或不安全,部分则选择保持中立,可能出于不愿透露真实感受。

学生绘制关于问题"您需要一个既安全,又能够帮助您导航的安全帽吗?"统计图(图 1-2-3)。

学生分析统计图,可以看出大部分盲人需要一个既安全,又能够帮助他们导航的安全帽,由此可以看出本项目计划发明创造的盲人智能导航帽有吸引力。

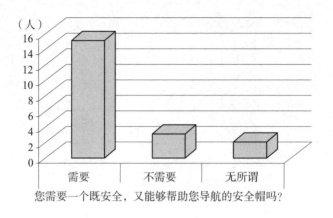

（人）

图 1-2-3　盲人是否需要智能导航帽统计图

（二）设计方案

盲人智能导航帽的工作原理：它集成了红外感应器与超声波测距器于头盔四周，精准探测周围障碍物的距离，随后以声音或不同频率的振动形式，即时向盲人传达环境信息。此外，该帽还配备了色彩辨认装置，能够识别前方的交通信号灯颜色及文字内容，并转化为清晰的语音播报，确保盲人在行走中既安全又便捷（图1-2-4）。

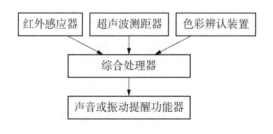

图1-2-4　工作原理导图

（三）制作原型

在家长的全力支持下，学生们成功采购了研发所需的各种材料（图1-2-5）。

AI 视觉传感器

超声波测距模块

红外感应模块

蜂鸣器模块

图 1-2-5　材料采购清单

在指导老师的悉心指导下,团队成员们齐心协力,将各种精密的感应器模板精准地嵌入到精心挑选的头盔内部,确保每一个部件都达到最佳状态(图 1-2-6)。

图 1-2-6　原型图

(四) 测试与优化

样品测试后基本达标,学生们利用 AI 视觉传感器、超声波测距、红外线感应及蜂鸣器等模块,成功打造出盲人智能导航帽,显著提升盲人出行安全,具体功能如下。

1. 提醒障碍物功能：通过超声波测距模块，让盲人知道前方的盲道是否存在障碍物。

2. 报告前方红绿灯功能：通过 AI 视觉传感器，感知前方红绿灯状态，让盲人能够安全自主地通过马路。

3. 导航功能：通过 GPS 定位系统，能提醒盲人是否偏离了前进的方向，避免盲人走错路。

随后对智能导航帽进行分析，总结产品需要优化的地方如下。

1. 要把带路、提醒、识别功能集合到智能头盔里面，然后用语音或振动多种方式提醒盲人安全出行，这样就比单一的提醒方式更人性化、更安全化。

2. 要在盲人智能导航帽上加上更多的功能应对复杂的出行环境，如能提醒突然出现的障碍物、盲道断层或不平、需经过多个马路等问题。做到让盲人更安全快捷出行，功能多无疑节约了盲人购买多种辅助出行物品的费用，这样也容易推广。

3. 由于受到学科知识和能力方面的制约，所以学生的作品有必要在未来逐步加以完善。只要越来越多针对生活中的问题去研究，他们创造美好生活的目标就一定会实现。

六 学习评价

本项目将过程性评价与总结性评价有机融合，精心设计了一套全面的学生产品发明评价表（表 1-2-3）。此评价表不仅关注学生最终发明的成果质量，更重视他们在整个创造过程中的学习态度、创新思维、技能提升及团队协作等综合能力的发展，确保评价的全面性、公正性与激励性。

表 1-2-3　发明创造盲人智能导航帽活动评价表

项目		参与	创意	作品	展示交流
发明创造课堂					
动手实践能力					
作品	新颖性				
	创造性				
	实用性				

项目	参与	创意	作品	展示交流
自评				
互评				
师评				

评价标准与说明如下。

1. 参与度：评价学生在项目中的实际投入，如出席、讨论贡献等。

2. 创意：评估学生的创新思维与解决问题能力，如方案的新颖性。

3. 作品质量：考量作品的完成度、美观、实用性和功能性。

4. 展示交流：评价学生的产品推广能力及表达流畅度。

七 项目反思

盲人智能导航帽的发明项目不仅锤炼了学生的实践能力，还激发了创新思维，强化了团队协作精神。创新，作为社会进步与个人成长的核心驱动力，其背后的思维模式与工作方法更是决定成败的要素。

首先，创新呼唤着对常规思维的超越。常规思维如同桎梏，束缚了学生的想象力和探索欲。唯有敢于跳出既定框架，勇于尝试新颖思路与策略，方能开辟创新的新天地，解决真实的问题。

其次，创新需紧密贴合需求变迁的脉搏。社会环境日新月异，用户需求也随之更迭。深入用户群体，倾听其心声，敏锐捕捉需求变化的蛛丝马迹，是创新策略及时调整、精准对接市场的关键。

再次，团队合作是创新不可或缺的土壤。创新非一人之力所能及，团队的力量在于汇聚多元思维与专业智慧。通过团队协作，不同观点碰撞融合，资源优化配置，共同推动创新成果的最大化实现。

最后，创新是一场永无止境的学习之旅。随着时代进步与科技进步，创新理念与方法亦需与时俱进。持续学习，不断吸收新知，方能保持创新的活力与敏锐度，引领未来潮流。

（撰稿者：深圳市坪山区马峦小学　黄大健、杨小杰）

【创意设计 1‐3】设计家用垂直运输机

适用对象:七、八年级　项目课时:8 课时

一　项目背景

　　《义务教育课程方案(2022 年版)》指出:加强课程内容与学生经验、社会生活的联系,强化学科内知识整合,统筹设计综合课程和跨学科主题学习,注重培养学生在真实情境中综合运用知识解决问题的能力。突出学科思想方法和探究方式的学习,加强知行合一、学思结合,倡导"做中学""用中学""创中学"。优化综合实践活动实施方式与路径,推进工程与技术实践。"跨学科育人"与"分科育人"相对应,本项目强调从学科的关联性角度出发帮助学生理解知识之间的关系,整体把握知识的属性,从而学会综合运用知识解决实际问题。在项目学习中,学生运用数学的三角形稳定性等知识去设计结构最稳定的运输机;运用物理的扭矩知识在节约成本的情况下,去运输更多重物;学生也可以学习到化学中关于材料的属性问题;还可以学习信息科技课程中关于人工智能、开源硬件、3D 建模的知识。此外,学生通过比较不同的学科内容,理解综合学习的重要性,提升解决综合问题的能力,从更加全面的角度认识世界和解决问题,培养学生的团队协作与沟通能力、问题解决与创新能力、计算思维与设计思维素养。

二　项目思路

　　本项目借鉴斯坦福大学的设计思维(共情、定义、构思、原型、测试)五步骤模型,运用机械结构原理和人工智能技术设计了安全、可拆卸、可提升重物的家用垂直运输机模型,解决贫困地区将货物运送至高层的问题。本项目共 8 课时,在学习活动过程中,分为呈现情境(共情)、理解问题(定义)、设计方案(构思)、原型实战(原型)、改进测试(测试)和产品展销(评价)六个阶段,生成展销会、投标书以及垂直运输机模型三种成果(图 1‐3‐1)。

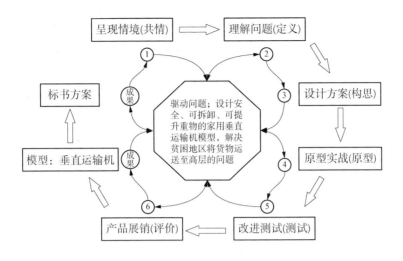

图 1-3-1 项目思路图谱

三 学习目标

本项目涉及物理、数学、信息、地理等学科,具体内容涉及人教版数学七年级上册第3章第4节一元一次方程模型的应用的第2课时利润问题;人教版数学八年级上册第十一章三角形第一节三角形的稳定性;人教版物理八年级下册第十二章简单机械第一节杠杆;苏科版物理八年级下册第六章第五节物质的物理属性;信息学科中用计算机建立简单的非线性模型,使用图形化程序语言完成感测与控制,能够使用标准连接线,控制多路输入输出、控制马达等设备。具体学习目标如下。

1. 学科知识:(1)数学,根据结构和材料的特点控制运输机的设计成本;(2)物理,能够知道不同材料的属性,认识不同机械结构的扭力大小;(3)信息,用计算机建立简单的非线性模型,使用图形化程序语言完成感测与控制,能够使用标准连接线,控制多路输入输出、控制马达等设备。

2. 能力方面:(1)初步体验以人为中心的设计思维过程,学会分析问题、设计算法、编写程序、调试程序,计算思维得到培养;(2)学会合理使用数字化工具辅助解决问题,数字化学习与创新能力得到提升;(3)学会记录和处理实验数据方法,科学探究精神得到培养。

3. 学习素养:(1)能够倾听和接受来自其他同伴的反馈和想法,并提出自己的合理建议;(2)能够在认同小组目标的基础上,积极主动承担分内职责,与团队成员平等协商,灵活地作出妥协、解决分歧或问题;(3)遵循道德规范,合法合规选用互联网资源,体会他人困苦,力所能及解决实际问题。

四 学习任务

本项目设计的初衷是解决农村和贫困地区如何将重物运送到高处的问题,如农民伯伯需要挑着粮食到楼顶晒稻谷,农村无电梯的房子常常需要将家具等物品送到其他楼层,还有某些贫困山区的人们需要攀爬长长的藤梯务工、上学。为了解决农村和贫困地区将货物运送至指定高度的问题,设计了安全、可拆卸、可提升重物的垂直运输机模型。同时,设置具体的学习任务(表1-3-1)。

表1-3-1 设计家用垂直运输机学习任务分解表

核心驱动问题	核心任务	最终成果
如何设计安全、可拆卸、可提升重物的家用垂直运输机模型?	学生团队合作,利用桐木条、3D建模连接件、开源硬件、马达等材料,设计安全、可拆卸、可提升重物的家用垂直运输机模型	投标书 家用垂直运输机 展销会
分解驱动问题	评估任务	阶段产品
家用垂直运输机模型需要实现哪些功能?	学生需要通过查阅资料、访问农场基地的农民,收集大家的需求,分析收集到的各种需求并形成解决方案	解决方案
如何制作安全、可拆卸、可提升重物的家用垂直运输机模型?	1. 了解三角形的稳定性和机械结构原理(齿轮和扭矩); 2. 制作家用垂直运输机模型; 3. 组装并测试家用垂直运输机模型	家用垂直运输机模型
如何举办家用垂直运输机展销会?	1. 标书(写标书); 2. 展销(作品介绍); 3. 参观(评委打分)	投标书 家用垂直运输机模型 展销会

五　实施步骤

本项目采用 mPython 开发平台、掌控板、3D One 建模、开源硬件、桐木条、钓鱼线、砝码、五金工具箱等教具支撑项目的有序开展。通过创设"贫困地区如何将重物运送到高处"的情境,引导学生明确核心驱动问题,再组织学生经过 Jigsaw 协作学习、原型设计与测试、产品展销与评价等活动,鼓励学生"做中学、用中学、创中学"。

(一) 呈现情境

本项目通过播放农村和贫困地区的农民伯伯挑着重物上楼顶的视频,让学生体验手拉重物和马达转动拉重物的实验,提出解决农村和贫困地区如何将重物运送到高处的问题,如农民伯伯需要挑着粮食到楼顶晒稻谷,农村无电梯的房子常常需要将家具等物品送到其他楼层,还有某些贫困山区的人们需要攀爬长长的藤梯务工、上学。如果是你,你会如何去解决农村和贫困地区将货物运送至指定高度的问题?

(二) 理解问题

核心问题:如何设计安全、可拆卸、可提升重物的家用垂直运输机模型?

分解问题 1:家用垂直运输机模型需要实现哪些功能?

分解问题 2:如何制作安全、可拆卸、可提升重物的家用垂直运输机模型?

分解问题 3:如何举办家用垂直运输机展销会?

(三) 设计方案

现场的 40 位同学分成 8 个新手组,分别派遣 1 位学生前往拼图组进行专题式学习。本环节我们邀请了心理、地理、数学、物理、信息技术等教师来到现场,老师们以导师的角色深入到各个拼图组的学习活动中,有针对性地指导学生,如有的小组学习 3D 建模技术、有的学生学习 AI 编程技术,还有的学生学习机械结构知识。拼图组学习任务完成后回到专家组构思设计方案,扮演导师角色的老师们从自己的专业角度给学生提出改进措施引导学生从科学合理的角度优化垂直运输机的方案(图 1 - 3 - 2)。

拼图式学习之前异质成组	新手组派一位学生加入相同内容学习模块 机械结构、3D建模、AI编程	在每个学生独立学习之后，学习相同内容的学生会聚在一起
新手组（Beginner Group）	拼图组（Jigsaw Group）	专家组（Expert Group）

图 1-3-2　Jigsaw 拼图式协作学习流程

(四) 原型实战

学生根据完善后的垂直运输机方案，小组成员分工完成垂直运输机的设计(图1-3-3)。动手能力强的学生利用桐木条搭建运输机；写作功底强的学生撰写标书；美术功底强的学生设计路演 PPT；3D 建模能力强的学生利用 3D One 教育版软件设计蓝色连接件和粉色齿轮装置；编程能力强的学生利用 mPython、掌控板、小方舟设计智能化运行程序。

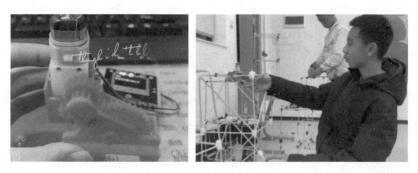

图 1-3-3　原型设计作品(齿轮与运输机)

(五) 改进测试

学生根据单因素实验要求，来探究齿轮数量(扭矩大小)、垂直运输机结构(垂直运输机形状)2 个因素对于垂直运输机承重的影响(表 1-3-2)。具体测试要求如下。

表 1 - 3 - 2 　 单因素实验表格

实验次数	齿轮数量（扭力）	天梯结构（形状）	50 g 砝码数量（重量）
1	2	正方体	
	2	三角形	
2	2	正方体	
	4	正方体	

学生经过多轮测试去探索不同齿轮、不同结构对垂直运输机承重量的影响，进而提出创新的垂直运输机搭建方案，比如有同学提出 6 个齿轮的提升装置，有的同学提出利用建模软件设计锥体结构的垂直运输机。

（六）产品展销

本环节是由小组合作完成项目路演和问题答辩，表达能力强的学生根据标书对本组垂直运输机作出简要的介绍（图 1 - 3 - 4），如合作过程、外观、功能、优势以及改进措施。教学评价采取形成性评价和总结性评价相结合的方式。形成性评价主要从各小组的沟通与合作情况、任务分工情况、学生的参与程度、标书质量、外观结构、程序编写、路演表现等方面进行评价。总结性评价主要由教师和学生团队从项目作品的完整性、创新性、实用性、功能性、美观性等方面进行评价。

图 1 - 3 - 4 　 路演展示

六　学习评价

本项目在实施过程中，聚焦核心素养，设计过程性和结果性评价表（表 1 - 3 - 3），推动评价主体由教师转向师生、生生、机器评价;评价方式由结果导向的单一终结性评价向过程导向的多维诊断性评价和过程性评价转变,大力探索增值性评价;评价维度由知识的记忆、理解、应用转向核心素养;评价成果由纸笔转向项目成果,如垂直运输机模型与标书等。

表 1 - 3 - 3　综合性评价表

过程性评价表						
一级指标	二级指标	达标要求	等级	自我评价	同伴评价	教师评价
认知发展	知识技能	我能够上网查询信息,知道垂直运输机所需要的学科知识	A 优秀 B 良好 C 有待提升			
	计算思维	我能够经过筛选、分析等系列步骤得出团队达成一致的模型或方案	A 优秀 B 良好 C 有待提升			
	问题解决	我能够利用习得的知识技能解决真实的问题,进而改变学习和生活的方式	A 优秀 B 良好 C 有待提升			
人际交往	团队合作	我能够在认同小组或团队目标及核心价值观的基础上,积极主动承担分内职责,与团队成员平等协商,灵活地作出安排、解决分歧或问题,实现共同目标,促进共同发展	A 优秀 B 良好 C 有待提升			
	有效沟通	我能够倾听和接受来自其他同伴的反馈和想法,并提出自己的合理建议	A 优秀 B 良好 C 有待提升			
社会参与	实践创新	我能够利用相关信息和资源,产生新颖且有价值的观点、方案、产品或成果	A 优秀 B 良好 C 有待提升			

过程性评价表						
一级指标	二级指标	达标要求	等级	自我评价	同伴评价	教师评价
自我发展	责任担当	在项目实践过程中，我能够做到自尊自律、文明礼貌、诚信友善；能明辨是非，具有规则与法治意识	A 优秀 B 良好 C 有待提升			
	学会学习	我能够自主探索学习，但是在必要的时候会寻求帮助	A 优秀 B 良好 C 有待提升			
	健康生活	在项目实践过程中，我能够进行自我管理，积极应对，健康上网获取和使用信息	A 优秀 B 良好 C 有待提升			

结果性评价表			
指标	达标要求	分值（10 分）	得分
思想性	内容表达的思想积极向上，能科学、完整地表达主题思想		
创新性	具有符合主题的原创图案或角色，有一定的想象力、个性表现力，独到新颖		
实用性	垂直运输机可实际提升家庭重物		
功能性	可拆卸的结构种类多样，适合提升多类型重物		
	运输机设计了人工智能应用，体现科技赋能		
艺术性	设计了与主题匹配的平面或立体元素		
	整体设计美观、友好，色彩搭配运用得当		
路演表现	思路清晰，能清楚介绍整个作品设计过程与理念		
	准确理解评委问题，回答问题思路清晰，语言简洁流畅		
	精神风貌好，仪表整洁大方，表现得体		

七　项目反思

　　本项目来源于现实生活中的真实情境，引导学生通过情境共情、理解问题、构思方案、原型设计与测试的形式来学习跨学科知识，真正让学生成为学习活动的主体。在项目任务的探索过程中,学生借助三维设计和人工智能技术,设计出安全、可拆卸、可提升重物的家用垂直运输机模型,解决农村和贫困地区将货物运送至高层的问题。学生运用跨学科知识解决真实问题,培养了他们沟通与协作、交流与表达、探究与创新的素养。本项目着重避开传统项目活动只重技术的训练,而忽略学生核心素养的培育问题。有学者表示,人在解决生活问题时面临的就是复杂、多领域的情境,那么项目化学习势必要基于真实的问题情境,融入跨学科内容。于教师而言,应当增强学科素养,只有具备极强的学科转化或翻译能力才能做好有价值的创新教育。具体表现在如下三个方面。

一是跨学科教师共同参与指导。在 Jigsaw 拼图式学习期间,跨学科教师根据自己的专业特点设计相关的指导手册资料供学生自主探究学习。在 STEM 教育活动过程中,深入拼图组和专家组,给学生提出专业背景方面的指导,引导学生根据所接触到的领域知识去改进本组的垂直运输机方案。

二是贯穿始终的真实问题情境。本项目创设真实问题情境,要求学生设计出安全、可拆卸、可提升重物的家用垂直运输机模型。在活动的每一个过程中,每一个人都是在为解决这些问题而努力。

三是跨越纯技术性项目活动。本项目学生需要掌握设计思维的方法,利用 3D 建模技术设计机械结构连接件和减速器的齿轮,利用 AI 技术智能化控制运输机的运行,还需要不断地通过单因素实验改进垂直运输机设计方案。未来的学习活动应该鼓励教师引导学生"做中学、用中学、创中学",纯技术的学习并不能激发学生的内在学习动机,也不能满足学生全面发展的需要。

当然,本项目还有一些不足之处:一是大概念知识的融入不充分,如机械结构齿轮的选取,关系到大学才接触的扭矩概念,但是对于七年级学生来说,其学习难度很大,为此,应当降低概念理解的难度,通过比较齿轮数量,初步让学生明白齿轮数越多,扭力越大,在一定限度下,越能提升更多重物;二是大部分学生选用的家用垂直运输机模型都是四边形,教师未能采用更好的办法引导学生尝试稳定性更强的三角形和金字塔形,因此,教师应当提供四边形、三角形、金字塔形三种示范模型,供学生参考改进,但要限制各组的成本;三是本项目要求学生设计可拆卸的家用垂直运输机,这需要借助 3D 建模与打印机设计并打印连接件,会花费大量时间,很难在短时间内获得连接件模型,为此建议学生加入项目后,在空闲时间打印连接件。

(撰稿者:深圳市坪山区东部湾区实验学校　彭小艳、朱伟丽)

【创意设计 1‑4】双 11 快递搬运机器人

适用对象:四、五、六年级　项目课时:8 课时

一　项目背景

《义务教育课程方案和课程标准(2022 年版)》强调,要加强课程综合,注重关联,开展跨学科主题教学,强化课程协同育人功能,培养学生在真实情境中综合运用知识解决问题的能力。

在当今数字化的时代,电子商务蓬勃发展,"双 11 购物节"成为全球瞩目的消费盛宴。然而,随着交易量的急剧增长,快递包裹的数量也呈爆发式上升,快递行业面临前所未有的压力。快递站点内包裹堆积如山,传统的人工搬运方式不仅效率低下,而且劳动强度极大,难以满足消费者对快递快速、准确送达的需求。

鉴于此,我们希望通过"双 11 快递搬运机器人"这一课程,引导学生关注这一现实问题,鼓励他们运用多学科知识,如物理学中的力学原理、信息技术中的编程控制、工程学中的结构设计等,创新设计出高效、智能的快递搬运方案。培养学生的创新意识、实践能力和跨学科综合素养,使他们能够在真实的情境中,运用所学知识解决实际问题,为快递行业的发展贡献自己的智慧和力量。

二　项目思路

"双 11 购物节"作为学生网购生活的热点话题,其背后的物流运输流程也是学生耳熟能详的概念。本项目紧密围绕快递搬运实践中遇到的真实问题展开,通过问题导向学习模式,融合新知探索、原型构思、设计实践、测试验证及成果展示等多个环节,精心设计了一套教学流程,涵盖"选取主题、情景导入、学习新知、分配工具、头脑风暴、搭建器件、编程调试、创意设计"等关键环节。鉴于学生已具备一定的工程设计基础、3D打印、激光切割等操作技能,本项目旨在进一步整合这些技能与 STEM(科学、技术、工

程和数学)教育理念,鼓励学生运用跨学科知识,针对实际问题提出创新解决方案。在此过程中,学生将充分利用其编程技能,编写抓取与行走脚本,结合开源硬件组件的组装,创造出既实用又富有创意的作品。通过这样一个多学科融合的课程不仅能够加深学生对物流自动化技术的理解,还能激发他们的创造力和解决问题的能力,同时促进信息技术、工程设计与物理科学等知识的有机融合,为学生未来的学习与发展奠定坚实的基础(图 1-4-1)。

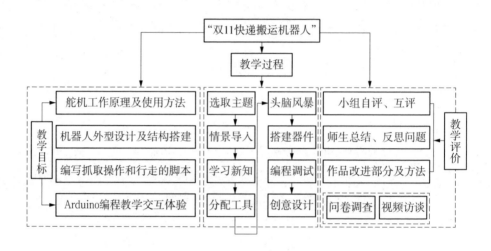

图 1-4-1 "双 11 快递搬运机器人"设计思路

三 学习目标

本项目涉及科学、信息科技、工程和数学等学科,依托 Arduino IDE 开源软件编写搬运抓取物件动作和运输物件的代码,还原快递搬运的模拟场景。搬运机器人的抓取动作借助舵机实现,重点内容是讲解舵机的工作原理及正确的使用方法,加深学生对舵机工作知识的理解,达到灵活应用舵机的知识技能。具体学习目标如下。

1. 学科知识:(1)科学,掌握舵机工作的科学原理及常用方法;(2)数学,理解舵机工作转动角度概念;(3)工程,设计搭建搬运机器人的结构外形,学生头脑风暴创设不同功能的搬运机器人结构外形;(4)信息科技,编写舵机转动抓取和机器人行走的编程脚本。

2. 关键能力:(1)学生通过组装搭建搬运机器人的原型,培养动手实践能力;(2)在自行设计搬运机器人的外形结构过程中,培养学生的想象力和创造力;(3)借助编程技术实现搬运机器人抓取及运输物件的脚本,提高学生实现编程交互体验的计算思维能力。

3. 学习素养:(1)在项目学习过程中鼓励学生主动发现问题,团队小组协作共同解决问题;(2)通过头脑风暴大胆尝试机器人结构设计,合理运用美学思维丰富课堂内容,注重学生的美育培养。

四 学习任务

"双11购物节"属于高热度话题,学生容易联想实际生活中快递员分拣搬运工作。本项目重点是设计制作一款机器人解决物流运输中实现如何搬运快递物件的问题,提炼出核心驱动问题运用不同结构件设计制作快递搬运机器人,具体的驱动问题任务分解如下(表1-4-1)。

表1-4-1 "双11快递搬运机器人"驱动问题分解表

核心驱动问题	核心任务	最终成果
如何运用不同结构件设计制作快递搬运机器人?	搭建过程中重点突破舵机的角度伺服转动来抓取物件,分解机器人的局部动作,引导学生编写实现机器人动作的程序	快递搬运机器人原型产品
分解驱动问题	评估任务	阶段产品
如何实现搬运机器人的原型设计?	教师创建或模拟物流真实的情景,设置待解决的问题,通过头脑风暴、查阅资料等方式引导学生分小组协作制作搬运机器人设计图	快递搬运机器人设计图
如何通过编程技术实现抓取功能?	深度掌握舵机的工作原理及调试方法;依托ArduinoScratch图形化编程软件,通过积木模块实现程序命令和参数设置编写程序代码	快递搬运机器人功能程序脚本
如何使用开源硬件组装搬运机器人?	综合主控器(AS-Board测控板)、传感器模块(红外循迹、红外避障、超声波测距)、执行件模块(LED灯、有源蜂鸣器)、运动部件(电机、舵机、万向轮)、数据线、结构件、工具类等兼容结构拓展零部件,借助结构积木、电子模块、编程软件等技术工具和各式传感器来感知外部环境,将编写的程序上传到硬件主板中,实现快递搬运机器人基本功能	快递搬运机器人初生模型
如何开展快递搬运机器人功能测试和产品展示?	学生分小组展示模拟快递搬运机器人取物和运输至指定地点的功能	快递搬运机器人仿真功能模型

五 实施步骤

本项目结合科学、工程和编程,首先介绍舵机原理,随后引导学生创新设计搬运机器人结构,并编写控制脚本。项目过程遵循"问题驱动—新知探究—构思原型—设计实践—测试展示"的设计思维策略,旨在提升学生科学素养、工程能力和编程技能。具体实施教学过程如下。

1. 问题驱动

在前期,学习者通过细致分析选定"双 11 购物节"作为项目主题,紧密围绕快递搬运这一现实场景,构建了一个贴近学生日常生活且富有实践意义的教学情境。通过生动导入"双 11 购物节"的繁忙物流景象,自然而然地引出教学核心问题——如何设计一款高效的搬运机器人。接着,教学活动聚焦于模拟机器人的核心功能:精准抓取物件并自主运输至指定地点。学生将学习如何规划机器人的动作程序,包括编写抓取指令、设定行进路径,以确保机器人在模拟环境中能够顺利完成搬运任务。这一过程不仅锻炼了学生的编程技能,还加深了他们对机器人工作原理的理解。

2. 新知探究

快递搬运机器人的抓取动作由舵机来实现,教学重点在于介绍舵机的工作原理及使用方法。舵机是一种角度伺服的驱动器,根据需求设计转动的角度,角度范围是 $0°—180°$。从正对转动轴的方向看呈现逆时针旋转,调试舵机将一字舵臂和舵机轴连接,将舵机连接到主控板数字口上,观察舵机旋转的角度。编写调试脚本程序,在 Arduino 模块中选择设置舵机接口的角度从 $0°$ 转动到 $90°$,连接 COM 串口后上传固件。

3. 构思原型

学生的创造力在创新型设计理念的驱动下得到充分释放。为了支持他们的创意实践,我们为每个小组配备了纸张、画笔、尺子等基础工具,并尽实验室之力提供多样化的材料,以满足学生设计过程中的各种需求。鼓励学生利用有限资源发挥无限创意,设计形态各异、功能独特的搬运机器人,确保课堂作品展现出丰富的多样性和创新性。在小组学习中,学生积极参与讨论,共同探索解决方案,同时借助网络资源深入研究,通过画图设计等方式将创意具象化。这一过程中,头脑风暴活动不断激发新的灵感,促进小组成员间的思维碰撞与融合,最终形成各具特色的搬运机器人原型设计。

4. 设计实践

本项目精心配置了搬运机器人搭建的基本套件,涵盖多种结构件与改装工具,以便学生根据物件的大小、重量等特性进行灵活选择与搭配。为学生打造一个真实的工程制作环境,鼓励他们设计能够执行拖、拉、拽、推等多种搬运方式的快递机器人,以满足不同物流场景的需求。在模拟的快递搬运场景中,学生深入分析搬运机器人的工作流程,精确规划每一个指令动作。他们运用编程技能,精心编写搬运抓取物件及运输物件的代码,确保机器人能够准确无误地完成各项任务。这一过程不仅锻炼了学生的工程设计能力,还加深了他们对机器人编程技术的理解与应用。

5. 测试展示

本项目采用舵机模块与 Arduino 机器人行走模块来精确执行搬运机器人的各项动作指令。在操作过程中,机器人首先通过舵机模块(初始方向设为 0°)精准抓取物件,随后启动行走模块推动物件前行至预定距离。在完成搬运任务后,机器人自动释放物件,并控制舵机方向回归至 90°,恢复原始状态。在设计思维的指导下,我们鼓励学生进行持续的测试与迭代,不断优化机器人的性能与稳定性。在测试过程中,学生需将编写好的脚本程序上传至 AS-board 主板,并通过 USB 连接线实现离线运行,确保机器人在无外界干扰的条件下稳定运行(图 1 - 4 - 2、图 1 - 4 - 3)。这一过程不仅提升了学生的问题解决能力,还培养了他们的耐心与细致。

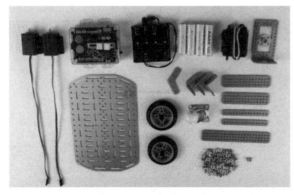

图 1 - 4 - 2　开源硬件器材

图 1 - 4 - 3　学生作品

六　学习评价

本项目采用情境式、问题式和项目式组合教学，了解学生具备的编程基础和信息素养，将学生分成 n 个小组，每两人组队协作完成学习任务。评价方面，案例采用多维度、多层次的评价体系，包括组内自评、组间互评以及教师综合评定（表 1-4-2）。此外，案例还特别设置了"改进意见"环节，邀请其他小组针对展示作品提出宝贵的改进建议，以进一步激发学生的创新思维与改进动力。最后，师生共同总结学习过程，分析问题、改进作品，提升知识与能力，培养批判性思维和团队协作能力。

表 1-4-2　Arduino 编程课堂教学评价

小组编号	组内自评、组间互评、教师评定等级					综合汇总
	科学性	技术性	美观性	实用性	完整性	
1						
2						
……						

本项目采用组间互评、小组互评、教师评定，所占比例分别为 30％、30％、40％，结合三项评价计算出综合评定（表 1-4-3）。

表 1-4-3　小组学习效果综合评定情况

小组编号	组间互评（30％）	小组互评（30％）	教师评定（40％）	综合评定
1				
2				
3				
……				

七　项目反思

本项目深度融合 STEM 教育理念，围绕快递搬运机器人这一核心主题，精心构建了多层次的信息科技编程学习体系。从 ArduinoScratch 图形化编程入门,逐步拓展至主控器、驱动装置、支撑结构及外部传感器等高级技术学习,全面提升了学生的编程技能与跨学科整合能力。其特色亮点如下。

1. 关注"主题情境"创新课堂。学生模拟在物流运输情境中运用多学科知识解决问题,借助 3D 打印或激光切割技术等数字工具开展创新造物,培养学生的创新想象力。

2. 关注"设计思维"策略培养。综合运用舵机模块类和 Arduino 机器人模块的行走模块类实现机器人的动作指令,加强学生分析事件过程的能力,在设计思维策略中强调不断迭代搬运机器人功能测试,培养学生的动手实践能力。

3. 关注"问题驱动"模型方案。为学生创设"做中学"学习场景,遵循以问题驱动为导向引导学生紧扣抽象核心问题,逐步分解成多项子问题,培养学生们的计算思维和逻辑思维能力。

(撰稿者:深圳市坪山区坪山实验学校　徐广情)

【创意设计 1‐5】智能廊灯设计与制作

适用对象:六、七、八年级　项目课时:18 课时

一　项目背景

　　《义务教育信息科技课程标准(2022 年版)》倡导以真实问题或项目为驱动,促进学生在原理应用、计算思维及数字化工具使用中的深度学习与能力提升。本项目正是这一理念的生动实践,它源自校园生活的真实挑战——走廊光线不足与照明设施布局不合理问题。项目旨在设计一款既智能又美观节能的廊灯系统,以改善校园照明环境。在教师的引导下,学生们面对"如何创造智能、美观且节能的廊灯系统"这一核心问题,积极利用实验室资源,包括 Arduino、micro:bit、光环板等主板进行编程,结合激光切割等先进技术,将创意转化为现实。学生们通过探索声音控制、人体红外感应、语音识别等多种智能化手段,实现了对走廊廊灯的精准控制,既展现了他们的创新思维与设计能力,又有效提升了校园照明的智能化与节能水平。此项目不仅让学生掌握了激光切割、编程等前沿技能,更重要的是,它让学生在"做中学""用中学""创中学"的过程中,深刻体会到了工程思维在解决实际问题中的价值。学生们通过项目实践,学会了如何运用所学知识解决生活中的实际问题,培养了自我规划、自我管理和自我评价的能力,充分凸显了学生在学习过程中的主体地位。项目的成功实施不仅为校园带来了更加舒适、智能的照明环境,也为学生们的成长与发展留下了宝贵的经验与财富。

二　项目思路

　　学校走廊太暗,怎样的廊灯设计既能解决照明,还美观节能? 为解决这个问题,教师需引导学生学会洞察需求,发现问题,利用工程设计过程框架,通过明确问题和制约因素、调查研究、提出方案、选择方案、制作原型、测评与优化、交流与反思等步骤,融合科学、技术、工程、数学、艺术、读写等领域知识,掌握主动学习与解决问题的基本经验

与方法,完成智能廊灯的设计、制作与安装(图1-5-1)。

图1-5-1 工程设计过程

三 学习目标

本项目融合科学、技术、工程、数学、艺术、读写等领域知识,在研究 STEM 领域相关学科课程目标之后,具体目标分解如下。

工程(Engineering):学生能够形成从生活中发现问题、寻找问题的意识,考虑解决方案的可行性并优化,能够理解项目都是从真实的生活情境出发,掌握解决问题的一般过程的框架,培养解决实际问题的能力。

科学(Science):通过本项目,学生能够理解电学相关知识,包括电路的串联、并联、短路、断路以及欧姆定律、发光二极管单向导电特性等并运用到实操中灯带的焊接。

技术(Technology):学生能够掌握光环板、Arduino Nano 等主板的程序编辑方法;Inkscape、LaserMaker 等矢量图编辑设计软件操作方法、激光切割方法以及 APP(WPS、剪映等)使用的基本知识、技能,利用设计软件建模和编程,结合信息和智能化的知识,创造性地解决问题,提高学生信息素养与面向未来的能力。

数学(Math):通过本课程,学生能够发现、表达、解释和解决多种情境下的数学问题,并进行分析、推断。如编程时,对传感器检测到的数据进行分析、判断、处理,使用正确的条件判断逻辑、循环逻辑;设计廊灯外形时,熟练地进行单位换算,设计出大小符合要求且满足功能需求的尺寸;焊接灯带前,通过数学计算公式,正确计算出所需LED灯带(灯串)的长度等。

艺术(Art):学生设计出的智能廊灯外形美观,有创意、有新意;制作出的展演PPT、Vlog具有美感、设计感,衔接、过渡自然。

读写(Reading & Writing):学生能够利用头脑风暴工具提升小组讨论效果,加强团队协作与沟通,促进团队形成更优方案;项目展演文稿语句流畅,有逻辑,能将项目过程转化为研究报告;演讲时发音清晰响亮,与观众有交流,能够清晰地陈述智能廊灯的设计理念与创意点。

四 学习任务

学校走廊太暗,怎样的廊灯设计既能解决照明,还美观节能? 在该驱动性问题的驱动下,学生准备利用实验室现有材料、工具、设备制作一批智能廊灯,悬挂于走廊,并利用 Arduino、micro:bit、光环板等主板编程,对廊灯实现智能化控制,具体学习任务如下(表1-5-1)。

表1-5-1 智能廊灯设计与制作学习任务实施表

任务名称	活动目标	活动内容	实施要求	时间安排
STREAM 初探	1. 了解 STREAM,了解工程设计过程; 2. 了解实验室现有设备与计算机辅助设计的联系,讲解实验室设备、工具使用的安全注意事项	通过讲解实际项目,让学生了解问题解决框架——工程设计过程,了解工程设计过程的步骤以及作用;通过讲解演示实验室发生过的真实安全问题,培养学生安全操作设备、器材的观念,并签订实验室安全协议	提供《致同学们,关于STREAM》学习手册及实验室安全协议	第一周/2课时
项目介绍与廊灯初步设计	1. 了解本项目的产生背景,明确本项目任务的要求及其限制条件; 2. 调查研究相关资料,	学生了解本项目的产生背景,明确本项目的目标、要求及相关限制条件;学生网上收集廊灯素	提供项目的学生活动手册、联网的笔记本电脑(每个小组一台)、平板电脑(用于收集图片、视频素材)	第二周/2课时

任务名称	活动目标	活动内容	实施要求	时间安排
	查找廊灯现有产品作为学习参考对象； 3. 以小组为单位进行头脑风暴,设计并绘制出初步设计图,确定方案（缠绕式廊灯 or 嵌入式廊灯）	材,汲取各类廊灯的设计元素、设计优点等；小组进行头脑风暴,讨论廊灯设计方案,将廊灯的初步设计方案在草稿纸上绘制表达出来		
Inkscape 绘图软件初探	1. 掌握 Inkscape 软件绘制各层廊灯设计图的方法； 2. 理解嵌入式廊灯和缠绕式廊灯各层的尺寸设计、挂孔的设计	学生用 Inkscape 软件绘制廊灯每层图形,将5层设计好的图形按顺序排好,并检查是否还存在问题	提供笔记本电脑以及 Inkscape 矢量图编辑软件、平板电脑	第三周/ 2课时
廊灯绘图进阶	1. 回顾 Inkscape 的基本使用方法,理解缠绕式廊灯的第四层绘图方法以及嵌入式廊灯的第三层画法； 2. 了解建模软件 LaserMaker 的使用方法和激光切割机的操作步骤	学生切割前再次检查与核对各自小组廊灯的设计形式,确认廊灯导线的预留情况；学生利用建模软件 LaserMaker 标记设计图,区分不同加工工艺（描线或切割）,并独立操作激光切割机完成廊灯的外形切割	提供笔记本、Inkscape、LaserMaker 软件、切割前注意事项的思维导图、平板电脑	第四周/ 2课时
廊灯切割与组装准备	1. 学生完成绘图并复习激光切割机的使用方法； 2. 学生进行廊灯粘贴并学习 LED 灯带焊接工艺,剥线钳使用方法、冷压接线端子使用方法	教师讲解剥线钳、冷压接线端子的使用方法；学生可通过视频自学＋教师现场指导的方式,进行激光切割操作与 LED 灯带焊接的实操	准备锡线、焊接台、LED 灯带、剥线钳、接线端子、教师制作的激光切割操作视频与 LED 灯带焊接视频、平板电脑	第五周/ 2课时
完成廊灯的制作与改进	理解工程设计过程中制作测评原型与重新设计的关系与重要性	学生掌握廊灯加工过程,遇到问题可以通过查看指导手册、教师提供的操作讲解视频、思考、沟通解决	准备锡线、焊接台、LED 灯带、剥线钳、接线端子；教师制作的激光切割操作视频与 LED 灯带焊接视频、平板电脑	第六周/ 2课时

任务名称	活动目标	活动内容	实施要求	时间安排
廊灯智能化与集成上墙	1. 认识 Arduino、光环板等主板的编程界面； 2. 掌握 Arduino、光环板等主板的图形化编程思路及方法（永久循环、条件判断等）； 3. 能够通过主板输出高低电平继而控制继电器的开关； 4. 搭建小型太阳能供电系统为智能廊灯供电	学生以小组为单位学习 Arduino、光环板图形化编程，通过语音识别、声音、人体红外等方式控制输出电平的高低进而控制继电器实现自动点亮或熄灭多个灯带或灯串；了解小型太阳能系统是如何为智能廊灯供电的	提供笔记本电脑、平板电脑、Arduino 主板、光环板、声音传感器、人体红外传感器、语音识别模块、Mixly 软件、慧编程软件	第七周/2课时
PPT、Vlog 制作	1. 掌握 PPT 及 PPT 模板的使用方法、剪映制作 Vlog 的技巧； 2. 利用积累的视频、图片等素材，制作廊灯项目展示会的演讲 PPT 和 Vlog	学生利用收集到的图片、视频素材，进行 PPT 和 Vlog 的制作	提供笔记本电脑、WPS、PPT 模板、剪映、平板电脑	第八周/2课时
项目展示交流与评价	进行廊灯项目展示会，培养学生的读写能力，口头语言表达能力	学生以小组为单位将廊灯放置于廊灯挂板并接通电源，学生进行 PPT 的分享汇报、Vlog 的展示	提供演讲台、笔记本电脑、平板、教学大屏、廊灯挂板与电源接口	第九周/2课时

五 实施步骤

项目实施需准备笔记本电脑、Inkscape 软件、LaserMaker 软件、激光切割机、3mm 椴木板、电烙铁、锡线、助焊松香、电工胶布、LED 灯带、铜线、LED 灯串、0.3 平方 RVB 导线、冷压接线端子、万用表、剥线钳等器材。

教师指导学生遵循结构合理的工程设计过程，为形成最佳解决方案提供框架结构，遵循设计过程的行动本身帮助学生建立解决问题的能力和逻辑。这个过程的本质是迭代性的,学生可以反复重复一个步骤或多个步骤,教师需要指导学生合理地在这些步骤中循环推敲,在明确最后设计方案之前,需要在不同步骤之间转换。

1. 明确问题

明确现有材料、现有工具的条件限制,如何利用现有材料与工具实现项目所需功能。

2. 调查研究

提供项目相关资源,引导各小组学生阅读资源,了解各种材料、工具的用途以及使用方法,分析与比较现有智能廊灯的相关知识与案例,为后续进行廊灯的设计制作提供灵感。此外,教师还需引导学生学习一些廊灯外形设计、图案布局如何合理等相关艺术知识,简单电路、发光二极管等物理知识,激光切割原理以及相关矢量图编辑软件的使用,万用表的使用等,为后续项目的顺利进行打好理论、实操基础。

3. 提出方案

组织小组成员开展头脑风暴,集体讨论并确定本组要制作的廊灯结构,结合已确定的悬挂区域地理位置特点,在活动手册或草稿纸上绘制智能廊灯设计方案手稿。

4. 选择方案

根据各成员绘制的初步设计方案,取长补短,选取各成员的优秀想法或创意,组合形成新的最佳方案并绘制出每层廊灯(至少5层)的设计确定稿。确定稿需要在Inkscape中绘制出来(图1-5-2)。

图1-5-2 学生廊灯确定稿

5. 制作原型

小组内两名美工师根据绘制好的图纸,利用电脑中的 Inkscape 或 LaserMaker 软件,绘制组成立体模型的二维平面图形,最后将结果保存成一个矢量文件。要求学生在绘图时仔细检查、核对图形尺寸以及相应参数,再把制作好的矢量文件用激光切割机切割出来,通过堆叠的方式组装成一个完整的廊灯(图1-5-3)。

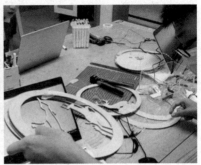

图1-5-3 学生制作廊灯原型

6. 测评与优化

将完整的廊灯组装好之后,通过调整灯带的布置、灯带放置的凹槽深度、图案镂空的程度,使廊灯投射出的灯光在观感上更具美感。为了使廊灯未亮灯时更具有可观赏性,学生经过讨论,对廊灯进一步装饰,如对作品名牌扫码而得的介绍页面设计进行优化,利用多色水彩笔填色对廊灯进一步装饰等(图1-5-4)。

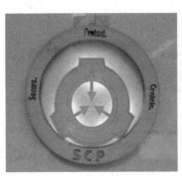

图1-5-4 学生对廊灯进行优化

学生以小组为单位学习Arduino、光环板图形化编程,对廊灯的控制进一步测试与优化。通过语音识别、声音、人体红外等方式控制输出电平的高低进而控制继电器实现自动点亮或熄灭多个灯带或灯串;同时了解小型太阳能系统是如何为智能廊灯提供电力的,为后续廊灯的智能化与集成上墙做准备。

7. 交流反思与评价

以小组为单位,展示介绍自己小组的项目作品,介绍内容包括但不限于廊灯的独特之处,怎样完成设计构思,在制作过程中遇到了哪些问题、如何解决了该问题等。教师与评委根据小组汇报评价量表,对各小组的项目展示进行评价。学生根据过程性评价量规和个人贡献度量规对本人以及组员进行项目评价。最后,根据最终评分在所有的作品中评选出最佳创意奖、最佳实用奖和最受欢迎奖(图1-5-5)。

图1-5-5 学生作品展示与评价

六 学习评价

本项目的评价方式分为过程性评价(表1-5-2)和终结性评价(表1-5-3)两种方式。过程性评价旨在让学生对项目执行过程中各个阶段的完成情况和状态进行自我评价。

表1-5-2 过程性评价量表

评价内容	优秀	达到预期	低于预期	未展现
	3	2	1	0
明确任务:知道如何解决问题,能从科学、技术、工程等方面,多角度理解问题				

评价内容	优秀	达到预期	低于预期	未展现
	3	2	1	0
调查研究：有明确的学习目标，可以利用老师提供的学习材料顺利地完成学习探究，且学习效果较好				
提出方案：可以展示出完整的、详细的设计图纸，或可以设计出多种有效的解决方案				
确定方案：通过小组内合作，取长补短，对方案进行优化，得到的最终方案中的各方面设计较为合理				
制作模型与测试：小组内成员分工明确，一起合作完成模型的制作并测试，可以依靠团队力量顺利地解决在模型制作中遇到的各种问题				
方案改进：能运用多学科知识，提出许多有意义的改进，并能将改进想法实施成功				
交流与表达：完整正确地阐述作品的原理、制作的过程、遇到的问题以及解决方法，能够清晰地认识到作品需要改进的地方，有独立见解和想法				

表 1-5-3　终结性评价量表

评分内容	评分者	分值占比	评分依据
项目成绩	教师	60%	最终项目评价量规
个人贡献度	组内互评	20%	个人贡献度量规
团队展示成绩	教师	20%	团队展示评价量规

而终结性评价由项目成绩、团队展示成绩和个人贡献度构成，同一项目组中所有成员项目成绩、团队展示成绩相等，而个人分数可能不等（表 1-5-4、表 1-5-5、表 1-5-6）。

表 1-5-4　项目成绩量表

项目成绩	优秀	达到预期	低于预期	未展现
	3	2	1	0
廊灯规划布局尺寸合理,符合比例尺				
廊灯图案设计精美,具有美感				
廊灯的接线正确,能够正常点亮,不漏光,走线美观				
廊灯的灯光颜色选择与整体设计互相搭配				
最终规划示意图都是精心绘制的,标注详细				
最终规划示意图都是按比例绘制的				
最终方案规划示意图干净整洁,品质高				

表 1-5-5　个人贡献度量表

评价内容	优秀	达到预期	低于预期	未展现
	3	2	1	0
学术贡献:我积极阅读和本课题相关的书籍文献,运用专业知识为项目做出了贡献				
创意贡献:我经常产生和别人不同的想法或创意,有些灵感和创意为我们的研究带来了亮点,或使全组从困境中找到了思路				
讨论参与:我仔细倾听他人的观点并积极思考,建设性地参与讨论,有时能启发别人的思路				
团队协作:在课题组的工作中我和他人很好地配合,达到 1+1>2 的效果				
任务完成:我认真细致地完成了小组交给我的任务,在细节上达到高质量				
组织协调:(无论是不是组长)我参与了全组工作的组织协调,促进了其他组员的研究				

表 1-5-6　团队展示成绩量表

评价内容	优秀	达到预期	低于预期	未展现
	3	2	1	0
演示时声音响亮,发音清晰,易于观众理解,与观众有很好的眼神交流				
项目展示吸引观众注意,能够清晰地陈述廊灯的设计理念及其他创意点				
团队能够创造性地组织演示,各成员之间有很好的衔接				
结尾能够很好地总结本项目要点及项目特点				

七　项目反思

通过本项目的学习,学生可以制作一批智能廊灯,从外表上看,具有一定的美观性、创新性和实用性,为学校的各个角落增添了趣味感、交互感和美感。但由于项目完成的时间有限,每个廊灯的外形结构较为简单,灯带装饰可以更加丰富。作为后续项目的升级版,学生可以进一步完善每盏廊灯的细节,如为灯的色彩亮度添加更多样的变化,增加更多智能互动效果,使得整个作品更为精细、完善、新颖、独特。

学生在完成项目时,起初会思维受限,迟迟无法开始设计,后期项目实施中需要更关注于激发学生的创造力和发散思维,教师需增强与学生的交流频率,给予更多支持,用多种方式促进学生的合作与想法的产生;同时帮助学生明确廊灯制作的进度计划实施,推动学生更高效地完成制作。总之,聚焦真实情境中的问题解决,引导学生灵活运用所学知识,提高解决问题的能力,智慧解决问题,才能更好地帮助学生形成和发展核心素养。

(撰稿者:深圳市坪山区同心外国语学校　李逍逍)

第二章

目标的融合性

CIM 课程的核心目标在于培养学生创造性地运用知识与技能解决真实情境中的复杂问题的能力。其目标的融合性体现在:通过整合多学科知识的跨学科项目的设计与实践,提升科学素养、技术素养、工程素养以及数学素养等多种素养,进而促进学生的全面发展。

在当前全球化趋势所引发的挑战中,科技创新显得尤为重要。通过审视世界范围内教育领域的最新变革,我们不难发现,培养兼具科学精神、创新能力与人文素养的全面发展型人才,已成为世界各国现代化进程中的迫切需求,同时也是教育改革所指向的未来方向。为了提升人才自主培养的质量,我们有必要采用多学科融合的教学模式,以进一步塑造拔尖创新人才和复合型人才。余胜泉教授指出,跨学科的教学方式,通过真实问题引导学生"做中学",不仅注重学科间知识的迁移,还强调知识与学习者之间的紧密联系,重视过程与实践的结合,从而能够更有效地培育创新思维和能力。①

CIM课程通过科学、技术、工程、艺术和数学等多学科的深度融合,旨在全面促进学生的综合素质发展。该课程注重培养学生综合运用所学知识和技能解决实际问题的能力,充分展现了目标的融合性特点。其目标融合性着重强调跨学科学习和项目式学习的重要性,以培养学生的综合素质为核心,确保学生能够适应未来社会不断变化的发展需求。

CIM课程具有目标的融合性,具体来说包含跨学科的复杂性、深关联的情境性、多主体的协作性以及活用化的创新性等具体特征。

一是跨学科的复杂性。实际生活中的问题要比课本上的复杂,不能完全将知识按学科划分界限,而是学科间相互渗透,将知识有机整合。这既能催生创新性成果,也是提高学生核心素养、实现全人培养目标的重要途径。

二是深关联的情境性。目标融合要求学习者不仅能掌握知识,而且能提升运用知识解决实际问题的能力。知识只有源于学习者自身兴趣和内动力,才能实现学习者对知识体系的主动建构。因此,一个能够激发学习者学习兴趣、让学习者全身心沉浸、催生创造力的学习情境至关重要。

三是多主体的协作性。目标的融合性强调培养学习者的团队合作意识与能力,通

---

① 余胜泉,胡翔. STEAM教育理念与跨学科整合模式[J]. 开放教育研究,2015,21(4):13—21.

常以小组合作方式展开学习,需要学习者相互帮助、合作探究、思维碰撞。因此要重视项目设计,项目既要有源于生活的基础性知识,又要具有一定的挑战性。学习者需要与同伴协作学习,搜集资料、提出解决方案、评价学习成果,在合作探索中完成知识建构,并进行深层学习。

四是活用化的创新性。在跨学科的融合教育中,教师为学生创设基础的环境,鼓励学生运用所学知识解决生活中的实际问题。教师不提出具体方案和实施路径,而是需要学生通过协作学习和小组探究,在反复的思考与实验中逐步解决问题,并促进创新思维的生成。

实践证明,CIM课程作为一种课程组织方式,在培养学生学习能力、解决问题能力以及交流合作能力方面表现出显著成效。在关注知识与技能获取的同时,该课程尤为注重创新思维培养目标的融合性。为确保在实际课堂教学中体现CIM课程目标的融合性,应特别关注以下几个方面的实施。

第一,注重跨学科的课程设计。学生在解决实际问题时缺乏对综合思维的训练,但不同学科、不同主题的内容分享能促进学生对学科知识的深度理解,因此教师在进行课程设计时,要注重挖掘相关联的多学科知识,将其整合在一个项目中,充分激活学生已有的知识库,并运用先前所学知识进行跨学科的问题求解,提高学生整合知识的能力。

第二,注重项目的真实情景。要以学生的学习兴趣和认知水平为基础,精心挑选真实生活中的问题和现象,灵活组织跨学科的教学内容。让学生从知识的被动接收者转变为知识的主动建构者,而教师则是项目的引导者、促进者和监督者。在这种角色转换中,一方面学生可以借助信息技术来获取所需的知识与信息;另一方面教师应积极为学生创造协作学习所需的条件,并适时地提供支架,通过引导、展示和呈现,帮助学生提高自立性、自主性和自治性。

第三,注重团结协作。CIM课程的本质是要解决真实问题,这些问题往往瞬息万变、复杂多样,难度较大,只有通过学生与教师以及其他同学的交流讨论、协同探索,才能顺利解决,有效完成对知识的意义建构。学生和教师的协作,主要指的是教师是学习活动的组织者、学习过程的引导者和学习疑问的解答者。学生在教师的帮助下,积极参与实践活动,循序渐进地完成学习任务,提高能力。同时,学生和学生的协作,指学生之间组成小组,根据问题,以小组为单位进行资料的搜集、分析和处理,提出假设并进行验证,彼此之间分工合作,互相之间进行思维上的碰撞,共同商讨,解决问题。

第四,注重创造性地运用知识解决问题。目标的融合性教育注重培养学生的问题解决能力与跨学科素养,项目式学习需要通过全面评价来促进学生多方面能力的发展。教师可以采用学科知识评价与学生能力评价相结合、形成性评价与总结性评价相结合的多元评价体系。通过多维度评价内容(创新能力、协作能力、探究能力等)、多元化评价主体(教师评价、学生自评、学生互评、小组评价等)以及多样化的评价方式(汇报展示、量规评价等),让学生从多个视角发现学习过程中的问题,以评价促改进。

CIM 课程目标的融合性必然导向集科学、技术、工程、艺术、数学等多学科领域元素为一体的教育模式,强调知识与能力并重,具有跨学科性、情境性、合作性、创新性等特点。因此,CIM 课程常常以"项目"为基础搭建模型,强调以发现问题和解决问题为中心,在交流协作中激发学生的发散思维与创造能力。

(撰稿者:深圳市坪山区坪山高级中学　王支勇)

【创意设计 2‑1】智能拐杖设计与开发

适用对象:八年级　项目课时:8 课时

一　项目背景

《义务教育信息科技课程标准(2022 年版)》倡导进行真实性学习,在深关联情境的真实问题和项目下,引导学生在基于实际问题完成项目的过程中,充分发挥自己的想象力和创造力,从而锻炼计算思维、逻辑思维和设计思维等多种思维能力,提高学生的综合素质和思考问题、解决问题的能力。智能拐杖设计与开发项目正是源于深关联情境下学生对日常生活中实际问题的关注,学生关注到有的学生因受伤腿脚行动不便,缺乏合适的辅助工具,于是,大家尝试利用信息科学与技术,为受伤学生设计一款更加智能化、便利性更强的智能拐杖,以满足学生在校园生活中的特殊需求。本项目以常规科技课程和校本课程为依托,遵循了解、感知、体验、实践的层层递进顺序,旨在开阔学生视野、增加知识储备,同时培养创新精神和实践能力,提升学生的信息意识、计算思维和信息社会责任,充分理解并实践科技改善人类生活的内涵。

二　项目思路

为解决校园内学生因受伤腿脚行动不便,缺乏合适的辅助工具或工具使用不便等问题,本项目结合 STEM 教育的理念,应用机械设计、传感器技术、Arduino 编程等知识,结合 Arduino 控制板,搭载舵机、蓝牙模块、LED 模块等硬件,设计一款通过遥控或语音控制实现自动伸缩,底部配可折叠轮子且具备照明功能的智能拐杖,解决拐杖不易携带、收纳以及使用不便等问题。本项目共 8 课时,在学习过程中,分校园情景(源起)、核心需求分析(下定义)、拐杖功能设计(构思)、拐杖实体制作(原型建模)、测试改进(测试)五个阶段,各阶段都可以返回上一阶段进行调整与改进,从而使项目在不断迭代中完成得越来越好。最后,完成项目报告书的撰写、智能拐杖的实体制作、参加各类科创竞赛与科技展览(图2-1-1)。

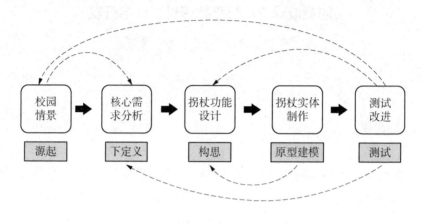

图 2-1-1　项目思路图谱

三　学习目标

根据 2022 年信息技术课程标准,在智能拐杖项目中,总的学科目标是培养学生的信息技术应用能力,激发学生学习兴趣和创新能力,培养扎实的编程基础和解决问题的能力,并引导学生在团队合作中发挥积极作用。具体目标可分为知识目标、能力目标和学习素养目标三个方面。

1. 知识目标:学生需要深入了解 Arduino 控制板的各种功能和编译软件相关知识;需要掌握基于 Arduino 编程的 C++语言,包括数据类型、变量、数组、函数、指针等知识点;需要学习 Arduino I/O 口硬件控制与使用方法,掌握数字读写、模拟读写等操作方式;需要掌握旋转舵机、角度舵机的原理和使用方法,并了解控制舵机的时序图;需要了解串口通信原理和应用场景,并熟练运用串口与蓝牙模块进行通信。

2. 能力目标:学生需要具备独立完成智能拐杖项目的能力,包括从设计到实现的全过程;需要在完成项目过程中动手操作、实验、调试智能拐杖的各项功能;需要掌握基于 Arduino 编程的 C++语言,实现对硬件设备的控制和应用程序的开发;需要具备分析、诊断和解决硬件问题的能力,包括故障排查、设备维修等方面;需要具备创新思维、团队协作和沟通合作能力,推进项目任务。

3. 学习素养目标:学生需要从智能拐杖项目的学习中提高使用信息技术来支持创造性思考和问题解决的能力;需要从智能拐杖项目中探究科技与应用关联的实践课题,了解信息技术对现实生活产生的影响;需要在智能拐杖项目中培养自我学习和评价的能力,掌握信息技术资源的获取和使用方法,不断拓展知识视野和学习范围,推动自我成长,塑造信息时代所需要的素养品质。

四 学习任务

本项目的学习任务主要聚焦于使用 QTSTEAM 控制板以及其他相关硬件模块,为开发一个具体的项目做好充分准备。为此,学生需要熟练掌握 Arduino 编程软件的使用方法,并深入了解舵机、蓝牙模块、LED 模块、按钮模块以及电池组模块各自的功能和操作方式。为了确保项目的顺利推进,我们特制定了一套详尽的项目进程计划,要求学生严格按照计划逐步推进项目的实施工作。具体的学习内容如下(表 2-1-1)。

表 2-1-1 设计智能拐杖学习任务分解表

核心驱动问题	核心任务	最终成果
如何设计具有遥控或语音控制的自动伸缩、智能照明等多种功能集于一体的智能拐杖	学生团队合作,应用机械设计、利用 Arduino 控制板,搭载舵机、蓝牙模块、LED 模块等硬件设计一款可实现遥控或语音控制、智能照明等多功能的智能拐杖	设计方案 智能拐杖实物 学校、社区分享成果 参加各类科创竞赛
分解任务	评估任务	阶段产品
探究智能拐杖需要实现哪些功能	学生需要通过观察、访谈因受伤导致腿脚行动不便的学生、收集大家的需求,从而分析问题形成解决方案	设计解决方案
设计可实现遥控或语音控制、智能照明等多功能的智能拐杖	1. 理解、掌握编写和上传程序的基本步骤; 2. 理解 Arduino 编程的环境、旋转舵机、角度舵机、LED 模块、电池组模块、QTSTEAM 控制板等硬件的工作原理,掌握编写和上传程序的步骤、蓝牙模块与 Arduino 板的通信方法、读取按钮模块状态、QTSTEAM	完成智能拐杖的制作

（续表）

分解任务	评估任务	阶段产品
	控制板与其他组件（如舵机、LED 灯）的集成方法； 3. 设计与搭建智能拐杖； 4. 测试并优化智能拐杖	
成果展示与分享	1. 撰写项目报告书； 2. 参加各类科创竞赛； 3. 科技展览	项目制作报告书 智能拐杖实体 演示与介绍

五　实施步骤

本项目起源于项目组成员提出的现实问题，而后项目小组根据现实问题，提出设计构想，制定项目进程计划，并学习 Arduino 编程和各种硬件模块的使用方法，并最终将所学应用到项目创作中，具体实施步骤如下。

（一）提出问题，分析问题

首先，项目组的成员们分享了各自曾扭到脚、需拄拐杖上学时的种种不便，这些亲身经历引发了团队成员的深思。随后，小组成员们围绕这一问题展开了热烈的讨论与头脑风暴，旨在明确用户的核心需求和痛点。经过一番探讨，形成一个清晰的问题陈述：如何有效地解决拐杖在教室中的收纳问题，并确保其取用与放置的便捷性？

（二）结合问题，设想方案

鉴于这一实际问题和迫切需求，以及当前人工智能技术的迅速发展，本项目组成员决定运用人工智能技术，通过 Arduino 编程知识，结合适当的传感器和硬件模块设计一款集多种功能于一体的智能拐杖，旨在为学生提供便利的辅助工具，帮助他们解决行走问题，提高他们的生活质量。具体目标包括设计遥控或语音控制的自动伸缩功能、底部轮子以及智能照明设计等，从而为受伤学生在校园中行走提供更多便利和安全保障。

（三）设计可行性方案，准备材料

在设计阶段，项目组成员们精心制定了一份详细的工作计划。该计划涵盖了产品的整体架构设计、关键技术的选择以及所需的传感器、处理器、搭建结构等材料清单。在考虑智能拐杖的核心功能时，项目组成员们识别出可能需要的关键硬件模块，包括舵机、蓝牙模块、LED 模块、按钮模块和电池组模块等。为了确保产品的性价比，项目组成员们还仔细分析了不同材料和零部件的成本与性能，力求选出最合适的组件。

与此同时，学生们还积极搜集与现有技术方案相关的知识，并进行了深入的学习。这包括编程语言的学习，以及各传感器模块的具体使用方法和技巧。通过不断的学习和实践，学生们逐渐掌握了项目所需的技术技能，为后续的项目实施奠定了坚实的基础。

（四）搭建作品

学生们根据设计方案搭建智能拐杖的原型。首先，学生们着手搭建硬件部分，将结构件组合成一个简易的拐杖模型。随后，学生们将舵机、蓝牙模块、LED 模块、按钮模块和电池组模块等关键硬件整合到拐杖模型上，并进行细致的结构设计与加工。在装配和焊接过程中，学生们注重结构的结实耐用和美观性，确保传感器布局合理，连接部位结实耐用。通过这一阶段的工作，学生们构建出智能拐杖的原型（图 2-1-2），为后续的功能实现和测试打下基础。

图 2-1-2　搭建作品

(五) 编程测试与优化

在实体模型搭建完成后,学生们还要开展相应的编程工作,以确保拐杖的各项功能能够正常实现。在编程和调试过程中,他们可能会遭遇各种技术难题,需要通过不断地测试和优化,努力解决遇到的问题。为保障产品的稳定性和可靠性,他们仍需进行系列的实际测试和验证工作。最终,这款智能拐杖实现了以下功能:用户可以通过手机 APP 远程遥控拐杖变形,轻松地在拐杖模式和小车模式之间切换,这极大地便利了拐杖的存放与使用。此外,在小车模式下,智能拐杖能够响应手机 APP 的遥控指令,自主运动至用户手中,进一步提升了使用的便捷性。同时,拐杖还配备了 LED 灯和按钮,用户只需轻按按钮即可控制 LED 灯的开关,为夜间使用提供了充足的照明。

(六) 成果展示与分享

完成智能拐杖的样品制件后,项目组成员们积极地向老师、同学、家长乃至社区居民进行了展示,并广泛收集了他们的反馈意见。通过展示,学生们不仅向他人展示了自己的创新成果,还从中获得了许多宝贵的启发与建议,这些反馈将有助于他们进一步完善作品,提升智能拐杖的性能与用户体验。同时,学生还通过参加各项科技创新大赛、科技展览等形式,与更广泛的受众分享自己的作品。有效的宣传与分享有助于激发更多人对科技创新的兴趣,也有助于吸引更多人参与到相关话题与讨论中来。

六 学习评价

在设计智能拐杖课程的学习评价表时,基于科学原则评估学生的学习、解决问题和交流合作的能力是至关重要的。学习能力评价着重于学生对新知识掌握的速度和灵活应用能力,包括自主性和创新性思考;解决问题能力评价注重学生的问题分析、创新思维和解决方案设计能力;而交流合作能力评价强调学生在团队中的沟通表达、合作精神和协调能力等。这种综合评价不仅关注结果,更注重学生在过程中的成长与进步,帮助他们全面发展。通过科学合理的学习评价评估学生的学习状态,促进他们不断提升学习、解决问题和交流合作能力,在课程中实现个人与团队的全面发展(表 2-1-2)。

表2-1-2 项目学习评价表

评价角度	评价维度	得分 (1—10 分)
创新能力	技术创新:项目是否采用了新颖的技术?有无自主创新成果?	
	设计创新:产品设计是否满足目标用户的实际需求?有无独特的设计理念?	
项目实践 能力	原型制作:是否制作出可演示的产品原型或样机?原型功能是否完善?	
	测试优化:项目是否进行了用户测试,并根据反馈进行了相应的优化改进?	
团队协作 能力	分工合作:团队内部成员分工明确,各自任务是否协调配合?	
	沟通协调:团队成员之间的沟通是否通畅?有无有效的工作沟通渠道?	
解决问题 的能力	解决方案:项目是否切实解决了目标用户的现实需求?有无解决实际问题的作用?	
	创新应用:项目是否将已有技术应用到实际生活中?是否带来了积极影响?	

七 项目反思

本项目融合了信息技术、电子工程、机械设计等多学科知识,通过深入的情境思考,学生们设计自动伸缩功能、集成智能传感器等,使得拐杖能够根据用户的行走状态自动调节高度且提供稳定的支撑。同时,结合编程知识,学生们实现了拐杖的智能化控制,如语音控制、智能照明等,提升了产品的实用性和便捷性。为了确保目标的融合性在实践中得以有效落实,学生们采取了多种措施。首先,在项目启动阶段,学生们进行了充分的跨学科知识学习,查阅大量资料,以确保团队成员对所需知识有基本的了解和掌握。其次,在项目实施过程中,学生们注重团队成员之间的跨学科交流和合作,鼓励同伴共同讨论、解决问题。在评价环节,本项目注重对项目成果的跨学科综合性评价。除了对技术实现和产品功能的评价外,本项目还关注团队成员在跨学科知识运用、创新能力、团队协作等方面的表现。综合评价不仅能够全面评估项目的成果和价值,还能够促进团队成员对跨学科知识的进一步理解和运用。

展望未来,我们期望智能拐杖项目能够在更多方面实现跨学科知识的融合与创新。例如,可以考虑引入人工智能技术,如机器学习、深度学习等,使拐杖能够更精准地识别用户的意图和需求,提供更个性化的服务。同时,还可以探索与其他领域的合作,如医学、康复学等,共同开发更具针对性的产品,满足更广泛用户的需求。

当然,回顾整个项目过程,我们也发现了一些不足之处。一是在跨学科知识的整合和运用上,还需要进一步加强学科之间的交流和合作,提升团队成员的跨学科素养。如在模型测试环节,学生除了需熟练掌握 C++语言,同时也要了解各种传感器和输出装置的工作原理,并通过编程来控制各种传感器和输出装置,从而将它们整合在一起,与硬件骨架完美结合。二是在项目管理和实施上,也需要进一步完善流程和机制,确保项目的顺利进行和高效完成。如在搭建模型的过程中,学生需先考虑材料受力情况、外形美观以及各运动工作单元的协作情况,最终实现艺术和技术的完美结合。

总之,通过智能拐杖项目的实践与探索,我们深刻体会到了跨学科知识融合的重要性与价值。未来,我们将继续努力,不断提升项目的创新性和实用性,为社会贡献更多富有创造性的解决方案。

(撰稿者:深圳市坪山区坪山中学　包丽萍、彭柳静)

【创意设计 2-2】传热快慢比较实验盒

适用对象:五年级   项目课时:2课时

一 项目背景

《义务教育科学课程标准(2022 年版)》阐述了科学学科核心素养包括科学观念、科学思维、探究实践和态度责任,并指出,小学科学课程教学要重视项目化学习、探究性学习与实验教学。其中,实验教学显得尤为关键,它不仅是学生科学素养培养的重要方式,更是学生进行科学探究的重要部分。在 CIM 课程中融合学科教学创新,利用科学、技术、工程来解决问题,鼓励学生运用所学知识解决传统学科课程中存在的实际问题,是培养学生的实践能力和创新思维的重要途径,也为他们未来的发展奠定坚实的基础。

二 项目思路

本项目源自吃火锅的时候容易不小心被火锅里的铁勺手柄烫到,而不容易被木勺、塑料勺烫到的现象。如何科学安全地对比不同材料的传热性能?以教科版科学五年级下册第四单元"热"中的第 6 课"哪个传热快"为例,探索不同材料的传热速度,进而理解不同物体的导热性存在差异,传统的课堂实验方法需要学生观察三种不同材料制成的勺子在热水中浸泡时勺柄温度的变化,以此来判断导热性。这种方法不仅耗时较多,而且收纳不便,同时在学生使用热水进行实验时也存在较大的安全隐患。因此,本项目激发学生对传统课堂实验进行创新改进,设计制作一个安全、可视化的传热快慢比较实验盒,通过测试实验成效最终应用到实际科学实验课学习中(图 2-2-1)。

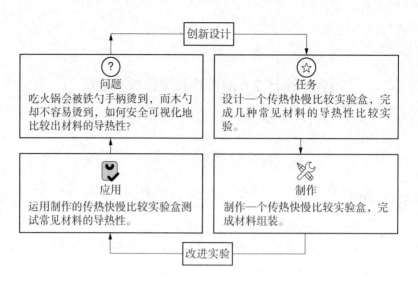

图 2-2-1 项目思路图

三 学习目标

本项目从生活问题出发,结合科学教材实验"哪个传热快"进行创新改造。涉及的学习目标主要是满足教科版科学五年级下册第四单元第 6 课的教学需求,让学生通过比较发现不同材料制成的物体的导热性能是不一样的,同时能够通过实验观察到热的传递方向。具体的学习目标如下。

1. 学科知识:初步感知不同材料的传热有快有慢之分,认识常见的热的良导体和热的不良导体;再通过对比铜、铁、铝三种金属的导热性能,进一步认识不同材料的导热性能是不一样的。

2. 能力方面:学生能创新设计实验,培养创新能力,学会使用安全性高、数据化的材料来解决问题。

3. 学习素养:学生能够安全规划操作实验,完成定性观察、比较和记录,在小组分工合作中,尊重团队精神、互相帮助。

四 学习任务

本项目在传统的科学课堂中采用改进的创新实验材料开展实验,将实验内容安全化、简洁化、可视化呈现，充分促进学生的感性具象思维向理性抽象思维发展，从而构建物质科学概念。学生在学习过程中需要完成以下任务，见表2-2-1。

表2-2-1　制作一个传热快慢比较实验盒学习任务分解表

核心驱动问题	核心任务	最终成果
吃火锅会被铁勺手柄烫到，而木勺却不容易烫到，如何安全可视化地比较出材料的导热性？	学生团队合作，利用电热板、温感油墨等材料，设计安全、可拆卸、可收纳的传热快慢比较实验盒	传热快慢比较实验盒
分解驱动问题	评估任务	阶段产品
传热快慢比较实验盒需要用什么来提供热源？	学生需要通过查阅资料，分析适用于课堂上容易分发和持续加热的热源	解决方案
传热快慢比较实验盒要如何比较材料的传热性？	认识新型的温感变色油墨、温感试纸、数显温度计等材料，比较其适用性	选取经济实惠、容易操作的感温材料来创新创造
如何组装和收纳传热快慢比较实验盒？	实验操作和验证	1. 制作并应用传热快慢比较实验盒开展实验探究 2. 评价学习收获，元认识学习过程

五　实施步骤

本项目通过创新改造传统的科学课堂实验材料来改进实验课，提高实验探究的效率。通过"吃火锅会被铁勺手柄烫到，而木勺却不容易烫到，如何安全可视化地比较出材料的导热性"为驱动问题，促进学生在开展实验之前通过小组交流、合作来改进传统课堂实验材料，这个过程不仅可以培养学生的主动性和创造性，还可以促进学生在解决问题的过程中锻炼创新思维，并获得知识与技能。

1. 设计和制作传热快慢比较实验盒

本实验盒以简单收纳、安全便捷为目标，将"哪个传热快"一课中的两个实验合二为一，设计出一个方便全班科学小组收发材料、开展实验的传热快慢比较实验盒。所包含的材料见表2-2-2。

表2-2-2　实验盒材料及尺寸

材料	尺寸
收纳盒	28 cm×12 cm×5 cm
铜、铁、铝、木、塑料棒	直径5 mm,长25 cm
陶瓷电热片	4 cm×4 cm×0.2 cm
隔热板	10 cm×10 cm×0.2 cm
带鳄鱼夹电池盒	5.5 cm×6 cm×3 cm
35℃感温变色油墨	涂3 cm×0.5 cm至各材料棒
10—40℃感温试纸	15 cm×1 cm
打孔雪糕棒	孔径5mm

利用替换法将加热源热水、酒精灯替换成一个4 cm×4 cm大小的陶瓷电热片,将用手或涂凡士林感受勺柄温度变化和用眼睛观察火柴棒掉落顺序替换成用变色油墨和感温试纸来可视化、数据化地验证传热方向和传热温度变化快慢(图2-2-2)。

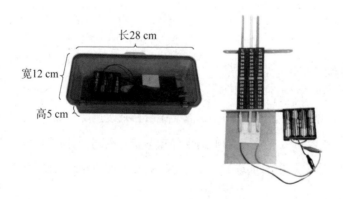

图2-2-2　传热快慢比较实验盒

2. 自制实验装置

准备材料盒及实验材料,并将2根雪糕棒打出孔径5mm的孔;测试陶瓷电热片的加热性能和变色油墨的变色效果及感温试纸的灵敏度；将变色油墨涂 $3\,cm\times0.5\,cm$ 面积大小至铜、铁、铝、木、塑料棒，待其凝固；安装材料固定支架，将涂有油墨的三根材料棒对应插入打孔的雪糕棒中，等距固定实验对象，让材料棒涂有变色油墨的部分在第一根雪糕棒下方，再将第二根雪糕棒固定在各材料棒上端；组装加热源，把陶瓷电热片放在隔热板和涂有变色油墨的材料棒中间，并保持各材料棒涂有变色油墨的一半部分直接接触到加热片，剩下的一半部分悬空未接触加热片；将感温试纸放在各材料棒上后，将电池盒的鳄鱼夹夹在电热片导线两极，接通电源，观察各材料棒的油墨变色情况和感温试纸的温度变化；完成实验后再断开电源，一只手接触雪糕棒，另一只手接触隔热板，移开装置，并待电热片冷却后将全部材料放回实验盒。

3. 实验教学应用

首先，通过生活问题导入情境，引发学生思维碰撞。在开展实验课初，教师提出"烈日当空照的露台上的金属凳子和木凳走累了的你会选择哪个去坐"这样的生活问题来引发学生的思维碰撞，发现热传递现象和不同材料传热性能是不同的这一科学问题。

接着，开展传热比赛，设计实验方案。举例生活现象说出哪些材料的传热性能更好，哪些材料的传热性能不好。待学生列出多种材料后开展传热比赛，师生共同设计比赛规则，制定出比较不同材料的传热快慢实验方案。

然后，采用自制的实验装置，开展实验探究。教师邀请小组同学介绍传热快慢实验盒及其装置的组装和拆卸，再分小组开展组装装置比赛活动，评选出搭建装置最快的小组来介绍搭建装置的要点，从而整理出实验操作中要注意的步骤和细节问题。

接着，分小组使用组建好的传热快慢实验装置来开展第一个探究活动，验证铜、塑料、木头三个材料的传热快慢，记录实验现象和数据，再由各小组来分享实验结果和得出实验结论，从而认识到像铜这样的金属材料是热的良导体，像木头和木棒这些材料是热的不良导体这一科学概念。

最后分小组使用组建好的传热快慢实验装置来开展第二个探究活动，验证铜、铁、铝三个金属材料的传热快慢，记录实验现象和数据，并请代表小组上台来演示实验步骤，并提出结论。

4. 实验总结，拓展生活应用

学生通过两个探究活动能强化对不同材料物体导热性能的认识，由此可以再联系生活,发散思维,举例子说出铁锅、砂锅设计的特点和原因,以及自己创新改进实验装置后的优缺点。

六 学习评价

在课堂总结中,学生使用评价量表来开展自评、组间他评和师评(表2-2-3),对本节课所构建的学生科学观念、科学思维、探究实践和态度责任进行评价,由此检验学习成效,发挥评价的激励作用和诊断功能。

表2-2-3 实验教学评价量表

评价指标		评价标准	评分标准(1-2-3-4-5)其中,不满意选1,满意选3,非常满意选5		
			自评	他评	师评
核心素养	科学观念	思考力:是否知道和解释出本节课的科学核心知识并运用知识解决实际问题			
	科学思维	方法力:是否能够运用正确的科学方法来论证出知识间的缘由、规律和联系			
	探究实践	行动力:是否能够动手实践演绎或探究出完整的科学知识获得的过程			
	态度责任	内驱力:是否有兴趣学习本单元知识并在学习后对科学世界的规律有所启发			

本节课的实验教学推动学生从生活事例出发发现生活问题,再将生活问题转换为科学问题,开展探究实验,找寻藏在问题后面的科学道理。在开展搭建传热快慢装置活动中学生是开心的、积极的和具有好胜心的,而在两个探究不同材料传热快慢实验活动中学生是认真的、严谨的和充分实践到位的。通过亲历实验探究过程,学生能够仔细观察、对比数据、分析现场、总结结论,完整地经历一个在实践中获得知识的过程。因此学生对这节课的实验教学目标都能较好地达成。最后再将实验装置拆卸、复原和收进实验盒中,又能培育学生爱惜实验材料、规范使用材料的好习惯,在潜移默化中培育学生科学核心素养和良好的科学探究品质。

七 项目反思

科技创新是应对全球化趋势问题的关键,培养具备科学精神、创新能力与人文素养的全面发展型人才是各国现代化发展和教育改革的趋势。多学科融合的教学模式有助于培养拔尖和复合型人才。本项目以CIM课程理念为指导,针对小学五年级科学课程中的传热快慢比较实验,设计了一个创新实验材料,通过融合学科教学、科学、技术和工程实践,既解决了传统实验课堂中存在的安全、效率和易操作等问题,又有助于培养学生的实践能力和创新思维。在本项目中应用的创新实验材料有如下几方面创新之处来赋能实验课堂的效率提升。首先,收纳极简化,便于保存和快速收发材料。其次,使用普及化,材料简单但用途广泛,可应用于多种实验教学。第三,操作简单化,仅需三步即可完成实验,提高了实验效率。第四,过程安全化,设计考虑了保护学生安全,降低了实验风险。第五,现象精准化,减少了人为误差,提升了实验现象的准确性。最后,数据可视化,通过变色油墨和感温试纸,使实验数据更直观、易于收集和整理。在改进传热快慢比较实验盒项目中,不仅有助于提高学生的实践性、创新意识,还能够提升科学实验课堂的效率,实现多赢发展。

(撰稿者:深圳市坪山区坑梓中心小学 庾添玉)

【创意设计 2‑3】省力高效盖章机

适用对象:八年级 项目课时:6 课时

一 项目背景

在迅猛发展的数字时代中,快捷办公已成为经济、社会及文化领域转型的关键。结合办公自动化的趋势,本课程依据《义务教育信息科技课程标准(2022 年版)》设计,旨在培养学生掌握适应这种变革的必要技能和知识。通过开发省力高效的盖章机项目,我们重点解决办公效率低下的问题,致力培养学生的创新思维和技术应用能力,为他们在数字化世界中的成长打下坚实的基础。

本项目的核心目标是围绕数字素养与技能的培养,帮助学生掌握与自动化、机器人技术相关的基础概念与原理,通过真实场景的应用体验,深刻理解现代技术在办公自动化领域的重要作用及所带来的效率革命。该项目强调"科学原理"与"技术应用"的均衡培养,确保学生能在理论与实践之间进行有效的知识迁移。

为了实现上述目标,项目组采用创新的教学方法,以真实的办公场景为核心,旨在解决传统手工盖章中的种种问题,这不仅能激发学生的兴趣,也使其更加实际地理解和应用相关的知识和技能。学生将了解到如何利用现代技术提高工作效率。项目组倡导真实性学习,学生将亲手设计和制作盖章机器原型,模拟真实的办公盖章环境,并对其进行测试和优化。同时,项目组鼓励学生在创新学习环境中进行自我规划、管理和评估。只有当学生主动参与,才能真正掌握知识和技能,并将其应用于实际问题的解决中。项目组希望通过制作"省力高效盖章机",培养学生的自主学习能力,鼓励其在实际操作、应用和创新中不断学习和进步,为学生提供一个全面、实践和有意义的学习经验,帮助其为未来的数字时代做好准备。①

---

① 中华人民共和国教育部. 义务教育信息科技课程标准(2022 年版)[M]. 北京:北京师范大学出版社,2022.

二 项目思路

面对大量重复性的盖章工作,"省力高效盖章机"应运而生,旨在为日常办公提供一种快速、准确、省力的盖章方案。本项目采用CDIO教学模式作为实践导向的教学模式,这是一种源自瑞典的工程教育模式。其核心思想是把工程教育分为四个阶段:概念、设计、实现和操作。为促进项目学习的系统性,顺利实施探究和实践,首先要设计项目框架以明确思路(图2-3-1)。

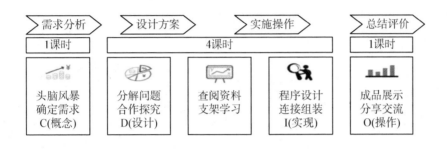

图2-3-1 项目框架

三 学习目标

本项目涉及物理和通用技术两大学科,结合义务教育阶段物理和通用技术课程标准,学生需要掌握物理原理和技术概念,培养创新意识。具体内容涉及人教版八下物理第12章简单机械第1节杠杆、通用技术工程学等相关主题。具体学习目标如下。

1. 学科知识:(1)物理,学生应理解与项目相关的物理原理,如杠杆原理、动力学、摩擦力等,并能应用这些知识来解决实际问题;(2)通用技术,学生需要采用物理方法进行机械结构的设计和优化,利用原理评估机器的工作状态,确保其平稳、准确和高效运行。

2. 能力方面:(1)学生初步体验以项目问题为中心的设计思维;(2)学会合理使用数字化工具辅助解决问题,提升数字化学习与创新能力;(3)学会记录和处理实验数据方法,培养科学探究精神。

3. 学习素养:培养学生对物理技术、数字化技术的热情和兴趣,鼓励他们积极探索和应用新技术来解决实际问题,培养其创新精神。

四 学习任务

为确保学生全面、深入地掌握所需的跨学科知识并锻炼关键能力,我们为本项目制定了一系列具体的学习任务。下述任务不仅涵盖理论学习,更注重实践操作与团队合作,帮助学生在真实场景中应用所学,提高其创新思维和问题解决能力(表2-3-1)。

表2-3-1 学习任务分解表

核心驱动任务	核心问题	最终成果
学生团队合作,设计并制作一个高效省力盖章机,实现自动盖章的目标	怎样设计、制作一个机器,能快速盖章而且比传统机器省力?	研究报告 省力高效盖章机模型
子任务	具体内容	阶段产品
需求分析	发现问题、社会调查、文献研究、市场调查	发明创意卡 需求报告
设计方案	设计盖章机模型; 利用杠杆原理达到省力	设计方案
实施操作	列出材料清单,购买研究器材; 改造现有盖章机,达到省力的目标; 增加计数器,挥洒创意	材料清单 产品设计图 实践操作单
组建调试与展示分享	调试实物作品能否满足现实需求,展示交流创意想法	系统模型 研究报告

五 实施步骤

本项目的实施步骤设计旨在让学生学习理论知识,更熟练地掌握实践技能。CDIO教学模式为我们提供了一个实践导向的教学模式,它能够培养学生的实践能力、创新能力和团队合作能力,为学生的未来发展打下坚实的基础。

根据上述理念,结合需求分析、设计方案、实施操作和总结评价四大环节,我们将拟定如下实施步骤:第一,通过社会调查了解自动盖章的需求;第二,与指导老师共同商定方案,研制自动盖章机器;第三,采购物件,组装搭建,制作成品,投入试用;第四,根据用户反馈,调整优化。

1. 需求分析

在盖章机器项目的需求分析阶段,师生团队通过设计问卷来收集用户关于手工盖章的困难和需求。学生们分组出题,并通过互动讨论整合出一份问卷。

为确保设计的盖章机器真正有效,团队深入开展理论研究,复习了杠杆原理,并探讨了如何在盖章机器上应用这一原理。此外,还考虑了印章与纸之间的摩擦力和印章的蘸墨方式。

师生们基于所收集的信息和所进行的理论研究,明确了盖章机器的设计目标,强调了省力、位置准确和深度均匀等关键功能。

2. 设计方案

在盖章机器项目的设计方案阶段,师生团队集思广益。教师引导学生回忆与盖章有关的所有难点,如盖章力度、位置、印章蘸墨等。师生在白板上一起绘制初步的盖章机器结构图。

师生团队使用纸板和其他材料制作了盖章机器的模型。学生们通过手工操作这个模型,模拟盖章过程。此操作可以方便其直观地了解到盖章机器在实际应用中可能遇到的问题。

基于功能模拟的实际效果和收到的反馈,师生团队开始对初步设计进行修正。

3. 实施操作

在盖章机器项目的实施操作阶段,师生共同探索并实现项目的目标。围绕原型制造,教师与学生开始讨论材料选择和采购。教师鼓励学生基于初步设计选择适当的材料,并考虑成本、耐用性和工艺等因素。在制造过程中,教师着重指导学生如何使用各种工具和设备,如锯、钳子和螺丝刀,确保操作的安全性和效果的准确性。学生们在此过程中体验了从设计图纸到制作实际原型的转变。

师生们将原型带到实际的办公环境中进行测试,模拟真实的盖章场景,如图2-3-2所示。教师指导学生如何设置和使用盖章机,同时也邀请了其他老师和学生来参与测试,获取更多的反馈。在此过程中,学生们不仅要观察机器的工作状态,还要记录测试结果、用户的意见和建议。每次测试结束后,师生都会进行小组讨论,分享观察和体验,确保每一个细节都得到了充分的考虑。

图 2-3-2　盖章机器实地模拟

　　基于实地测试的结果,师生开始对原型进行必要的调整和优化。教师鼓励学生运用自己掌握的知识和技能,提出有针对性的优化建议。例如,对于盖章不清晰的问题,学生可能会建议调整印章的压力或材料的选择。对于操作不便的反馈,可能会优化机器的结构或增加一些辅助功能。每一个优化建议都会经过小组讨论和评估,确保最终的产品既满足用户需求,又具有一定的创新性。

　　4. 总结评价

　　在盖章机器项目的结束阶段,总结评价成为关键,此环节旨在对项目进行回顾与完善,强调师生的深度互动,共同完成项目的最后梳理。

　　为了确保盖章机器的功能性和实用性,师生组织了一个小型的评估会。教师引导学生按照预定的标准对盖章机器进行全面的测试。这些指标包括盖章的速度、清晰度、使用的便利性等。除了硬性指标,师生还针对机器的用户体验进行讨论,如操作的直观性、机器的外观和大小等。每一个评价都要求学生提供数据或事实支持,确保评价的客观性和准确性。

　　考虑到项目涉及多个学科领域,如物理、机械设计和信息科技等,教师鼓励学生从各自的专业背景出发,对项目进行深入的反思。例如,物理学科组的学生可能会从力的角度分析盖章机器的工作原理,而信息科技组的学生可能更关注机器的用户界面和交互设计。通过跨学科组的讨论,学生们不仅可以更全面地理解项目,还可以从不同的视角发现项目的不足和改进空间。

六　学习评价

　　本项目结合评价理论分为过程性评价(表 2-3-2)与总结性评价(表 2-3-3),确保学生在项目过程中的各个阶段都能得到有效的反馈与指导,最终对学生的整体表现进行全面评价。其中,过程性评价旨在监测学生在项目实施过程中的进展,及时为其提供反馈和指导。教师在每个环节的结束后,可以根据过程性评价的标准对学生进行评价,并提供反馈和建议。在项目结束后,教师根据总结性评价的标准对学生的总体表现进行评价。这种双重评价方式既确保了学生在过程中得到有效的指导,也确保了学生能够得到最终的全面评价。

表 2-3-2　过程性评价量表

项目环节	评价指标	分值	学生得分
需求分析	市场调研的深度和广度	5	
	功能定义的明确性	5	
	成本预算的合理性	10	
设计方案	总体设计的创新性和实用性	10	
	盖章机器设计的安全性	10	
	盖章机器的功能性和稳定性	20	
实施操作	组件安装的稳固性	10	
	杠杆连接的准确性	10	
	项目实施与测试的成功率	20	

表 2-3-3　总结性评价量表

评价指标	分值	学生得分
功能测试与问题修正的成功率	15	
对用户反馈进行回应的积极性和建设性	15	
项目总结与反思的深度	15	
团队合作与沟通能力	15	
创新性和解决问题的能力	15	
项目整体完成度	25	

七 项目反思

本项目旨在设计和实现省力高效的盖章机器。学生们通过实际操作,体验了从需求分析到设计、实施和最后的评价的全流程,这是一个完整的创新过程。师生之间的深度互动,确保了每一步都得到了深入的思考和反馈,使得整个项目既有深度又有广度,这是一个真正意义上的学习和成长的过程。

1. 跨学科知识的多元整合

学生制作省力高效盖章机器的过程,涉及了机械设计、自动化控制、材料科学等多个学科领域的知识。学生在项目实践中,需要将这些不同学科的知识进行整合,并应用到实际操作中。这种跨学科的整合不仅拓宽了学生的知识视野,也促进了他们综合运用知识解决问题的能力。

2. 实践能力的深度培养

在制作盖章机器的过程中,学生不仅掌握了相关的制作技术和工具使用方法,还学会了如何根据实际情况调整和优化设计方案。在制作初期,学生可能会遇到各种问题和挑战,如材料选择不当、加工精度不足等。通过查阅资料、请教老师、同学讨论等方式,不断寻找解决方案并付诸实践。正是这些问题的解决过程,锻炼了学生的实践能力。在机器制作完成后,学生还对其进行了性能测试和优化调整,以确保其能够达到预期的效果。这一过程不仅提升了学生的技术水平,也培养了他们的耐心和毅力。

3. 目标融合性的项目反思

在本项目中,目标融合性体现在教学目标与学生发展目标的紧密结合。设计和实现一个省力高效的盖章机器不仅是一个技术任务,更是一个综合教育过程。我们反思如何更好地通过项目实践,使学生在技术技能提升的同时,能更全面地发展其创新思维、团队协作能力和解决实际问题的能力。此外,通过本项目,学生能够理解并应用他们所学的知识,以满足现代社会对技术和创新的需求,实现教育的实用性和未来导向性。

(撰稿者:东北师范大学深圳坪山实验学校　黄韵豪、莫怡琳)

【创意设计 2‑4】蚕室的设计与制作

适用对象:四年级　项目课时:8 课时

一　项目背景

　　《义务教育小学科学课程标准(2022 年版)》明确指出"设立跨学科主题学习活动,加强学科间相互关联,带动课程综合化实施,强化实践性要求",本项目的理念源于义务教育课程标准中对于培养学生实践能力和创新精神的要求,通过对"蚕室"的设计制作研究,学生不仅深入了解了桑蚕的生长习性和养殖技术,同时将桑蚕养殖与现代科技相结合,提高桑蚕养殖的效率和环保性能。在每年领养蚕卵活动中,随着孵化后越来越多的蚁蚕破壳而出,换桑叶、清理蚕砂有了一定难度。蚕的数量太多,蚕砂较多难以清理,污染桑叶,导致蚕的存活率不高。为了解决这些问题,我们尝试设计与制作一个既能满足蚕的生长需求,又能减少对环境影响的蚕室。在项目学习中,学生通过探究了解到蚕的习性、生命周期变化,了解到蚕室需要具有良好的透气性和保湿性等科学知识,在运用数学知识绘制产品设计图以及确定产品的尺寸大小,运用信息技术进行设计和解决养蚕过程中遇到的问题时,学生学会运用批判性思维和创造性解决问题的方法。

二　项目思路

　　本项目将科学、技术、工程和数学深度融合,以一个真实的问题情境开始,引出驱动型问题"如何为蚕设计一个舒适又安全的家",通过一系列循序渐进式的背景经验活动,慢慢过渡到解决问题的活动,环环相扣、前后呼应,从一个工程师的角度完成"为蚕设计家"的任务。具体实施分为定义问题、设计/再设计、建立模型、检验/再检验、数据分析、交流分享等六个步骤,以更好地培养学生解决综合问题的能力以及创造性思维(图 2‑4‑1)。

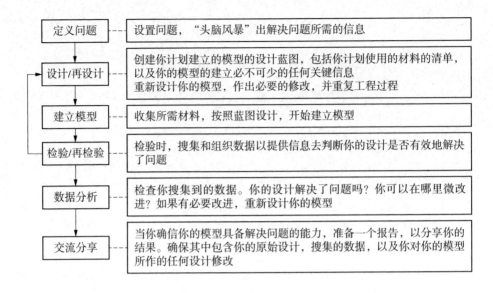

图 2-4-1　项目设计思路图

三　学习目标

本项目通过跨学科的教学方法,整合生物学、科学、信息技术和数学等领域的知识,用跨学科的思维培养学生整体认知世界的能力。这一体验不仅加深了学生对学科知识的理解,还能够发展他们的关键技能和综合学习素养,以适应快速发展和多元化的现代社会。

(一) 学科知识

1. 科学:理解蚕的生命周期、生物需求及其在生态系统中的作用;学习如何维持和监控蚕室内的适宜环境,包括温度、湿度和光照等。

2. 工程:应用工程制图三视图的绘制方法,绘制蚕的"家"模型图,形成工程思维。

3. 信息技术:学习如何运用智能技术监控和优化养蚕环境,包括使用激光切割机、传感器和数据分析工具。

4. 数学:成本预算;计算模型所需材料的多少;测量立体图形的长度、宽度、高度。

(二) 关键能力

1. 观察与分析:通过记录和分析蚕的生长数据,培养科学观察和数据分析的能力。

2. 创新思维:在面对挑战时提出创新的解决方案,如改进蚕室的环境控制。

3. 团队合作:在小组内部分工合作,共同完成项目任务。

(三) 学习素养

1. 批判性思维:学会批判性地分析数据和信息,形成合理的结论。

2. 自主学习:激发学生的探究欲望,鼓励主动学习和探索。

3. 社会责任感:通过关注蚕室环境的可持续性,提高对环保和生态平衡的认识水平。

四 学习任务

为了提高蚕养殖的空间利用率,确保蚕室具有良好的透气性和保湿性,降低桑蚕养殖过程中的环境污染,本项目主要包括两个学习任务:一是如何设计一个基础的桑蚕养殖空间;二是如何在满足桑蚕生存条件的基础上,通过实践和测试增加蚕室的智能化功能,从而达到更方便地观察和管理桑蚕环境的需求。围绕两大任务,进行任务分解(表2-4-1)。

表2-4-1 为蚕设计"家"学习任务分解表

核心驱动问题	核心任务	最终成果
如何为蚕设计一个安全又舒适的家?	学生团队合作,利用亚克力板、各种传感器等材料,设计安全、舒适的蚕室模型	蚕室模型 产品展销会
分解驱动问题	评估任务	阶段产品
基础功能:如何设计一个基础的桑蚕养殖空间?	学生需要通过查阅资料、访问相关行业人士,了解蚕的生命周期、生物需求及其在生态系统中的作用,收集养殖过程的问题,分析收集到的各种问题形成解决方案	蚕室设计图
智能化:如何在满足桑蚕生存条件的基础上,增加蚕室的智能化?	1. 了解温度、湿度、光照等传感器的结构原理; 2. 制作蚕室模型; 3. 组装并测试蚕室模型	蚕室模型

分解驱动问题	评估任务	阶段产品
如何举办蚕室展销会？	1. 整理汇报（写产品介绍）； 2. 展销（作品介绍）； 3. 参观（评委打分）	蚕室设计图 蚕室模型

五　实施步骤

本项目的实施需要配备基本的操作实验室、工具箱及安全设备，在此项目的实施过程中，设备装置、主体材料及相关工具都需要有所储备，从而为构建原型提供充足的物资储备。通过学生的搜索和设计，我们总结出了以下教学资源列表，旨在打破教学环境的限制，学生通过自主研究学习，在教师的指导下，有序地进行资源的调配，理解和设计产品原型，显著提升活动的参与感。项目具体的设备装置、材料、工具等资源如表 2-4-2。

表 2-4-2　教学资源列表

设备装置	主体材料	相关工具
装有 LaserMaker 软件的电脑、激光切割机、工具机床、无线小型摄像机、各种传感器（温度、湿度、光照）等	亚克力板、金属合页、镂空网格等	连接类工具，如胶水、胶带、热熔胶枪等；固定类工具，如钉子、锤子等；测量类工具，如尺子、卷尺等；称重类工具，如弹簧测力计、电子秤或托盘天平等

本项目的具体实施分为定义问题、设计/再设计、建立模型、检验/再检验、数据分析、交流分享六个步骤。

（一）定义问题

教师播放一段学生养蚕观蚕活动、蚕农大面积养蚕的视频，引导学生回忆养蚕过程中遇到的难题。学生进行头脑风暴，讨论如何设计蚕室，尽量记录下不同的想法，思考制作蚕室所需的材料，并以采访和资料查询等形式进行需求分析，明确需要研究解决的问题，同时设计制作出符合要求的产品。明确在交流分享环节，学生需要准备撰写一段说服性的文字,通过实际测试数据来支持论述,参加展销会汇报评议解释为什么这个设计与模型是最好的选择,并展示现有的设计是怎样解决问题的。学生认真学习桑蚕养殖的相关文献,查阅与项目设计有关的相关资料和目前现有的商业化蚕室情况。在理论研究的基础上,学生确定出各自的实验设计图纸,进行相对应的汇报,总结核心问题,并得出初步解决方法(表2-4-3)。

表2-4-3 核心设计问题与解决

序号	核心问题	初步的解决方法
1	一个安全的养殖空间	设计一个通风的保护空间,通过透明盒子材质来进行桑蚕养殖与观察
2	监测养殖环境	设计盒子时嵌入一个动态监测的温湿度传感器,显示内部环境的温湿度,进行24小时无间断养殖监控,加强智能化的环境温湿度控制
3	有效喂食和处理蚕砂	采用分层处理方法,参照不同的动物饲养间设计,将蚕活动的空间设计在上层,在下层选择用抽屉式盒子方便收集蚕砂并进行处理

(二)设计/再设计

设计包括最初设计,以及在整个工作过程中对设计的任何改变,也包括能清楚地展示所提交的方案的最终设计。学生综合多方观点选择一个最佳方案,简要诠释选择的原因,最终画出蚕室的初步设计图,在设计图纸上进行标注,并说明设计的理由。

在初期探索设计中,教师明确提出设计的要求:所有线条都整洁细致;包含了所有必需的标注和图例;详细说明了设计中使用的所有材料;说明了各个维度的尺寸和比例;在合适的情况下,包含了面积的计算,并计算正确;对初始设计的所有更改都得到了记录。

在再设计中,经历检验、数据分析两个环节后如果发现存在问题,则需要回到第二阶段进行再次设计,同时记录在过程中所做出的修改。

(三)建立模型

学生经过讨论并收集了许多类型的材料,以设计图纸(图2-4-2)为蓝图,根据蚕的习性,确定选择以纸为材料,进行基本原型搭建。

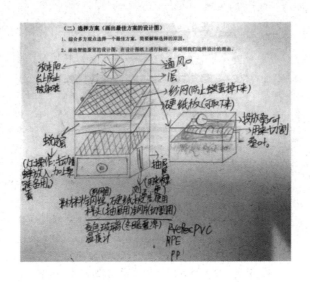

图 2-4-2 学生设计图纸

通过搭建模型,逐步意识到设计存在一些不合理性。设计图的不合理如下:盒子的材料必须是坚固且具有一定的厚度,最初设计图没有考虑到材料本身的厚度,所以初步设计图纸中的所有尺寸必须重新测量;蚕室的盖子必须是活动的翻页盖子,在设计中并没有表明这是怎么做到的;饲养桑蚕所必须使用的隔层材料需要能够适应蚕不断生长的需要,而且蚕砂通过隔层到达下层抽屉中,所以不能是封闭的隔层。

针对以上问题,经过调研,学生进行了优化和改进。学生根据蚕的生活习性确定了蚕室采用的最终材质,采用信息技术课程学习的激光切割技术进行制作,使用更加具有可塑性的亚克力板作为材料。通过不同的电路和元件的拼接,亚克力盒子可以更方便地加入一些学生后期所设想的设备。信息技术老师给予了技术指导,采购了符合强度的亚克力板,帮助学生学习激光切割技术,为下一步制作做准备。学生选购合页,进行翻页盖子的设计,采用不密封的封顶设计,还可以提高盒子内部的空气流动,保证桑蚕的正常生活。

学生通过原图修改优化后的原型,开始用软件绘制足够尺寸的切割设计图。教师在一旁进行指导。操作组同学进行初步测试,确定符合原型的尺寸位置,经过讨论确认后再进行材料的预先加装,对欠缺的材料进行补充购买。

学生将设计好的设计图传送到连接激光切割机的电脑上,进行切割操作,获得与设计图尺寸一致的亚克力板。学生根据设计图进一步拼接蚕室,用亚克力胶水固定完成模型的初步结合,最后用玻璃胶进行细致的加固。

(四) 检验/再检验

学生利用模型检测量表(表 2 - 4 - 4)进行测试,评估蚕室(图 2 - 4 - 3)的运行情况,记录、分析并解释测试结果,确认模型是否解决问题。在整个过程中(即建模、检验、修改),学生将多次测量并得到许多数据,包含所有检验的结果、生成的数据、基于检验结果作出的修改。要求学生务必把它们全部保留好,即使是以粗略的形式,以便在整个过程中回顾它们。

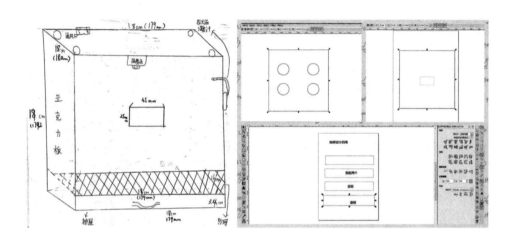

图 2 - 4 - 3　检测模型后的再设计图

表 2 - 4 - 4　"蚕室的设计与制作"模型检测量表

模型检测内容	0 分 (不能满足)	1 分 (基本满足)	2 分 (非常满足)	各项 得分	改进 方向
是否满足蚕的生存需要					
是否方便换食的需求					
是否方便清理蚕砂					
是否实时监控环境需求					

(五) 数据分析

在数据分析环节,设置对照组,放置相同数量的蚕,一组使用蚕室,另一组不使用蚕室,使用普通养殖盒,其余条件保持一致,一段时间后,计算两组蚕室中蚕的存活数量。团队将此产品交由三年级同学进行班级桑蚕养殖实验,在真实环境下进行测试,详细记录桑蚕每天的形态和过程。

与不使用蚕室相比,蚕室中的蚕的存活数明显降低或基本一致,证明蚕室没解决养殖问题,需要回到第二阶段再设计;蚕室中的蚕的存活数明显提高,则蚕室符合设计要求,进入下一阶段交流分享。如桑蚕养殖过程中健康发育,存活数量有所提高,可通过镜头 24 小时监察养殖的全过程,视为产品合格且具有很高的使用价值。

(六) 交流分享

在制作过程中的任意环节,如果有需要帮助的,学生可以跟团队内部成员,也可以与其他团队和教师,甚至跟专家、父母、工程师等交流、分享设计的方案、结果、遇到的问题等。团队需要在测试前根据项目评价量表整理项目过程资料,思考评价设计蚕室的过程,完成"反思报告",形成心得。学生依据汇报要点(表 2-4-5)对团队设计的产品进行介绍,为作品设计 1 分钟的广告词,结合现场展示、成品图(图 2-4-4)或视频等方式"推销"产品。

图 2-4-4 蚕室的三视图

表2-4-5 "蚕室的设计与制作"汇报要点

序号	汇报要点
1	该产品有什么作用,有什么功能性,有什么优点?
2	如何解决桑蚕投喂食物问题?
3	如何更换和清理蚕室的卫生问题?
4	怎么实现蚕室的全天候观察功能?
5	其他补充说明(非必需)

六 学习评价

　　本项目的学习评价可分为形成性评价和总结性评价,以全面地评估学生在整个学习过程中的表现和学习成果。形成性评价侧重于学习过程中的持续评估,帮助学生识别进步和需要改进的地方,其分值为50分,分5个指标,占总评的50%(表2-4-6)。

表2-4-6 "蚕室的设计与制作"项目形成性评价表

指标	评分要求	分值	自评	组评
实践参与度和投入	在项目中的积极参与程度,包括日常养蚕活动和数据记录	10		
观察与分析能力	在观察蚕的生长过程和环境变化时的记录的详细程度和分析的准确性	10		
团队合作与沟通	在团队合作中的表现,包括沟通能力、合作态度和解决冲突的能力	10		
创新和问题解决	在项目中提出的创新想法或改进方案的实用性和创造性	10		
反思和自我评估	是否进行自我反思,理解自己的学习过程,识别强项和提升空间	10		

　　总结性评价在项目结束时进行,评价学生的整体表现和学习成果。其分值为50分,分6个指标,占总评的50%(表2-4-7)。

表2-4-7 "蚕室的设计与制作"项目总结性评价量表

过程等级	1	3	5	我的评级
定义问题	没有识别问题;问题或挑战没有被清晰理解	问题或挑战部分被识别	问题或挑战的所有部分都被包含或识别,并被清晰理解	
设计	没有设计或提出的设计没有解决问题。设计没有涵盖以下必要细节:比例、尺寸、材料、标注	提出的设计解决了问题。设计涵盖了以下必要细节中的部分:比例、尺寸、材料、标注	提出的设计解决了问题。设计涵盖了以下所有细节:比例、尺寸、材料、标注	
建立模型	没有模型或提交的模型没有解决问题,模型没有依照提交的设计来建立	提交的模型解决了部分问题。模型没有依照设计来建立	提交的模型解决了全部问题,并依照设计来建立	
检验或搜集数据	没有检验或搜集数据	满足下列标准中的1条: 1. 开展了多次试验; 2. 搜集的数据与问题相关	满足下列标准中的全部: 1. 开展了多次试验; 2. 搜集的数据与问题相关	
分析数据/再设计	没有分析数据或搜集到的数据没有被用于对模型或设计做出恰当的修改	搜集到的数据被用于做出恰当的修改,但模型与设计没有同时修改	搜集到的数据被用于对模型与设计做出恰当的修改。所有修改都是经仔细思考后呈现的	
交流分享	汇报没有满足下列标准中的任何1条: 1. 重申了问题; 2. 展示/讨论了工程过程的步骤以及它们是怎样被使用的; 3. 以清晰且恰当的方式呈现了搜集到的数据; 4. 小组基于他们搜集到的证据论述了最终产品的效果	汇报只满足下列标准中的2—3条: 1. 重申了问题; 2. 展示/讨论了工程过程的步骤以及它们是怎样被使用的; 3. 以清晰且恰当的方式呈现了搜集到的数据; 4. 小组基于他们搜集到的证据论述了最终产品的效果	汇报满足下列标准中的全部: 1. 重申了问题; 2. 展示/讨论了工程过程的步骤以及它们是怎样被使用的; 3. 以清晰且恰当的方式呈现了搜集到的数据; 4. 小组基于他们搜集到的证据论述了最终产品的效果	

这种双重评价方法有助于全面评估学生的学习成果,同时提供持续的反馈和支持,促进学生的个人和学术成长。

七　项目反思

本项目是一次将传统养蚕与现代科技相结合的创新教育实践,主要围绕学生亲身体验养蚕过程,利用智能技术来监控和优化蚕的生长环境。学生通过团队合作,参与蚕的养殖、环境监测、数据收集和分析,以及创新思考和问题解决。项目创新点主要表现在以下几个方面。

1. 科技与传统的结合:项目最大的创新之处在于将传统养蚕业与现代智能技术相结合,使学生能够在实践中体验科技如何改善和优化传统的过程。

2. 实践学习方法:学生不仅仅是学习理论,而是通过实际操作来深入理解科学原理,增强学习的实用性和趣味性。

3. 数据驱动的学习体验:利用蚕室检测收集的数据,学生学习如何进行科学观察、数据分析和解释,这种方法增强了他们的分析能力和批判性思维。

4. 创新和问题解决:鼓励学生思考和设计解决实际问题的新方法,如改进蚕室环境,培养了他们的创新意识和解决问题的能力。

5. 综合素质教育:项目通过团队合作、沟通和展示等环节,促进学生的综合素质发展,包括社交技能、责任感和自信心。

CIM课程通过科学、技术、工程、艺术和数学等学科进行融合,促进学生的全面发展,培养学生综合运用知识和技能解决问题的能力,培养创新能力、实践能力、团队协作能力等。它具有目标的融合性,具体来说包含跨学科的复杂性、深关联的情境性、多主体的协作性以及活用化的创新性等具体特征。项目成功地将科技融入教育,不仅提高了学生对科学的兴趣和理解,还培养了他们的综合技能,如数据分析、团队合作和创新思维。这个项目展示了科技在教育领域的潜力,尤其是在提高学生的实践能力和创新能力方面。通过这样的项目,学生能够更好地准备面对未来的挑战,尤其是在快速变化的科技领域。

（撰稿者:深圳市坪山区同心外国语学校　郑泽华）

【创意设计 2‑5】制作鱼菜共生生态园

适用对象:七、八、九年级 项目课时:32 课时

一 项目背景

在《义务教育生物学课程标准(2022 年版)》中,主题七"生物学与社会·跨学科实践"包括模型制作、植物栽培、动物饲养和发酵食品制作等活动。该主题旨在深化学生对生物学与社会关系的理解,以及科学、技术、工程学、数学等学科间的联系,并培养他们在真实情境中解决问题的能力,从而提升核心素养。

基于这一主题,我们推出了"融合与创新:教育与生态视角下的鱼菜共生生态园实践"项目。这一项目采用鱼菜共生技术,结合生物学、物理学、技术、工程学等多学科知识,为学生提供了一个理论与实践相结合的学习平台。学生将参与生态园的选址、设计、建设、运行管理及创新优化的全过程,通过团队合作和跨学科知识的综合应用,解决实际问题,培养创新思维和实践技能。

此外,项目鼓励学生参与社会性科学议题的讨论,培养生态文明意识,践行"绿水青山就是金山银山"的理念,积极参与环境保护,努力成为美丽中国的建设者。

二 项目思路

"融合与创新:教育与生态视角下的鱼菜共生生态园实践"项目采用了设计思维的五步骤模型,这五个步骤分别是:共情、定义、构思、原型和测试,它们共同构成了一个循环迭代的过程,旨在引导学生从问题的发现到解决方案的实施,再到最终的评估和改进。

1. 共情(Empathize)

在项目的起始阶段,学生将通过实地考察、访谈和研究,深入了解鱼菜共生系统在实际应用中的需求和挑战。这一过程要求学生站在农民、消费者和环境的角度思考问

题,培养他们的同理心和责任感。

2. 定义(Define)

在共情的基础上,学生将明确项目的目标和范围。他们需要定义生态园的具体功能,如提高资源利用率、减少环境污染、提供教育和研究平台等,并确定项目的关键成功因素。

3. 构思(Ideate)

在定义了项目目标之后,学生将进行头脑风暴,提出各种可能的解决方案。这一阶段鼓励学生发挥创造力,结合科学、技术、工程、艺术和数学等学科的知识,构思出创新的生态园设计方案。

4. 原型(Prototype)

在选定最佳方案后,学生将动手制作生态园的模型和原型。这个过程不仅包括物理模型的制作,还包括系统流程的设计、技术参数的设定以及运营策略的规划。原型的制作是学生将理论付诸实践的关键环节。

5. 测试(Test)

在原型完成后,学生将对其进行测试,评估其在实际运行中的表现。测试结果将用于验证设计方案的可行性,同时也为后续的改进提供依据。在测试过程中,学生将学会如何收集数据、分析问题并进行科学决策。

整个项目思路的设计旨在让学生在实践中体验到跨学科知识的整合和应用,以及在解决实际问题中创新思维的重要性。通过这一过程,学生不仅能够提升自己的科学素养和技术能力,还能培养团队合作、批判性思考和问题解决的能力。这种以学生为中心的学习方法,将有助于他们在未来的学习和工作中更好地适应和创新。

三 学习目标

"融合与创新:教育与生态视角下的鱼菜共生生态园实践"项目设定了明确的学习目标,以确保学生能够在跨学科的环境中实现全面发展。以下是本项目的核心学习目标。

1. 学科知识:(1)生物学,学生将学习植物生理学、动物营养学以及微生物学的基础概念,理解它们在鱼菜共生系统中的作用和相互关系;(2)生态学,掌握生态系统中物质循环和能量流动的原理,以及生物多样性对于维持生态平衡的重要性;(3)农业科学,深入了解水培和水产养殖技术,学习如何高效利用空间和资源,提高农业生产的可持续性;(4)环境科学,探讨水资源管理、废物循环利用和生态农业的实践方法,理解环境保护在农业生产中的重要性;(5)物理学,研究水力学、光照和温度对植物及动物生长的影响,以及如何通过物理方法优化鱼菜共生系统;(6)水化学,知悉水的 pH、硬度、氨氮含量等水化学因子对水产、果蔬种植的影响以及它们的测定方法;(7)工程技术,学习如何设计和构建鱼菜共生系统,包括水泵、过滤器和循环管道的选型与安装;(8)数学,应用数学模型进行系统优化,如通过统计分析评估作物产量和水质变化,以及成本效益分析。

2. 能力培养:(1)创新思维,鼓励学生在设计和实施过程中提出新颖的想法和解决方案,培养他们的创新思维能力;(2)实践操作,通过动手搭建和维护生态园,锻炼学生的技术技能和问题解决能力;(3)团队协作,加强团队合作和沟通能力,学生需要在团队中分工合作,共同完成项目任务。

3. 学习素养:(1)环境意识,培养学生的环保意识和可持续发展观念,使他们认识到保护环境和资源的重要性,并在日常生活中实践可持续行为;(2)社会责任感,通过实际行动参与环境保护,体现对社会责任的承担;(3)批判性思维,培育学生的批判性思维,使他们能够分析和评估不同观点,形成独立的判断和见解。

通过实现这些学习目标,学生不仅能够在学术上取得成就,还能在个人成长和社会参与方面获得宝贵的经验。这些目标的实现将为学生未来的学术发展和职业生涯奠定坚实的基础,也为社会培养出具备创新精神和实践能力的新一代人才。

四 学习任务

在应对全球资源紧张、环境污染和生物多样性减少的挑战时,传统农业亦面临资源消耗大、效率低、环境污染严重等问题。本项目采用鱼菜共生技术,旨在构建一个高效的生态农业模式,通过互利共生提升资源循环利用、节约土地水资源,并增强农业生产效率,以此应对上述挑战。尽管鱼菜共生系统具有显著优势,但在实际应用中也存在温度适应性、系统设计和管理的复杂性、运行的稳定性等挑战。为解决这些问题,本项目设计了一系列学习任务,具体见表 2-5-1。

表 2-5-1 "制作鱼菜共生生态园"学习任务

任务类别	描述	目标与成果
核心驱动问题	如何设计和运营一个高效、可持续的鱼菜共生生态园?	学生将探索并提出创新解决方案,以实现资源循环利用、节约土地水资源、提高产能效率等
分解驱动问题	1. 生态园需要实现哪些功能? 2. 如何设计和搭建生态园? 3. 如何管理和维护生态园?	1. 确定生态园的基本功能,如资源循环利用、生物多样性保护、教育和研究; 2. 运用跨学科知识设计生态园布局和选择技术材料; 3. 学习日常运营的知识和技能,包括水质监控和系统维护
评估任务	1. 生态园的运行效率和资源利用率; 2. 生态园对环境的影响; 3. 学生的参与度和创新能力	1. 通过实验和观察评估生态园的运行效果,如水循环效率、植物生长速度、鱼类健康状况等; 2. 分析生态园对当地环境的潜在影响,包括水质改善、土壤肥力提升、生物多样性增加等; 3. 评估学生在项目中的参与程度和创新思维的运用

通过这些学习任务,学生将深入理解鱼菜共生系统的原理,掌握关键技术,并在实际操作中提升问题解决能力和创新思维,同时培养团队合作精神和跨学科综合能力,为未来的学术探究和职业发展打下坚实基础。

五 实施步骤

为了确保"融合与创新:教育与生态视角下的鱼菜共生生态园实践"项目的顺利进行,我们精心设计了一系列实施步骤,旨在通过跨学科的合作与实践,培养学生的综合素养和解决实际问题的能力。

1. 体验与共情

学生参观周边农场,亲身体验传统农业的耕作方式。通过实地观察和感受,学生将直观了解传统农业在水资源消耗、环境污染、农药化肥使用以及土壤污染等方面的问题。这种体验将引导学生思考:作为青少年,我们能做些什么来改变现状?

2. 场地选择与规划

(1)场地选择:结合地理、环境科学和生态学的知识,学生将对潜在场地进行全面评估,选定最佳地点,并制定详尽的生态园规划。在这一过程中,学生需综合考量土壤质量、气候条件及水源的可持续性等多个因素,以保障生态园的长远发展。经过深入的现场考察和细致的分析,学生们得出结论:学校东北角的"生物地理园"是建立生态园的理想场所。该地点土地资源丰富,环境静谧,且基础设施完善,尽管存在光照受限的不足,但经过综合比较,该地点仍为最佳选择。

(2)规划设计:学生积极参与生态园的全面设计工作,包括养殖区与种植区的布局规划以及必要设施的配置,旨在实现资源的高效利用和生态平衡。在生物地理园东侧,学生们选定了一块 6 米×10 米的地块,该地块距离周边楼宇较远,光照条件较为充足,且毗邻一个现有的小鱼池,为生态园的设计和建设提供了有利条件。根据该地块的具体情况,学生们进行了精心的规划设计,以期达到最佳的生态效果和教育价值。生态园选址与规划见图 2-5-1。

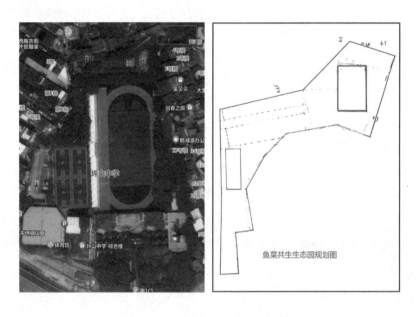

图 2-5-1　生态园选址与规划

3. 模型的设计、构建与测试

学生通过前期的查阅资料,学习老师提供的原理课后,与小组成员一起研讨、设计初步的模型草图(图 2-5-2、图 2-5-3)。

图2-5-2 学生在分组研讨设计   图2-5-3 学生设计的草图

经过多轮的研讨、制作、测试、再改进后,学生们利用简易材料如收纳盒、砾石、自制倒U虹吸装置、小水泵等材料,从常见绿植和观赏鱼入手,经过反复的制作、测试、改进和再改进,他们最终成功搭建了一个能够自动运行的小型鱼菜共生模型——桌面型鱼菜共生系统(图2-5-4、图2-5-5)。这为后面的大型的鱼菜共生生态园的成功建设奠定了基础。

图2-5-4 俞凯小组作品   图2-5-5 范祖玲、刘思淇组作品

4. 生态园原型设计与搭建

(1)参考从小型桌面模型获得的数据和经验,结合生态园的实际场地数据,学生们通过小组探讨,上网查找资料并与老师研讨后,设计并确定了生态园大型鱼菜共生系统的设计图(图2-5-6)。此外还包括各个容器以及管线的走向、水位落差、各种用

电器的布局等细节。

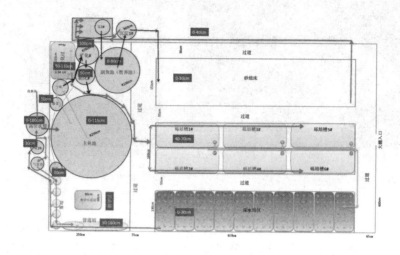

图 2-5-6　生态园系统结构图

（2）核心系统搭建：参照桌面版鱼菜共生生态系统的运行模式，学生在工程技术与生物学原理的指导下，动手搭建生态园的核心系统。其包括构建鱼池、水培系统和过滤系统，形成一个大型的鱼菜共生生态系统。在此过程中，学生需应用物理学原理优化水循环系统，并依据生物学知识选择适宜的植物和鱼类品种。这显然是一个非常复杂的过程，其中比较大型的工程建造工作如大棚的搭建等，是在建筑工人的帮助下完成的。生态园外景和内景布局参见图 2-5-7、图 2-5-8。

图 2-5-7　生态园外观全景

图 2-5-8 园内布局和初建场景图

（3）智能监控系统安装：为确保生态园的稳定运行，学生安装了智能监控系统，该系统能够实时监测关键的环境参数，包括水质中的含氧量、温度，以及空气温度和光照等，以便及时调整管理策略。

5. 种植与养殖

（1）在农业科学和生态学的跨学科指导下，学生将选择适宜的植物和鱼类品种进行种植和养殖。这一步骤要求学生深入理解植物生长的生物学需求和鱼类养殖的环境条件，以及如何为它们创造最佳的生长环境。种植与养殖管理流程见图 2-5-9。

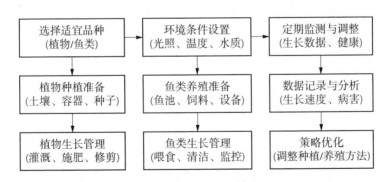

图 2-5-9 种植与养殖管理流程图

（2）学生需要定期记录和分析植物生长情况（表 2-5-2）和鱼类生长数据，以便及时调整管理策略，优化生态园的运营效率。

表 2-5-2　植物生长数据记录表

植物编号	植物种类	实验组（鱼菜共生）	对照组（常规种植）	数据收集日期	备注
1		株高____（cm） 叶面积____（cm^2） 根系发育情况____	株高____（cm） 叶面积____（cm^2） 根系发育情况____	____年 __月___日	
2		株高____（cm） 叶面积____（cm^2） 根系发育情况____	株高____（cm） 叶面积____（cm^2） 根系发育情况____	____年 __月___日	
......	......	......	......	......	......

说明：（1）植物编号——用于标识不同的植物样本；（2）植物种类——记录植物的具体种类；（3）实验组（鱼菜共生）——记录在鱼菜共生系统中植物的生长数据；（4）对照组（常规种植）——记录在常规种植条件下植物的生长数据；（5）数据收集日期——记录每次数据收集的具体日期；（6）备注——用于记录任何可能影响生长条件的特殊情况，如天气变化、病虫害发生等。

这个表格应该在项目开始时创建，并在整个项目期间定期更新。通过对比实验组和对照组的数据，学生可以分析鱼菜共生系统对植物生长的具体影响，从而评估系统的效率和可行性。这种记录和分析的过程有助于学生发展科学思维和数据分析能力。

6. 环境观察、检测与调控

学生将在化学和环境科学的指导下，监控生态园的环境参数，如 pH 值、溶解氧含量、温度等，确保生态系统的平衡（图 2-5-10）。这一步骤强调了跨学科知识的整合，以及运用科学方法维护生态平衡的重要性。

7. 创新改进与优化

在实践过程中，学生将运用创新思维和批判性思考，提出改进生态园的创新方案。这一步骤鼓励学生跨学科合作，运用工程学、信息技术和艺术设计等知识进行创新，以提高生态园的效率和可持续性。

此外，值得一提的是，该项目除了第一批学员可以参与到生态园原型的整体建设外，此后批次的学员均只能在该生态园的原有基础上不断进行优化和改进，同时通过搭建缩小版的鱼菜共生系统（如阳台系统）来把握该课程的核心内容。

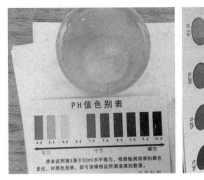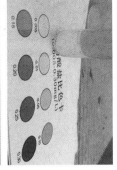

图 2-5-10　学生在用试纸在测定水化学指标

8. 成果评价与展示

学生将对生态园的运行效果进行全面评价,包括资源利用率、生态效益、经济效益等,以验证项目的成效。在社会科学和沟通技巧的指导下,学生将准备项目报告和展示材料,向校内外的观众展示他们的学习成果和学习经验。

通过这些步骤,学生将全面参与到鱼菜共生生态园的建设和运营中,不仅能够加深对跨学科知识的理解,还能够培养他们的创新思维、团队协作和问题解决能力。这些素养的培养,将为他们未来的学术发展和职业生涯奠定坚实的基础,同时也为社会培养出具备创新精神和实践能力的新一代人才。

六　学习评价

为了全面评估学生在跨学科鱼菜共生生态园实践中的表现,本项目采用多维度评价体系,包括过程性评价和结果性评价两个阶段。

1. 过程性评价

过程性评价旨在跟踪和评估学生在项目实施过程中的表现和进步,具体包括以下三个维度:一是学科知识掌握,涵盖生物学、生态学、物理学、工程技术和数学等学科的应用能力;二是能力培养,包括创新思维、实践操作技能、团队协作与沟通能力;三是学习素养,评估学生的环保意识、社会责任感、批判性思维、自我评估能力和主动求助行为。评分标准:1分表示"需要显著改进";3分表示"表现一般";5分表示"表现优秀"。

2. 结果性评价

结果性评价在项目结束后进行,重点评估学生的学习成果和项目成果,具体包括:一是项目实施成果,包括生态园的运行效率、资源循环利用和环境影响;二是学术与技能成果,涵盖学科知识应用、技术技能和数学模型应用;三是个人与团队发展,评价团队合作成果、创新与改进、自我反思与成长。评分标准:与过程性评价一致。

七 项目反思

本项目以"目标的融合性"为核心,通过跨学科的鱼菜共生生态园实践,旨在培养学生的综合素养和解决实际问题的能力。以下是对项目实施效果的深入反思,特别是关于如何更好地实现学科目标融合的思考。

1. 学科知识整合的成效

生物学与生态学:学生普遍表示通过项目实践,对植物生理学、动物营养学和微生物学等概念有了更深刻的理解,尤其是它们在生态系统中的作用和相互关系。

环境科学与农业科学:学生在水资源管理、废物循环利用和水培技术方面的知识得到了实际应用,加深了对生态农业重要性的认识。

物理学与工程技术:学生在设计和构建鱼菜共生系统的过程中,对水力学、光照和温度等物理学原理的应用能力得到了显著提升。

2. 跨学科技能的培养

创新思维:项目鼓励学生提出创新的解决方案,学生在设计思维的五步骤模型中展现了较高的创新能力。

实践操作:学生在生态园的搭建和维护中,技术技能得到了锻炼,问题解决能力得到了加强。

团队协作:团队合作是项目成功的关键,学生在团队中分工合作,共同完成项目任务,提升了沟通和协调能力。

3. 学习素养的培育

环境意识:学生通过参与生态园的建设和运营,环保意识和社会责任感得到了增强。

批判性思维:学生在面对生态园运行中的问题时,能够运用批判性思维进行分析和评估。

4. 项目实施中的挑战与应对

技术难题:学生在水质管理、植物生长监控等方面遇到了挑战,但通过团队合作和教师指导,找到了有效的解决方案。

教学方法:教师反思了在项目指导中的作用,意识到需要更多地鼓励学生自主学习和探索。

5. 未来改进方向

跨学科元素:未来项目设计中将加入更多的跨学科元素,以促进学生在不同学科领域的深入理解。

实践机会:寻求与行业专家的合作,为学生提供更多的现场学习和实习机会。

社区参与:探讨如何将项目成果与社区分享,如:将高品质的鱼菜农产品赠予敬老院等,增强项目的社会影响力。

通过这些反思,我们能够提升未来的项目实施质量,并更好地支持学生的成长和发展。项目反思是一个持续的过程,它要求我们不断地评估和调整教学策略,以确保学生能够在跨学科的环境中实现最佳的学习效果。

（撰稿人：深圳市坪山区坪山中学　杨俊环）

第三章

内容的涌现性

　　形成学科持续创新能力，需要经历一个由弱到强的漫长过程，即传统课程持续创新能力的生成过程，生成的途径就是有效发挥 CIM 课程内容的涌现性。CIM 课程的涌现性突出学习过程中知识产生时所表现出的新颖性、结构性、复杂性和生成性。

涌现性,通常是指多个要素组成系统后,出现了系统组成前单个要素所不具有的性质。涌现性并不存在于任何单个要素当中,而是系统在低层次构成高层次时才表现出来,所以人们形象地称其为"涌现"。有学者认为,系统功能之所以往往表现为"整体大于部分之和",就是因为系统涌现了新质的缘故,其中"大于部分"就是涌现的新质。而 CIM 课程可以通过建设和完善传统信息科技等课程体系,加强课程内容的相互协作,产生"整体大于部分之和"的积极效果,以实现我国传统信息科技课程整体创新能力的提高。而形成学科持续创新能力,需要经历一个由弱到强的漫长过程,即传统课程持续创新能力的生成过程,生成的途径就是有效发挥 CIM 课程内容的涌现性。

CIM 课程的涌现性突出学习过程中知识产生时所表现出的新颖性、结构性、复杂性和生成性。这种涌现性通常是在学习过程中产生的,而不是由外界强加进去的,不仅体现了学习的自主性和创造性,还反映了学生思维和情感的丰富性和深度。在学习的过程中,学生之间不断探索、发现和创造新的知识,不仅能够增强学生的学习效果,还能够培养学生的合作精神和社交能力。教师需灵活运用多种教学策略,引导学生自主制定学习计划、选择学习内容和学习方法,为学生提供更加丰富多样的学习资源和平台,促进他们自主实践。具体来说,CIM 课程的涌现性可以表现在以下几个方面。

一是新颖性。新颖性是指新现象、新思想、新事物、新观念、新实感、新方法等在具有一定程度创造力的表现形式下,引起人们重视或认可的新面貌和新变化。因此,评价 CIM 课程内容的新颖性可以根据以下几个方面来判断:注重鲜活性、时政性、活动化、游戏化、生活化的学习设计,加强课程内容与学生经验、社会生活的联系,强化学科内知识整合,统筹设计综合课程和跨学科主题学习,在课程内容的设计上注重培养学生在真实情境中综合运用知识解决问题的能力;注重学生主体作用的发挥,尊重学生的个别差异,让学生的学习能力和知识水平都得到提高。

二是结构性。CIM 课程内容的结构性在结构化设计方面,强调以核心素养为主轴,构建大任务、大观念或大主题等以问题解决为目标的课程内容,以此作为学习内容聚合机制和学习动机激发机制,有效清理、归纳、整合学科知识点或主题活动内容,在学习内容安排层面落实减负、增效、提质。CIM 课程内容没有弱化学科知识,而是以核心素养为引领,把学科核心知识融入学科或跨学科的主题、项目或任务等学习活动中,形成横向关联互动、纵向进阶衔接的课程内容结构体系。

三是复杂性。CIM 课程内容注重引入大观念、大任务或大主题驱动的问题式学习、项目学习、主题学习、任务学习等综合教学形式,涵盖多个学科的综合知识,重构课程内容,优化呈现方式,使各部分内容彼此间建立有机联系,做到"纲举目张"。比如CIM 课程内容,坚持全面发展、育人为本的原则,以激发学生内在创新创造能力为核心内容,以学生生活为基础,以动手实践为主线,学生可以认识传感器在各个场景中的应用,体验计算思维在规划项目中的作用,感受跨学科知识在设计、制作、发布、反思改进等方面的应用。每个案例都融合学习主题、学习活动、学习情境和学习资源等关键要素,按学段呈现学习内容,实现 CIM 课程内容结构化,看似内容涉及多学科、涵盖多个知识点,实则彰显课程内容的复杂性和"少而精"。

四是生成性。CIM 课程内容设计的基本出发点是促进学生全面可持续和谐地发展,因此我们的教学应该关注成长中的人的整个生命。在新课标推行的今天,课堂教学是一个个鲜活生命在特定情景中的交流与对话,动态生成是它的重要特点。叶澜教授说过:"课堂应是向未知方向挺进的旅行,随时都有可能发现意外的通道和美丽的图景,而不是一切都必须遵循固定线路却没有激情的行程。"由此可见,课堂也就有了更多的不确定性和生成性,因此教师在实施教学的过程中也面临着前所未有的挑战。但同时,正是因为学生有了意料之外的课堂表现,教师才涌现出设计之外的新的成果和进步。由此,我们要理智地对待突发的课堂生成,灵活地调动教学策略,激发学生的学习热情,将意外巧妙地转化为课堂中的精彩内容,才能促进课堂的有效生成。

涌现过程是新的功能和结构产生的过程,是新质产生的过程,而这一过程是活的主体相互作用的产物。CIM 课程内容的涌现性是学习过程中知识产生时所表现出的新颖性、结构性、复杂性和生成性等多种因素共同作用的结果。这些创新案例对提高教学质量、培养创新型人才和促进教育改革具有重要意义。因此,我们应关注 CIM 教学创新案例的涌现,不断探索和实践新的教学方法和手段,为培养具有创新精神和创新能力的信息科技人才作出贡献。

(撰稿者:深圳市坪山区同心外国语学校　张凯敏)

【创意设计 3‑1】设计制作太阳能遥控汽车模型

适用对象：九年级　项目课时：10 课时

一　项目背景

　　《义务教育课程方案(2022 年版)》确立了"加强课程综合,注重关联"的基本原则,要求"加强课程内容与学生经验、社会生活的联系,强化学科内知识整合,统筹设计综合课程和跨学科主题学习。注重培养学生在真实情境中综合运用知识解决问题的能力,围绕学生感兴趣的现实世界主题,强化课程协同育人的功能"①。在教学过程中我们发现,环境污染和能源危机是世界关注的两大重要问题,而汽车尾气对环境污染影响极大,石油化工能源供应也日趋紧张,大规模开发和利用可再生能源已成为未来各国能源战略中的重要组成部分。太阳能是可再生能源中的佼佼者,具有无污染、零废气排放、可持续发展等优点,近几年来得到了快速的发展。其实,学生已经看过不少关于太阳能的知识科普,但"纸上得来终觉浅",他们更加想要感受和体验太阳能的实际应用。因此,围绕学生对太阳能的兴趣与现在的环境能源背景,设计本跨学科实践项目——设计制作太阳能遥控汽车模型,学生亲历实践、探究、体验、反思、合作、交流等深度学习跨学科实践过程,以更加全面的角度认识世界和关注未来,培养团队协作与沟通能力、问题解决与创新能力,逐步提升核心素养。

二　项目思路

　　为改善环境污染和能源危机问题,本项目借助斯坦福大学"设计思维"(同理心、定义、头脑风暴、原型制作、测试)创造力训练法,结合光伏效应、汽车模型设计和信息技

---

① 中华人民共和国教育部. 义务教育课程方案(2022 年版)[M]. 北京:北京师范大学出版社,2022.

术设计了一个"设计制作太阳能遥控汽车模型"的跨学科实践课程。本项目共 10 个课时,整个学习活动可以分为"创设情境,感受世界"(同理心)、"发现问题,分解问题"(定义)、"寻找思路,分解任务"(头脑风暴)、"团队协作,动手实践"(原型制作)、"学会试错,修改方案"(测试)、"交流反思,展览汇报"(多元评价)6 个阶段,得到太阳能遥控汽车模型、测试报告、现场展演三种项目成果。(图 3-1-1)

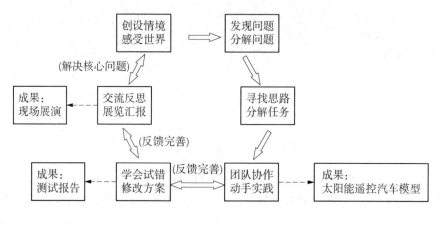

图 3-1-1 项目思路图谱

三 学习目标

《义务教育物理课程标准(2022 年版)》提出"跨学科实践主题内容旨在发展学生跨学科运用知识的能力、分析和解决问题的综合能力、动手操作的实践能力,培养学生积极认真的学习态度和乐于实践、敢于创新的精神"。[①] 因此贯彻"跨学科"理念,不是单纯处理数学、物理、信息技术、美术等学科问题,而是结合学科之间的交叉与综合,让学生从小培养广阔的视野,形成综合不同学科知识来解决问题的意识,这样才能够让学生做到学以致用,成为实践能力强的人才。参照课标要求,具体学习目标按照学科知识、能力方面和学习素养三方面设置,具体如下。

1. 学科知识:(1)物理,知道能量守恒定律,从能量转化和转移的角度认识效率;从能源开发与利用的角度体会可持续发展的重要性,了解太阳能等能源的开发对可持

---

① 中华人民共和国教育部. 义务教育物理课程标准(2022 年版)[M]. 北京:北京师范大学出版社,2022.

续发展的意义;了解太阳能电池板的工作原理、光电效应以及电能与机械能的转换关系;掌握电子设备的基本原理和技能,如电路设计、电子元件的选择和使用、电路板的布局等;汽车的运动还涉及力学原理,如牛顿运动定律、结构设计、材料选择、机械传动等方面。(2)信息科技,用于编程遥控汽车的接收器,使其能够接收并响应遥控信号;使用图形化程序语言完成感测与控制,能够使用标准连接线,控制多路输入输出、控制马达等设备。(3)数学,用于解决设计过程中遇到的各种问题,包括计算电池板的最佳角度、预测汽车的行驶距离和速度、优化汽车设计等。(4)美术,运用色彩、形状、线条和不同质感材料,使太阳能遥控汽车看起来既实用又美观。

2. 能力方面:(1)理论联系实际,能在真实情境中发现问题,提取问题的基本特征,对问题进行抽象、分解、建模、制定解决方案;提高学生分析问题、解决问题的能力。(2)提高数字化合作与探究能力,发扬创新精神。(3)了解"设计满足实用功能与审美价值,传递社会责任"的设计原则,能为需求设计作品,形成设计意识增强社会责任感,创造性地表达对自然与社会的感受、思考和认识,发展创造性思维能力。

3. 学习素养:(1)通过太阳能遥控汽车的设计与制作过程感受能源与环保对于人类生活的重要意义,建立人与自然和谐相处的观念和态度,理解其中蕴含的责任担当。(2)崇尚科学精神、原创精神,具有自主动手解决问题、掌握核心技术的意识,树立科技自立自强意识。(3)培育审美感知,帮助学生发现美、感知美,丰富审美体验,提升审美情趣。

四 学习任务

本项目设计是为了让初中生关注环境污染和能源发展,例如了解现有汽油汽车和柴油汽车对能源的影响,了解太阳能的实际应用,为此设计制作一个太阳能汽车模型,学生以此为导向,罗列出完成学习目标需要解决的问题,也就是本活动的学习任务(表3-1-1)。

表3-1-1 学习任务汇总表

核心驱动问题	核心任务	最终成果
如何设计并制作一款太阳能遥控小汽车模型以缓解环境污染和能源危机问题?	学生团队合作,利用开源硬件、马达等材料,设计能够正常行驶的太阳能遥控汽车	太阳能遥控汽车模型、测试报告、现场展演

分解驱动问题	评估任务	阶段产品
遥控汽车模型如何设计？	学生需要通过查阅资料、自主学习，了解遥控汽车模型的结构设计和制作	遥控汽车设计与模型制作
如何将太阳能搭载在遥控汽车上？	学生需要通过查阅资料、探究实验和自主学习，感受太阳能的作用，了解光电效应并掌握太阳能板使用方法	太阳能板的设计与组装
设计的汽车模型是否具有实用性，其运输能力如何？	学生通过模拟实验测试模型的运输能力	太阳能遥控汽车模型测试报告
怎样完成本小组的产品展示？	学生分工展示设计方案和制作过程、现场展现产品功能以及同伴、老师点评	展示的视频或演示文稿

五　实施步骤

围绕课程方案的原则，通过创设"能源危机和环境污染双重问题"的情境，引导学生明确"设计并制作一款太阳能遥控小汽车模型"的核心驱动问题，组织学生经过合作调研、动手实践、试错评价等活动，鼓励学生关注科学技术对自然环境、人类生活和社会发展的影响，能在力所能及的范围内为社会的可持续发展作出贡献。围绕"问题导向与任务驱动"完成以下项目实施步骤。

1. 创设情境，感受世界

本项目通过"图片和视频演示"方式展示世界能源发展和社会交通工具的发展历程，让学生感受不同动力汽车以及对应能源对世界的影响，并提问："如果继续按照原来的高能耗发展模式，人类未来怎么办？如何做到既能满足当今高速交通发展的需求，又能适应绿色环保的要求？"以生动形象的方式引入概念，激发兴趣，帮助学生感受能源与环保对于人类生活的重要意义，建立人与自然和谐相处的观念和态度，理解其中蕴含的责任担当。再通过"实验探索"——一些小太阳能的实验，感受太阳能的优势。

2. 发现问题，分解问题

核心问题：如何设计并制作一款太阳能遥控汽车模型以缓解环境污染和能源危机问题？

学生通过小组合作讨论核心问题,并分成几个待解决的分问题:(1)遥控汽车模型如何设计?(2)如何将太阳能搭载在遥控汽车上?(3)设计的汽车模型是否具有实用性,其运输能力如何?

3. 寻找思路,分解任务

首先,教师协助学生完成小组合作的分组——结合兴趣和学生能力情况,每个小组不超过 4 人并引导学生自主分工,要求人人有任务。学生分组后围绕核心问题和分问题进行分工和方案设计,将设计制作任务分为汽车模型动力设计、汽车模型遥控程序设计、太阳能电池装载等任务,具体任务分工到人,相同任务的负责人找到相应的老师学习相关的知识和技术后,回到本小组完成相应的任务。在整个过程中,物理、信息技术、美术等学科老师深入小组进行指导。

4. 团队协作,动手实践

在团队组建初期,教师通过一些小组协作、团队游戏、情景模拟和角色扮演等方式帮助学生尽快学会沟通合作,建立起本课程的学习探究共同体。学生根据完善后的设计方案,分工合作完成设计制作。动手能力强的学生挑选元器件组装汽车模型的各部分功能区;善于编程的学生开始进行编程代码设计;善于设计的同学利用环保材料搭建汽车模型框架。

5. 学会试错,修改方案

在模型设计制作出来后,学生还需要测试其性能,运输能力是汽车非常重要的一个指标。在调试的过程中,主要测试太阳能遥控小汽车的运输能力,具体测试要求如表 3-1-2 所示。

表 3-1-2　太阳能模型汽车运输能力测试表格

实验次数	模型小车自重 G/N	50 g 砝码数量(搭载极限)
1		
2		
3		

在实施过程中,有的学生发现天气不好、太阳不够充足的时候,太阳能板转化率会大大缩水,电量岌岌可危,会导致汽车因电量不足无法驱动的情况,于是提出加装蓄电

池保证电量充足的方法。有的同学发现小车的重量越轻,能够搭载的砝码的数量就会多一些,于是提出要改进汽车外壳设计,以减轻重量(图3-1-2)。

图 3-1-2 改良汽车模型外形设计

6. 交流反思,展览汇报

本环节由各个学习探究共同体展示自己的太阳能遥控汽车模型,由语言表达能力较强的同学负责讲解小车的设计方案,其余同学负责实际操控模型进行演示。并且经学生点评后,评选出优秀的共同体参加深圳市青少年科技创新大赛。

项目的实施,旨在"培养学生在真实情境中综合运用知识解决问题的能力",这种"能力"就是我们所说的核心素养,学生通过亲身经历的"跨学科实践",经历了足够长的时间并通过由浅入深的系列探究活动才能获得。

六 学习评价

评价是伴随着学习过程的、对学习能产生促进作用的、对师生的教与学能起到激励作用的重要手段。评价即研究,它让学生的探究过程体现研究的学习本质,也体现出项目化学习评价的意义。因此,这里的学习评价旨在融合丰富的评价方式、发挥交融的评价作用,唤醒、激励学生的学习动力和成长的愿望。[①] 对此,本活动的形成性评价设计如下(表3-1-3)。

---

① 陈李贵. 评价驱动:体育学科项目化学习的"学习评价"设计与实践[J]. 体育教学,2023,43(5):31—33.

表 3-1-3　学生形成性评价表

内　　容	A	B	C
观察后能够提出问题			
图纸能清楚表达设计方案的程度			
制作方案没有明显不合理的地方			
主动分享、汇报			
分享时条理清楚			
在分享环节参与交流,能够提出问题或给出改进意见			
主动向教师或其他组寻求帮助			
小组分工明确			
制作时合理选择材料,发挥其主要作用或者创意使用,比如利用泡沫板作为旋转转轮的手柄等			
主动应用"控制变量法"进行调试、探究			
作品美观、稳固			
讨论时三人以上发表看法、意见			
分享时能够考虑到材料在特定环境时的特殊性			
分享时提到核心概念,并且解释合理			
分享中正确应用相关概念来进行分析			
能够设计其他用途的太阳能小车			

A. 完全达到　B. 基本达到　C. 没有达到　在符合的一栏打"√"

七　项目反思

本项目的亮点与创新在于,将理论与实践相结合,注重学生的实际操作能力。学生使用太阳能电池板和小型电机等环保材料设计并制作小汽车,在实践中了解了环保理念和科技知识,培养了创新意识、实践能力、团队协作精神和沟通能力。这充分体现了本项目是一个指向综合素养培育的跨学科实践。在学习的过程中,学生发现实际上太阳能电池的动力较小,提出未来将结合电与磁的关系提升汽车模型的动力,学生的研究也从对普通的太阳能汽车的探索开始迈入磁悬浮动车模型的研究当中。太阳能遥控汽车模型是学生应用所学了解世界跨出来的一小步，从现在小小的太阳能遥控汽车模型到未来的磁悬浮动车模型，也许还能有再远一些的新世纪的交通工具的诞生，我们期待着看到学生推动未来社会的前进，而这一切的创新种子也许就是在这个项目中种下的。

（撰稿者：深圳市坪山区第二外国语学校　朱桂欣）

【创意设计 3－2】给流浪狗建一个家

适用对象:五、六年级　项目课时:6课时

一　项目背景

基于《义务教育科学课程标准(2022年版)》的实施背景,本项目活动结合科学课程标准中提出的科学课程要培养的学生核心素养,主要是指学生在学习科学课程的过程中,逐步形成的适应个人终身发展和社会发展所需要的正确价值观、必备品格和关键能力,包括科学观念、科学思维、探究实践、态度责任等方面。据不完全统计,中国平均每年有4 000万只流浪狗,它们多是被抛弃或者是走失的,幸运的话会被一些民间自发组织或者收容所救助,不幸的话,它们面临的就是被屠杀或者惨死街头。本项目活动中学生将用他们的实际行动为改善流浪动物的生存状况贡献自己的力量。通过阅读关于流浪狗现状的文献资料了解目前流浪狗所处的状况,激发学生思考如何改善流浪狗的生活质量。在项目活动中,学生利用木材和其他材料搭建狗舍解决实际问题。在设计建造狗舍的过程中,学生既要考虑狗舍满足流浪狗的生存需求,又要考虑狗舍的功能及基本结构,学习并运用设计思维解决问题,完成狗舍的设计与搭建。本项目活动提升了学生的科学思维,发展了学生的探究式学习能力,锻炼了学生做中学的学习习惯,激发了学生学习的兴趣,突出了学生的主体地位。

二　项目思路

随着人们生活水平的提高,养宠物的人群不断扩大。但许多人买宠物仅图一时玩乐,没有考虑宠物的饲养、健康管理等方面的问题。于是,我们的身边出现了越来越多的流浪动物。这些动物的叫声经常干扰人们的休息,它们居无定所时常对人们的出行造成不便、给人们安全带来隐患。为了解决这个实际问题,学生通过阅读资料了解流浪狗的生活现状,提出问题,生成项目活动主题"给流浪狗建一个家"。学生以小组合作的形式进行讨论交流,设计小组计划方案,选择材料制作作品,测试作品并进行改进,最后全班进行展示交流。本项目活动最后生成项目海报、作品实物等成果。具体的项目设计流程图如图3-2-1所示。

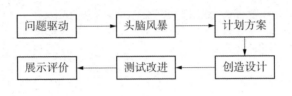

图 3-2-1 项目设计流程图

三 学习目标

"给流浪狗建一个家"项目的实施,培养了学生解决实际问题的科学观念、科学思维、探究实践、态度责任这个核心素养,逐步形成适应个人终身发展和社会发展所需要的正确价值观。通过项目活动,学生能够了解动物的身体结构特征和生活习性,体验科学探究的过程,并了解科学探究是建立在实践的基础上的。理解木材常用的连接方法,知道常用木工工具的使用方法;了解不同种类房子的基本结构,利用有限的材料建造符合一定需求的狗舍,学习工程设计的流程,并能运用工程设计思维方式解决问题;学会用工具测量数据,知道几何结构的特征,并利用这些特征解决问题;开始关心周围幼小的生命,在解决问题的过程中,学习合作,并体会合作所带来的乐趣。

四 学习任务

学生通过阅读资料了解流浪狗令人担忧的生活现状,它们多是被抛弃或者是走失的,幸运的话会被一些民间自发组织或者收容所救助,不幸的话,它们面临的就是被屠杀或者惨死街头。为了解决流浪狗居无定所的问题,学生分小组探究如何为流浪狗建一个温馨舒适的家。具体的学习任务见表3-2-1。

表3-2-1 "给流浪狗建一个家"学习任务列表

课时	核心任务	学习成果
1、2课时 收集信息,生成驱动问题	1. 上网查阅资料,了解流浪狗的生活现状; 2. 收集资料,列举小组收到的有用信息; 3. 交流信息,筛选研究信息; 4. 提炼驱动问题	学生学会查阅资料,了解项目式学习活动的背景、研究方法、目的,学会收集资料
3、4课时 聚焦问题,形成小组设计方案图	1. 聚焦问题,激发学生学习的好奇心; 2. 头脑风暴,教师给学生提供学习支架,讲解房屋的基本结构,让学生欣赏设计师设计的狗窝形状,激发学生的创造性思维; 3. 学生小组交流讨论设计狗窝思路,画设计图; 4. 初步形成本小组的设计方案图; 5. 交流讨论设计图的合理性和创新性	学生形成本小组的设计图,学会像设计师一样进行工程设计,初步掌握设计的一般思路
5、6课时 制定制作狗舍计划方案,分小组进行制作,形成项目成果	1. 学生制定创造狗窝的计划方案,方案包括材料的选取,小组人员分工; 2. 小组成员分工合作搭建创意狗窝; 3. 全班进行交流与展示,优化改进小组创意作品,总结拓展项目活动内容; 4. 形成项目海报、项目作品和评价表	学生形成项目海报、项目作品、项目评价表

五 实施步骤

本次项目活动根据 STEM 课程的一般流程开展。同学们为了解决流浪狗居无定所的实际问题,利用真实的材料以小组合作的形式为流浪狗建一个温馨舒适的狗舍。学生通过上网查阅资料形成驱动问题,小组内部头脑风暴形成计划方案,根据方案创造设计形成初步的作品,小组成员检测作品原型,提出改进意见,最后进行展示交流。整个活动过程充分体现学生的主体地位,学生通过探究式学习、动手实践等过程掌握工程设计的实施步骤,激发了学生主动学习的积极性,同时也滋养了学生的心田。

1. 问题驱动

教师布置任务,让学生上网查资料或者去流浪狗收容所了解流浪狗的生活现状。小组根据查找的资料进行汇总,列举出本小组收集到的有用信息。小组展示收集到的信息,其他小组成员思考是否与自己小组收集的信息一样,并把相同的信息筛选出来。

教师提问:同学们通过查找资料了解了哪些知识? 你们想到了什么? 你们想为流浪狗做点什么? 激发学生提出问题,同时思考提出的问题能否被解决? 教师引导学生把问题聚焦在"如何给流浪狗建一个家",这样一个学生能在自己能力范围之内完成的问题上。

2. 头脑风暴

学生在小组内部讨论房屋基本结构、功能。狗窝是给狗建房子,学生需要思考满足狗的哪些需求,狗窝所在的地理位置以及和人类生活环境的有机融合的关系等。教师带领学生观察校园里面的房子结构,小组讨论房屋的基本结构和功能,用人体结构作类比分析这些结构。学生像工程师一样根据房屋的基本结构设计出狗窝的基本图形。

(1) 学生了解房子由基础、框架和房顶等结构组成,通过观察知道基础是承受建筑物的整体重量,框架是支撑建筑物,包含横梁和墙柱,房顶是防雨、遮阳、承重,就像带了把雨伞。

(2) 学生明确给流浪狗建的房子功能上需要满足哪些条件,小组进行讨论,教师提出建造狗窝的基本要求。

(3) 学生了解建筑工程师是如何思考问题的。教师给学生展示建筑工程师给狗建造的房子。学生可以阐述建筑工程师所设计的房子最吸引人的地方,需要改进的地方,小组准备设计什么样的狗窝。

(4) 学生以小组活动的形式在任务单上画设计草图。每个小组可以设计多种方案并能写出方案的优缺点。

(5) 每个小组展示自己小组的设计方案,并能说出方案的优缺点。小组成员对其他小组的设计方案提出改进意见和建议。各小组根据意见和建议改进自己小组的设计方案并达到最优化设计。

3. 计划方案

制定详细的计划方案是作品完成的重要前提。小组成员根据设计的草图制定搭建狗窝的计划步骤。小组成员需要计算搭建狗窝所需要的材料种类、数量。小组长根据小组成员列出的计划和狗窝设计图对成员进行分工,分工时考虑成员们各自的优势和劣势,尽量让每一位小组成员都有事情做。小组长派代表到老师那里领取所需要的材料,每一个小组领取的材料有上限。

4. 创造设计

创造设计狗窝可以体现学生的动手实践能力。通过实践过程可以激发学生的创新思维和动手实践的能力。在制作过程中,教师介绍各种工具的使用方法和注意事项。锯子的正确使用方法,美工刀、榔头在使用时需注意的安全问题。教师引导学生注意搭建结构时的稳固性,把三角形具有稳固性这一特点应用到结构当中。本项目活动中使用的钉子比较小,学生第一次钉钉子经验不足容易砸到手,教师需要引导学生思考安全钉钉子的方法。教师要强调在实验室学生要注意人身安全,正确使用工具,防止尖锐物体刺伤自己或者同学,要把废弃物按照垃圾分类要求投放到垃圾桶,每堂课结束要用洗手液洗手。最后,教师收集学生在搭建过程中遇到的问题,包括工具的使用、横梁的固定方法、防水布的使用等问题。

5. 测试改进

小组成员根据狗窝设计方案和目的对作品进行测试、改进和优化,通过测试和改进的过程提高学生对工程设计一般流程的认识和了解。教师可以给学生 20 分钟进行测试、改进。测试作品的稳固性可以让其他小组成员进行承重检测,但是承重要在一定的限度范围内。测试作品是否防雨可以通过现场用洒水壶从屋顶上方洒水,静置一会看狗窝里面是否有水。测试狗窝大小用狗模型的尺寸进行比对。小组成员根据测试结果对作品进行再次的设计和优化。

6. 展示评价

展示环节体现学生在制作过程中各个步骤是如何开展的,遇到的问题是什么,成员是如何解决问题的。作品展示了小组成员的集体智慧,也体现了小组成员的设计和制作能力。展示环节可以锻炼学生的语言表达能力,增强学生学习的自信心,体现学生自主学习的过程。

在展示环节,学生从狗窝的设计到制作、使用材料、存在问题等方面进行全方位讲解。教师给每个小组在白板上列出课堂制作过程中的评价指标,可以从成员语言表达能力以及作品美观程度、防雨性能、稳固性等几个方面进行打分。

小组作品展示评价是学生进行作品展示活动时在白板上进行的评价。评价量表在一定程度上能对一个项目进行客观评价,具体评价量表见表 3-2-2。

表 3-2-2　学生作品评价量表

组别	成员语言表达能力 （25分）	作品美观度 （25分）	作品稳固性 （25分）	作品防雨性能 （25分）
1				
2				
3				
4				
5				
6				
7				
8				

六　学习评价

《义务教育科学课程标准（2022 年版）》指出，要构建素养导向的综合评价体系，改进结果评价，强化过程评价，探索增值评价。加强综合评价，是为了突出评价的导向性和全面性，促进学生全面而有个性的发展。评价是指按照一定的标准，对事物、行为、认识、态度等进行批判比较的一种认知过程，同时也是一种决策过程。本次项目式活动采用过程性评价、作品展示评价、成果评价相结合的形式对每一个小组进行评价。

1. 过程性评价。过程性评价采用课堂量化评分表进行评价，具体评价方式见表 3-2-3。

表 3-2-3　上课奖惩评价表

项目 组员	课堂加分：回答问题(2)、帮助同学(2)	扣分：扰乱课堂纪律(1)、桌面地面不整洁(1)、故意损坏财物(2)	作品加分：作品创意(1—5)、科学性(1—5)	小组配合度加分：组长分工明确(1—3)、小组成员团结配合(1—3)、小组成员人人参与(1—3)
组员 1				
组员 2				
组员 3				

项目 组员	课堂加分： 回答问题 (2)、帮助同 学(2)	扣分：扰乱课堂纪 律(1)、桌面地面不 整洁(1)、故意损坏 财物(2)	作品加分：作品创 意(1—5)、科学性 (1—5)	小组配合度加分：组长分 工明确(1—3)、小组成员 团结配合(1—3)、小组成 员人人参与(1—3)
组员 4				
组员 5				
组员 6				
分数				
总分				
老师评价				

2. 小组作品展示评价。这个评价形式是学生进行作品展示活动时在白板上进行的评价。评价内容以成员语言表达能力以及作品美观度、稳固性、防雨性能等几个方面组成。

3. 成果评价。本次 STEM 项目活动根据小组的作品和海报质量对小组进行结果性评价。STEM 项目式活动成果只是展示活动的最终项目作品，很难体现学生参与整个活动的过程性评价。项目海报能很好展示学生参与活动的过程，尤其是思维整理、设计过程、团队协作等情况。因此，本次项目式活动每一个小组在课堂上用 A3 大小的海报纸制作了项目海报。项目成品是小组成员们共同完成的作品，它体现了学生在该项目活动中的设计思维、动手能力、合作能力以及小组创意思维的强弱。

七　项目反思

本次项目活动学生通过流浪狗的真实生活情境提出问题，以小组合作的形式进行工程设计、制作创意狗窝。在制作的过程中，学生需要画设计草图，测量狗模型尺寸，计算狗窝的大小。学生还要考虑狗窝的稳固性和科学性，制作时各种工具的使用方法。在整个项目活动过程中把各学科知识融合应用，充分体现了 STEM 课程的跨学科学习思维，培养了学生热爱生活、热爱小动物的良好品质，逐步发展了学生的关键能力和必备品格。

1. 学生掌握了基本的设计思维。通过项目活动学生知道要解决一个生活问题是需要一定的科学方法的。学生根据设计思维的一般流程学会如何给流浪狗设计一个温馨舒适的家。

2. 学生的动手能力和小组合作学习的能力提高了。在项目开展之前很多学生不会使用美工刀、锯子、榔头等工具,经过项目活动,小组成员普遍能熟练使用各种工具,不会伤到自己或者别人。小组成员之间合作默契,学习积极性高。

3. 学生的语言表达能力明显提高了。成员在项目展示活动时语言表达以及配合度和默契度比没有学习 STEM 课程时要强很多,会使用科学术语描述制作过程和作品的优缺点。学生的逻辑思维清晰了,展示作品时更具有条理性,语言表达的自信心增强了。

4. 通过 STEM 项目式活动,学生学会利用多学科知识解决真实情境中存在的问题,学会跨学科学习,提高了学生的问题解决能力和批判性思维能力,发展了学生的核心素养。

5. 教师通过组织项目活动提高了 STEM 教学水平,改变了传统的教学观念,学会了科学的教学方法,设计课程的综合能力增强了。

本项目在教学的过程中还存在一些问题。STEM 课程是一门综合性很强的课程,需要教师掌握各门学科的知识才能胜任。不同专业的老师在教学时对非专业的内容不能深入探究,教学过程存在不连贯的现象。这就需要教师勤于学习,善于研究各门学科知识,提高自己 STEM 课程的教学能力;学生在使用金属连接件时不能很熟练地固定木条,这些需要教师在上课前反复实践、摸索方法,引导学生熟练使用;评价还需要采用多元化形式,以便扩大评价的范围,让不同专业的老师进行评价。

(撰稿者:深圳市坪山区坪山实验学校　尹筛利、孙洁、侯宇辉)

【创意设计 3‑3】创意刻度尺设计与制作

适用对象:五、六年级　项目课时:2课时

一　项目背景

《义务教育信息科技课程标准(2022年版)》指出:创新教学方式,以真实问题或项目驱动,引导学生经历原理运用过程、计算思维过程和数字化工具应用过程,建构知识,提升问题解决能力。注重创设真实情境,引入多元化数字资源,提高学生的学习参与度。此项目以学生为参加爱心公益活动的山区学生设计并赠送 DIY 礼物为背景,礼物既要求有纪念意义又要求能在日常学习中使用,于是设计与制作创意刻度尺作为礼物的想法就应运而生。项目要求学生能够理解数学学科中刻度尺的含义、刻度单位,熟练使用设计软件绘制刻度尺的刻度线,并在有限的课堂时间上完成;能应用课堂所学过的知识和实验室所有的仪器;在活动结束后,能够在以后的时光里回味这份记忆。因此,这份"礼物"的设计需要可操作性强,容易上手。在学习的过程中,学生不断探索、发现和创造新的知识。同时,学生之间的互动和交流不仅能够增强学习效果,还能够培养合作精神和社交能力。

二　项目思路

创意刻度尺,其美好寓意为"百尺竿头,更进一步",此项目加强课程内容与学生经验、社会生活的联系,强化学科内知识整合,统筹设计综合课程和跨学科主题学习,注重培养学生在真实情境中综合运用知识解决问题的能力,让学生熟练掌握 Inkscape,设计刻度尺的外形需要掌握整体与部分的概念,需要考虑是整体式还是嵌入式,同时发散创新思维,应用多种方法解决刻度线的绘制。让学生明白知识服务生活,设计属于自己的创意刻度尺,向善尚美,富于想象,培养学生健康的审美情趣和初步的艺术鉴赏表现能力。学会交往,善于沟通,具有基本的合作能力、团队精神。

设计过程有各种各样的类型,但是大多数都包含同样的基本步骤,如图 3-3-1 所示。本项目指导学生遵循结构合理的设计过程,因为它为形成最佳解决方案提供了框架结构,遵循设计过程的行动本身帮助学生建立了解决问题的能力和逻辑。

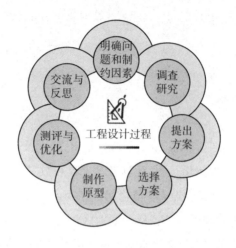

图 3-3-1　工程设计过程

这个过程的本质是迭代性的,教师需要指导学生在这些步骤中循环推敲,在明确最后设计方案之前,需要在不同步骤之间转换。

三　学习目标

本项目涉及信息、数学、美术等学科。信息科技学科中能够用 LaserMaker 建立简单的模型;数学学科中能够理解刻度尺的含义、刻度单位,熟练绘制刻度尺的刻度线,减小误差;美术学科中能够运用技术和美术语言创造刻度尺的外部造型,图案的设计,并集、差集、交集的使用,需要互相搭配融合,具有美感。

1. 学科知识:(1)信息科技,用计算机建立简单的非线性模型,能够使用标准连接线,掌握矩形阵列、交集、并集等用法,操控激光切割机等设备。(2)数学,理解刻度尺的含义,刻度单位,能够掌握刻度尺的绘制方法。(3)美术,外形的设计,能够利用技术解决设计遇到的实际问题,例如,一体式、分体式、嵌入式造型设计。

2. 能力方面:(1)初步体验以人为中心的设计思维,共情、定义、构思、原型、测试,计算思维得到培养。(2)学会合理使用数字化工具辅助解决问题,数字化学习与创新能力得到提升。(3)学会记录和处理实验数据方法,科学探究精神得到培养。

3. 学习素养:(1)能够倾听和接受来自其他同伴的反馈和想法,并提出自己的合理建议。(2)能够在认同小组目标的基础上,积极主动承担分内职责,与团队成员平等协商,灵活地作出妥协、解决分歧或问题。(3)崇尚科学精神、原创精神,具有将创新理念融入自身学习、生活的意识;能够利用头脑风暴工具提升小组讨论效果,加强团队沟通协调能力,找到最佳设计方案;在展示环节,思路清晰、表达流畅地说出作品的创意。

四 学习任务

本项目设计的初衷是为参加爱心公益活动的山区学生设计并赠送 DIY 礼物,设计并制作学习用具尺子是首选,日常学习所用到的尺子外形都比较普通,且款式有限(一般是直尺、三角尺),因此请学生设计一款尺寸不超过 150 mm×70 mm,创意独特、刻度清晰同时兼具美观实用的刻度尺。

核心问题:如何绘制刻度精准、美观且实用的刻度尺?

分解问题 1:如何使用 LaserMaker 绘制精准的刻度线?

分解问题 2:如何设计、制作异形的刻度尺外形?

五 实施步骤

本项目通过采用 LaserMaker 激光切割机软件、Inkscape 设计软件、激光切割机等教具支撑项目的有序开展,通过创设"创意刻度尺设计与制作"的情境,引导学生明确核心驱动问题,组织学生经历软件设计学习、机器操控学习、原型设计与测试、评价等过程,鼓励学生"做中学、用中学、创中学",滋养学生生命品质。

1. 明确问题和制约因素

从任务解析中学生需要提炼任务的以下两个信息。

尺的刻度制作——刻度尺上的刻度有什么特点?各种尺上的最小刻度是否一样?比较各种尺子上 15 cm 的长度是否一致?刻度线的长度有什么相同和区别?用它们测量同一物体的长度时,会有什么结果?

尺的外形设计——在规定尺寸内,刻度尺的样式有哪些?(直尺/三角尺)
我们可以做哪些造型刻度尺?

2. 调查研究

搜索相关资源,关于刻度尺的刻度绘制和造型都有哪些方面可借鉴和参考?

3. 提出方案

经过前期的一番调查与研究,学生搜集到大量解决"刻度尺"的方法,这个环节将让学生以小组为单位进行"头脑风暴",将这些信息融合在一起,并从中加入更多创新性的设计。

4. 选择方案

学生根据"头脑风暴"的讨论结果,完成表 3-3-1。

表 3-3-1　刻度尺方案选择表

刻度尺方案选择		
刻度绘制	□刻度图转换　　□Inkscape 绘制	设计图
样式	□直尺　　□三角尺　　□半圆	
外形	□整体式　　□嵌入式　　□添加式　　□综合应用式	
设计寓意		

5. 制作原型

小组按照设计的方案进行刻度尺的创作,同时参考 Inkscape 常用操作指南,利用 Inkscape 完成刻度尺的刻度绘制和外形制作。

6. 测评与优化

对比刻度图转换的刻度和 Inkscape 绘制的刻度在精确度方面的差距,外形设计上雕刻与切割的比例,及时调整方案,再一次进行原型的设计和制作。

7. 交流与反思

学生完成项目后填写 Presentation List(图 3-3-4),并以全英文的方式做项目展示。

图 3 - 3 - 2 设计图

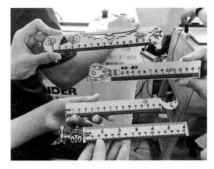

图 3 - 3 - 3 成品图

图 3 - 3 - 4 Presentation List

六 学习评价

1. 自我评价

通过自评考核完成本项目的课程目标,并自我评价在项目过程中与团队的沟通合作能力、展示环节中的自我表现能力等。

表 3-3-2 项目评价表

评价内容	优秀	达到预期	低于预期	未展现
	3	2	1	0
刻度绘制精准,外形设计合理美观				
演示时声音响亮,发音清晰,易于观众理解,与观众有很好的眼神交流				
项目展示吸引观众注意,能够清晰地陈述创意刻度尺的设计理念及其他创意点				
团队能够创造性地组织演示,各成员之间有很好的衔接				
结尾能够很好地总结本项目要点及项目特点				

2. 团队互评

通过演讲汇报和现场投票的方式,每个小组经过讨论,分别投出最佳设计奖、最佳创意奖、最佳团队奖。

3. 总结概括

本次课程中你未预料到的事情是什么? 在课程之后,你希望能够学习更多的事情是什么? 对于本课程你有什么更好的建议和意见吗? 请展开说一说。

七 项目反思

本项目以核心素养为引领,把学科核心知识融入学科主题、项目及任务等学习活动中,形成横向关联互动、纵向进阶衔接的课程内容结构体系,属于中等难度的课程,在 90 分钟的课程中要求学生既要完成设计,又要将作品成型,看似难度不大,但是实际操作标准高,要求学生对刻度尺的刻度精准绘制和外形设计有一定的技术基础。在项目实施过程中可尝试任务分级,不限定学生的刻度尺设计样式,让学生在外形设计上有更多想象与创作的空间。

同时这也是一个基于 STEAM 元素设计的 PBL 课程,教师应该着重关注学生在项目进行过程中"头脑风暴"和"工程设计"的过程,鼓励学生一个不漏地说出自己的想法,对比每个想法的优缺点,然后选择最佳的设计方案,同时"最佳设计"也不是一成不变的,在"测评与优化环节",会根据实际情况做出调整,强调"工程设计"非线性工作,而是循环工作。由此可见,课堂也就有了更多的不确定性和生成性,这也是CIM课程涌现性的一个明显特征,因此我们在实施教学的过程中也面临了前所未有的挑战,但同时,我们也发现,正是因为学生有了意料之外的课堂表现,才涌现出设计之外的新的成果和进步。

(撰稿者:深圳市坪山区同心外国语学校　张凯敏、李逍逍)

【创意设计 3‑4】智慧农业湿光双感应灌溉装置

适用对象：五年级 项目课时：12 课时

一 项目背景

  《义务教育课程方案（2022 年版）》指出，要"强化课程综合性和实践性，推动育人方式变革，着力发展学生核心素养"，强调在学科类课程标准中"设立跨学科主题学习活动，加强学科间相互关联，带动课程综合化实施，强化实践性要求"，注重培养学生在真实情境中综合运用知识解决问题的能力，提高学生创新思维。为促进学生全方位发展，我校创设了"植物工坊"精品社团。在植物种植过程中，学生发现，受深圳夏季高温、顶楼空中花园受太阳直射面积较大、学生及教师需完成自身学习及教学等因素的影响，植株经常处于缺水状态。为解决这一问题，大家集思广益，涌现出制作智慧农业湿光双感应灌溉装置的想法。随后，学生结合科学、劳动、信息技术、数学等课程以及查阅到的人工智能相关知识，通过制定人工智能灌溉装置方案，绘制人工智能灌溉装置草图，最终制作出一款能够帮助植物浇水并且提供光合作用所需灯源的人工智能灌溉装置。通过本次项目式学习，学生不仅对已学知识有了更深刻的认识，还掌握了智慧农业的基本知识和技能。在身临其境体验植物播种、发芽、开花、结果及智慧农业装置设计和制作的过程中，所学课内外知识得到巩固、应用和拓展。

二 项目思路

  为解决植物缺水这一问题，本项目式学习充分调动学生劳动、科学、综合实践、语文、信息技术、美术、数学等方面的学科素养，通过将多门学科、多种知识和技术整合起来，提高学生在劳动实践中利用多学科所学从多方面、多角度解决问题的能力。本项目共 12 课时，课程中学生以小组为单位，互相交流、合理分工、合作探究，经历情境创设、问题驱动、制定计划、问题解决四个环节（图 3‑4‑1），在学习、探究和解决问题的过程中掌握生活技能、提高学生创新思维及合作探究意识、促进综合全面发展。

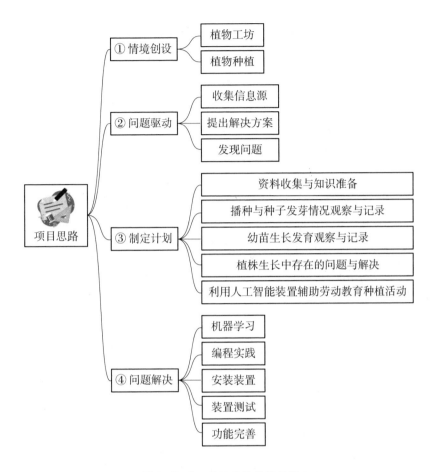

图 3-4-1 项目实施思维导图

三 学习目标

本项目涉及科学、劳动实践、语文、信息技术、美术、数学等学科,具体内容涉及教科版小学科学四年级下册第一单元第 1 节"种子里孕育着新生命"、第 2 节"种植凤仙花"、第 3 节"种子长出了根"、第 4 节"茎和叶"、第 5 节"凤仙花开花了"、第 6 节"果实和种子"、第 7 节"种子的传播"、第 8 节"凤仙花的一生";北师大版小学劳动实践四年级活动 8"无土栽培智慧多";部编版小学语文四年级上册第三单元习作"写观察日记";信息学科中学习传感器的工作原理,学习用计算机编写简单的程序;岭南版小学美术四年级下册"从不同角度画物体";数学中运用数学方法处理和选择实验数据。具体学习目标如下。

1. 学科知识:(1)科学,知道种子萌发需要适宜的温度、一定的水分和充足的空气;知道根、茎、叶的功能及花和果实的结构;经历绿色开花植物种子萌发、幼苗生长发育、开花结果、衰老死亡的过程。(2)劳动实践,学会无土栽培技术及其基本方法。(3)语文,知道观察日记的格式和写法。(4)信息技术,认识传感器工作原理及编写简单程序。(5)美术,知道立方体和圆柱体的透视变化现象;描述物体的外形特点和整体特征;学会从两个不同的角度表现同一物体的不同形态特征,表现物体细节清晰。(6)数学,学会处理和选择实验数据。

2. 能力方面:(1)将多门学科、多种知识和技术整合起来,提高学生利用多学科所学从多方面、多角度解决问题的能力。(2)基于观察记录有依据地描述观察到的现象,提高学生的观察能力。(3)用表格、统计图表等方式整理观察记录的信息,提高学生的信息素养。(4)依据证据,运用分析、比较、推理、概括等方法得出植物生长变化规律及生命需求等结论,提高学生的推理能力。

3. 学习素养:(1)能够以小组为单位,围绕制作"智慧农业湿光双感应灌溉装置"这一活动主题互相交流、合理分工、合作探究。(2)能够以事实为依据陈述自己的观点、接纳他人的观点。(3)尊重事实,乐于分享自己的想法,接纳他人的观点。

四 学习任务

为解决植株经常处于缺水状态的问题,本项目引导学生结合劳动、科学、信息技术等课程以及查阅到的人工智能相关知识,制定人工智能灌溉装置设计方案,绘制人工智能灌溉装置草图,最终制作出一款能够帮助植物浇水并且提供光合作用所需灯源的人工智能灌溉装置。

五 实施步骤

实施本项目在工具材料上需要准备的工具包,主要包括种子、种植工具、DC12V电源输入插座、音频处理模块、光感应模块、湿度感应模块、功能盒下盖、数据输出总线、湿度传感器插座、光传感器插座、水泵插座、七彩 LED 灯插座、扬声器、水泵、水泵出水口、水泵供水口、湿度传感器、光传感器、七彩灯等。在经历情境创设、问题驱动、制定计划、问题解决四个环节后,制作出一款适用于植物种植的智慧农业湿光双感应灌溉装置。具体实施步骤如下。

1. 情境创设

为全面推进绿色质量教育,落实素养教育,培育学生个性特长,学校开设了"植物工坊"精品社团。在"植物工坊"精品社团中,学生通过亲手种植植物、养护植物、记录植物生长日记等,提升了劳动意识,掌握了种植技能,增长了植物相关知识,学会了与同学合作分享,激发了探索科学奥秘的兴趣。

2. 问题驱动

在种植过程中,学生发现,受深圳夏季高温、顶楼花园太阳直射面积大、学生及教师需完成自身学习及教学等因素的影响,植株经常处于缺水状态。查找资料后发现,水量缺失可能会导致幼苗生长缓慢,甚至死亡。为了让植物健康苗壮地成长,学生们试图寻找更省力高效的灌溉方法,尝试借助机械自动化的力量帮助植物浇水。

3. 制定计划

根据在种植情景下提出的问题,制定了如下的实施计划(图3-4-2)。首先,学生基于问题情境通过小组合作进行资料收集与知识准备;接下来,学生分小组播种种子并对种子发芽及幼苗生长情况进行观察与记录;随后,各小组制定人工智能灌溉装置方案并绘制人工智能灌溉装置草图;最后,学生合作分工制作能够帮助植物浇水并且提供光合作用所需灯源的人工智能灌溉装置辅助植物浇水。

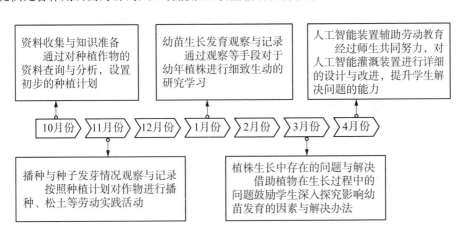

图3-4-2 制定项目计划

4. 问题解决

学生带着如何借助机械自动化力量解决植物浇水的问题,小组合作,集思广益,结合已学的信息技术知识以及收集到的人工智能知识,充分发挥小发明、小制作的能力,最终决定制作一款湿光双感应灌溉装置。其设计的核心思想是:自动检测土壤湿度,并在低于已设定湿度阈值时自动灌溉;自动检测光线亮度,在光线不足时提供装饰和照明服务。该灌溉装置能在检测到植物缺水时,及时给缺水的植物浇水;能在检测到光线不足时,及时给植物补光,增强光合作用,促进植物生长。

(1) 机器学习

学生根据需要学习了湿度/光敏传感器的工作原理,知道当土壤湿度/外界环境光线强弱发生变化时,传感器的阻值也相应发生改变,并把这种变化传输给机器人的微电脑。

(2) 编程实践

学生深入学习了诺宝 RC 编程基础知识及湿度/光敏机器人的编程。随后,学生进入 RC 编程平台主界面,编写让机器人不停地检测湿度/光源的程序。最后,设计实验进行检验,证实编程后的硬件能够识别出土壤湿度、强光和黑暗环境,有效控制下一步的进行。

(3) 安装装置

购买湿度感应模块、功能盒下盖、数据输出总线、湿度传感器插座、水泵出水口、水泵供水口等并尝试组装;优化湿度感应器装置结构;添加自动感光、补光装置,购买光传感器插座、水泵插座、七彩 LED 灯插座、七彩灯等继续安装;完善光感装置、调整湿度反应阈值,增加语音播放装置;组装系统装置,经过通电测试,装置能够很好地完成浇水、智能补光、播放音乐任务。

(4) 装置测试

当土壤湿度低于阈值时,开启灌溉;光敏机器人检测不到光时,彩灯亮起;光敏机器人检测到光时,彩灯熄灭。经检测,此程序满足当土壤缺水时及时补充水分以及在光线不足时提供照明的要求。

(5) 功能完善

只有灌溉功能还不足以减轻人们一天学习、生活的疲劳,于是我们增加了光线不足时自动启动装饰、照明的功能,以达到在增长光合作用时间的同时还能欣赏到绚丽多彩的灯光秀的目的。

六 学习评价

本项目学习评价采用过程性和总结性评价相结合的方式,充分发挥评价的促进、导向功能。

1. 过程性评价

过程性评价主要考虑两个方面,一是项目学习中涉及的学科核心知识掌握情况,教师通过作业、问答等课堂评价形式进行,我们认为学科核心知识在项目中的渗透是必要的(表3-4-1)。

表3-4-1 项目中涉及的学科知识评价

学科	表现标准	评价方式	等级
科学	知道种子萌发需要适宜的温度、一定的水分和充足的空气;知道根、茎、叶的功能及花和果实的结构;经历绿色开花植物种子萌发、幼苗生长发育、开花结果、衰老死亡的过程	观察 问答 实验设计 实验操作 实验记录	☆☆☆☆☆
劳动	学会无土栽培技术及其基本方法	学生方案作业	☆☆☆☆☆
语文	知道观察日记的格式和写法	问答 作品呈现	☆☆☆☆☆
信息技术	认识传感器工作原理及编写简单程序	作品呈现	☆☆☆☆☆
美术	知道立方体和圆柱体的透视变化现象;描述物体的外形特点和整体特征;学会从两个不同的角度表现同一物体的不同形态特征,表现物体细节清晰	作品呈现	☆☆☆☆☆
数学	学会处理和选择实验数据	作品呈现	☆☆☆☆☆

非常优秀★★★★★;优秀★★★★;中等★★★;一般★★;几乎没有完成★

二是对项目学习阶段性产品进行评价,开发表现性评价量规,贯穿项目实施的全过程,这些评价量规既是对学生学习活动的指引,又是学生学习阶段性成果评分的依据(表3-4-2)。

表 3-4-2　项目中涉及的表现性评价

评价内容	自我评价	组内评价	教师评价
科学精神	☆☆☆☆☆	☆☆☆☆☆	☆☆☆☆☆
问题意识	☆☆☆☆☆	☆☆☆☆☆	☆☆☆☆☆
自主学习能力	☆☆☆☆☆	☆☆☆☆☆	☆☆☆☆☆
实践探究能力	☆☆☆☆☆	☆☆☆☆☆	☆☆☆☆☆
合作意识	☆☆☆☆☆	☆☆☆☆☆	☆☆☆☆☆
任务完成度	☆☆☆☆☆	☆☆☆☆☆	☆☆☆☆☆

自我反思:

非常优秀★★★★★;优秀★★★★;中等★★★;一般★★;几乎没有完成★

2. 总结性评价

项目学习的总结性评价关注过程,也关注结果。因此,我们将过程性评价的结果计入总分,占总分的 50%;总结性评价主要呈现学生所有成果,通过自评、他评、师评的方式进行,占总分的 50%(表 3-4-3)。

表 3-4-3　项目学习——总结性评价表

项目学习——总结性评价表			
团队主题			
个人姓名:		填表日期:	
评价内容	自我评价	组内评价	教师评价
我能积极阅读,查阅网络资料	☆☆☆☆☆	☆☆☆☆☆	☆☆☆☆☆
我能提出驱动问题,并着手开始探究	☆☆☆☆☆	☆☆☆☆☆	☆☆☆☆☆
我能构建或参与项目团队,并且明确了分工	☆☆☆☆☆	☆☆☆☆☆	☆☆☆☆☆
我们能经常进行线上讨论	☆☆☆☆☆	☆☆☆☆☆	☆☆☆☆☆
我们能确定不同的研究方法,并着手进行探究	☆☆☆☆☆	☆☆☆☆☆	☆☆☆☆☆

评价内容	自我评价	组内评价	教师评价
我们设计了不同的解决方案，并作出了预设	☆☆☆☆☆	☆☆☆☆☆	☆☆☆☆☆
我们得出了结果与结论	☆☆☆☆☆	☆☆☆☆☆	☆☆☆☆☆

非常优秀★★★★★；优秀★★★★；中等★★★；一般★★；几乎没有完成★

过程性和总结性评价总计为 100 分。最后在报告给学生的时候，将分数转化为等级呈现，并说明每个等级的意义。需要说明的是，这样的评价并非要给学生的项目学习分出优劣，而是发挥评价的引领、导向作用，引导学生能力的养成，评价指向改进，优化下一次的项目学习。

七　项目反思

从内容涌现到创新制作灌溉装置，学生劳动技能、发现问题能力、创新思维、团队协作能力、知识跨学科应用能力不断提升；课程教师团队的科研素养、跨学科能力、教学效果显著提升。课程一经推出获得好评如潮，深圳晚报对其进行了专题报道。

1. 获得劳动技能及跨学科技能

劳动课程是获得劳动技能的有效途径。劳动课程让学生在参与种植活动的过程中，学会了锄头、锄耙、铁锹、铲子等的工具的使用方法，掌握了松土、播种、施肥、养护植物等的方法和技能，了解了植物结构等相关知识。学生不只收获了劳动相关的技能，与 STREAM 教育相关的学科的技能也得到了提升，跨学科能力增强。许多学生在学习相关课程后意犹未尽，纷纷自主种植自己喜欢的植物，植物生长状态均良好。

2. 师生团队协作能力有效提升

在分小组养护植物、制作灌溉装置、探究解决一个又一个问题的过程中，通过一次次小组配合，生生之间、师生之间的合作默契大大提升，学生倾听、交流、分享、合作的能力显著加强。

3. 多学科课内外知识在劳动过程中得到应用和加强

学生学习的范围不再局限于课本和课堂的范畴，而是扩展到任何需要探究、想要探究、当前实践活动背景下可以探究的知识。劳动课程以动手操作为主要教学活动，是对知识的应用，也是对知识的检验，学生在实践过程中增强认知、学习知识。

4. 灌溉装置不断完善

经过在实验环境下反复进行测试,我们的浇水装置能够准确识别土壤湿度并且及时补充浇水,照明装置能有效地捕捉到光线亮度并在黑夜时增加灯光。

(撰稿者:深圳市坪山区中山小学　侯跃芳、朱思楠、王菁瑜、张宇晖)

第四章

学习的具身性

学习的具身性体现在学习场景层面的真实性,学习活动的交互性,学习内容层面的层次性,学习评价的多元性。学生在学习过程中通过身体活动与环境的有效互动,能够获得知识、技能和情感等多方面的体验。

CIM 课程强调学习本身的具身性,这一理念认为,学生在学习过程中通过身体活动与环境的有效互动,能够获得知识、技能和情感等多方面的体验。这不仅有助于促进学生的思维品质和情感变化,还具有以下四个显著特征:真实性、交互性、层次性和多元性。首先,CIM 课程的真实性,注重创设真实的学习情境,使学生能够在与现实世界相似的环境中学习和解决问题,有助于提高学生的学习兴趣和动力;其次,CIM 课程的交互性,倡导多学科交叉性的学习活动,鼓励学生通过跨学科合作,共同解决问题;第三,CIM 课程的层次性,强调学习内容的层次从基础知识到高级技能,逐步引导学生深入理解并掌握所学内容,有助于满足不同学生的学习需求,使他们在适合自己的水平上取得进步;第四,CIM 课程的多元性,在评价层面,CIM 课程注重多元性评价,有助于全面反映学生的学习成果,为他们提供及时的反馈和指导,促进持续改进和发展。

CIM 课程具有学习的具身性,在理念层面倡导在真实性场景中考量学生的素养,培养勇于探究、拥有理性思维、能够运用技术的问题解决者。CIM 课程在教学中如何正确落实学习的具身性呢?我们认为,可以从学习具身性的场景、活动、内容和评价角度着手思考。

第一,CIM 课程的具身性在场景层面注重真实性。"场景"强调的是学习者身体和心理的共同参与,是学习环境建立的综合空间,学习场景可以是"乱"的,学习在"具身—真实性"教学环境中进行落实:(1)搭建学习的具身性环境能够灵活支持教师教学策略的调整;(2)搭建学习的具身性环境尽可能地支持学习情境的重构;(3)搭建学习的具身性环境尽量满足不同学习方式的环境需求,在真场景中诱发学生的学习动机、激发学生的学习兴趣,利用真问题驱动学生对学习内容进行深度建构。

第二,CIM 课程的具身性在活动层面注重多学科交互性。整合跨学科"具身—交互性"的知识点,通过将科学、技术、工程、艺术和数学等学科进行融合,突破学科边界,学会运用多学科视角理解世界、解决问题。同时交互性的多重互动是指在不同层面、不同形式上进行的多种交互活动。它可以发生在各种环境中,包括线上和线下,个人与个人之间,或者团体与团体之间甚至技术与传统方式的互动、情感与认知的互动。

第三,CIM课程的具身性在内容层面注重层次性。因学生的基础层次和原有认知水平各不相同,教师设定"具身—层次性"的学习任务,结合学情分析,教师为学习者提供最近发展区内的学习内容,逐步引导学生深入理解并掌握所学内容。这种层次性有助于满足不同学生的学习需求,使他们在适合自己的水平上取得进步。

第四,CIM课程的具身性在评价层面注重多元性。评价体系具身性教学情境的构建应综合考虑学习过程,突出在核心素养中形成"具身—多元性"评价体系。评价主体和方式应是多元的,包括教师评价、学生自评、学生互评、小组评价等,一方面,通过自评和互评,改进学生在学习训练中的偏差;另一方面,通过多元化的考核方式,全面评价学生在学习、训练过程中的整体情况,以及技能掌握情况,督促学生更好地达成学习目标。

实践证明,CIM课程学习的具身性既是一种学习特性的提炼,亦蕴含着创新教育理念,能够为教育和其他领域的实践提供新的视角。学习的具身性之所以重要,是因为它突破了传统学习中对心智与身体、学习与环境割裂的局限性。传统教育往往过分强调知识的传授和记忆,而忽视了学习者与环境之间的互动和体验。学习的具身性则强调学习者的身体、心智和环境之间的动态平衡,认为学习是一种全身真实性的过程,而非仅仅局限于大脑的思维活动,具身性体现为有层次的交互活动,利用多元的思维,解决真实应用,突破了传统教育的局限,有助于培养具有创新思维和实践能力的学习者。在教育实践中,教师应该积极实践学习的具身性的理念和方法,为学生提供更加高效真实的学习体验。

(撰稿者:深圳市坪山区中山中学　巴春霞)

【创意设计 4－1】食堂行为提醒装置的设计制作

适用对象:五、六年级   项目课时:12 课时

一 项目背景

　　《义务教育科学课程标准(2022 年版)》强调在技术与工程实践中培养科学探究、实践和自主学习能力。[①] 了解技术与工程实践的基本流程和方法,明确实际需求,提出创新方案,并根据科学原理或限制条件进行筛选;使用自制装置和实物模型验证或展示原理、现象和设想。课程响应习近平同志践行"光盘行动"培养节约习惯的号召,鼓励学生发挥创造力,发明食堂行为提醒装置,以解决用餐后餐盘未及时端走的问题。本项目着重于融合科学与信息技术课程,采用问题导向的 STEAM 教育理念。在教学过程中注重学生身心的协调发展,鼓励学生运用感知觉和运动觉等多种方式积极参与学习过程,深入理解和体验知识的内涵与情感,培养学生的问题发现、分析和解决能力。这种综合性的教育方法和创新实践,能促进学生的学习与发展,提升综合素质,并通过使用食堂行为提醒装置提醒人们饭后文明回收餐盘,营造良好用餐环境。课程历时 4 个月,项目围绕基础课程、拓展课程和个性课程,运用跨学科知识解决真实问题,旨在提高学生学习效果和质量,培养学生的沟通与合作、探究创新的科学素养和信息技术能力。

二 项目思路

　　食堂行为提醒装置的设计制作项目旨在辅导学生制作食堂行为提醒装置。通过该项目,学生将深入了解食堂行为提醒装置的设计原理、制作技能以及应用场景,掌握

[①] 中华人民共和国教育部. 义务教育科学课程标准(2022 年版)[M]. 北京:北京师范大学出版社,2022.

相关的设计制作技巧并了解如何根据实际需求对食堂行为提醒装置进行优化和改进。本项目共12课时,在学习活动过程中,分为问题驱动、课中促成、产出评价等三个阶段,生成展示分享会、食堂行为提醒装置两种成果,项目设计思路一览图见图4-1-1。

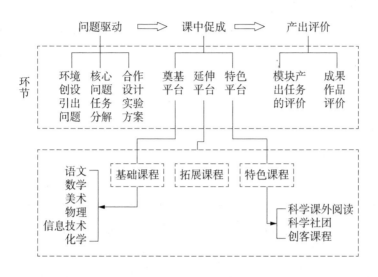

图4-1-1 食堂行为提醒装置项目设计思路一览图

三 学习目标

本项目涵盖科学、数学、信息技术、美术等多学科,要求学生掌握计算机绘图、3D打印、电子元件知识。在信息技术学科中,学生需用计算机设计电子模型图,发挥抽象、分解、建模、算法、计算等思维,提升其计算能力。学生使用图形化程序语言完成感测与控制,控制多路输入输出、微动开关、光控开关、声控开关及 LED 等,培养数字化学习和创新设计能力。本项目帮助学生用数字设备、平台和资源有效管理学习过程,开展探究性学习,创造性地解决问题,具体学习目标如下。

1. 学科知识:(1)科学,电子元器件的基本种类与使用;根据结构和材料的特点控制食堂行为提醒装置的设计成本。(2)综合实践,通过不同的材料制作搭建食堂行为提醒装置。(3)信息技术,用计算机建立简单的电子设计图模型;使用图形化程序语言完成感测与控制,能够使用标准连接线,控制多路输入输出、控制电子元器件等设备。

2. 能力方面:(1)学生初步形成科学实践探究能力,培养科学观察、实验、测量、推理能力。(2)学生学会使用数字化设备、平台、资源获取相关知识,助力创新活动。(3)学生体验工程与技术设计明确问题,设计方案,实施计划、检验作品、改进完善、发布成果的全过程,培养学生技术与工程实践能力。

3. 学习素养:(1)激发学生学习科学知识的内在动力,引导学生用不同角度分析、思考问题,提出新颖而有价值的问题与解决问题的方法。(2)基于证据与逻辑发表自身见解,与团队成员平等协商,灵活地作出妥协、解决分歧或问题。(3)遵循道德规范,合法合规选用互联网资源,观察生活,解决力所能及的实际问题。

四 学习任务

食堂行为提醒装置制作项目设计的初衷是解决一些学生在用餐完毕后未能及时将餐盘端走,导致清洁工作人员无法随时进行清理,部分用餐学生无法找到空座位的问题。在设计制作食堂行为提醒装置项目中,学生通过多学科的融合知识完成设计和制作,掌握了多方面的知识和技能,同时为改善食堂环境和社会公共场所的环境作出贡献,帮助学生形成科学态度与社会责任。为精准辅助学生完成设计任务,课程组教师制定了详细的学习任务一览图(图4-1-2)。

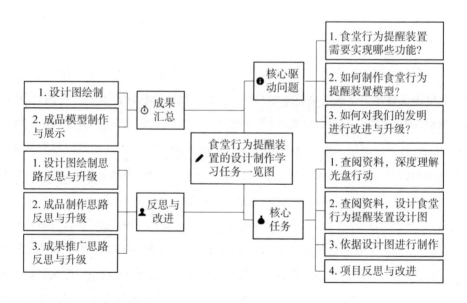

图4-1-2 食堂行为提醒装置制作学习任务一览图

五　实施步骤

食堂行为提醒装置,是为了提醒人们在就餐结束后,把自己的餐盘端走,方便后面的学生用餐。为了完成这项任务,项目设计者需要深入了解食堂使用者的需求和行为习惯,并考虑如何通过装置的设计来满足这些需求和习惯。为辅助学生完成学习挑战,教师设计以问题驱动为指导方向,课中积极指导学生实践工程设计基本步骤为实施抓手,产出评价为评级手段的三阶段展开项目研究实践。

1. 问题驱动

在教育领域,问题驱动的方法已经成为一种主流的思维方式并成为许多教师的首选。本项目围绕学校食堂情境,引导学生观察并记录每位同学的就餐情况,鼓励学生发挥创造力,设计和制作一款食堂行为提醒装置以激励同学们养成良好的用餐习惯。

围绕项目研究的核心问题:食堂行为提醒装置的设计与制作。本项目将进行三部分分解:首先,食堂行为提醒装置的实验装置如何设计;其次,如何制作食堂行为提醒装置模型;最后,如何高效总结食堂行为提醒装置的设计与制作实验结果,并依据分解问题逐步完成项目任务,形成项目成果。

2. 课中促成

基于 STEAM 教育理念,本课程通过四类核心"支架"赋能学生成长。这些支架包括资源型、交流型、活动型、任务型,帮助学生像专家一样思考。在制作过程中,学生围绕新拆解的问题展开逐个突破,围绕工程设计基本步骤实践:明确问题—思考设计—动手制作—测试与评估—反思与改进。

(1)食堂行为提醒装置原理与功能设计

第一阶段需了解装置设计原理和功能需求。食堂行为提醒装置由 LED 灯带、红外避障模块、微动开关、录音模块和喇叭等组成。桌子设计开关,用餐时打开,边缘亮起提示光。用餐人员落座触发微动开关,桌面安装红外避障模块感应餐盘。用餐结束如未及时带走餐盘,灯光由黄变红并语音提示,直到餐盘被收走。设计思路如图4-1-3所示。

在元件与材料选择上,按功能分为三种情景:椅子上的微动开关、桌子上的红外避障模块和 LED 灯带设计。设计小组注重性能、精度、稳定性和耐久性,确保装置高质量、可靠。同时,需考虑元件间的相互影响及与整体性能的关系。在外观和结构设计上,

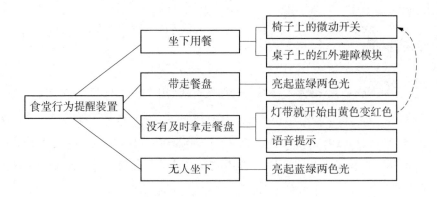

图 4-1-3　食堂行为提醒装置设计思路一览图

追求美观实用,采用简洁线条和流畅外观。装置结构应符合人机交互原则,便于操作、安装、维护和更换。同时,使用环保材料和易回收部件,提升装置的环保和可持续性。

(2) 食堂行为提醒装置原型制作

在制作阶段,学生需要学习如何使用各种工具和材料来设计和制作装置,例如计算机绘图软件、3D 打印机、电子元器件等。此外,学生还需要了解相关的编程和电路设计知识,以便能够将装置与传感器和报警器等设备连接起来,实现自动化的行为提醒功能。在这个过程中,学生需要掌握一些编程语言和电路设计软件,例如 Arduino 和 Scratch等。为了确保装置的质量可靠,学生采用先进的生产工艺和严格的质量控制体系来制造装置并依据工程设计制作基本步骤,关注装置的制作和调试,确保装置能够正常工作并达到预期的效果。学生需要具备耐心和精细的操作技能,以便对装置进行反复的测试和调整,确保其可靠性。食堂行为提醒装置餐盘状态异常使用图,见图 4-1-4。

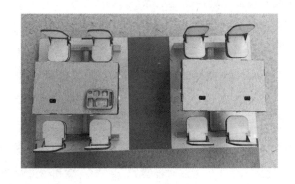

图 4-1-4　食堂行为提醒装置餐盘状态异常使用图

（3）食堂行为提醒装置测试与改进

在装置的改进与升级阶段，我们针对特定场景进行了如下优化措施：当餐桌上出现空无一人但餐盘尚未被清理的情况时，如何准确判断就餐者是否只是暂时离开，仍有返回的可能性？为解决此问题，设计小组在原有的座椅微动开关的基础上，增设了红外避障装置，用于实时监测物品的状态变化。尽管如此，物品状态目前仍需依赖工作人员的经验和判断。未来设计小组计划着眼于引入先进的人工智能技术，以实现对就餐者离场状态的智能识别和判断，进一步提升判断的准确性。

（4）食堂行为提醒装置作品展演

在作品展演阶段，学生进行了现场测试和展演，让就餐者直观地感受装置的效果和作用。通过观察和收集反馈，不断优化和改进装置的设计和功能。将人工智能技术镶嵌于课程中，通过模拟现实示范、浸润式学习、案例分析、微课程等方式，支持学生项目化学习和问题解决，提供解决问题的思维方式。如在"食堂行为提醒装置"项目中，学生观看模型设计师讲解视频，了解模型设计电脑技术问题突破方法。

3. 产出评价

在课程评价方面，教师将根据学生的设计方案、制作成果以及实际应用情况进行评价。评价的内容包括：设计方案的可行性、装置的功能实现情况、制作技能的应用程度、应用场景的适应性等多个方面。通过项目实施指南评价，学生可以更好地了解自己的学习情况和不足之处，从而提高自己的学习能力和实践应用能力。

六　学习评价

本项目积极响应《深化新时代教育评价改革总体方案》号召，通过对课堂教学体系的研究与开发，对学生的课堂表现数据记录进行整理、分析，基于学生基本学情与综合素养制定个性化的学习方案，做到因材施教，个性化指导，加速提升课堂教学的质量和水平。依托STEAM跨学科课程与"BOS教育平台""班级优化大师""红蜘蛛""极域电子教室""Arduino平台""问卷星"等优质人工智能基础手段，深耕课堂培养学生自学能力并以全新的评价机制与手段，设计制作项目实施指南对学生进行全方位的评价。教师和学生还可以利用微信、小程序等新媒体技术作为评价工具，形成项目化学习的电子档案袋（e-portfolio）。课程涉及的"食堂行为提醒装置"项目实施指南见表4-1-1。

表4-1-1　"食堂行为提醒装置"项目实施指南

项目描述：
用餐时如果没有及时拿走餐盘,食堂行为提醒装置就会提醒该就餐人员把餐盘拿走

主要关联技能:思考技能(评价、辩证思维) | 关联学科:科学、信息技术、语文、数学

项目材料准备：
电子元器件、木板、切割机配套设备、电脑、纸、笔、教学课件

作品结果表现形式:学生制作食堂行为提醒装置模型

项目步骤	教师支架
一、元器件知识学习	资源型支架:提供大量元器件相关知识的视频、图片、数据资料 任务型支架:通过研究书写设计方案任务导向,激发学生发现问题、解决问题能力
二、模型设计与绘制	活动性支架:提供跨学科创客教室,将大量前期铺垫知识融入实践 任务型支架:通过设计图绘制任务导向,激发学生发现问题、解决问题能力
三、模型制作与改进	交流型支架:建立交流通道,激活学生思维 任务型支架:通过任务单引导激发学生发现问题、解决问题能力
四、交流展示与分享	任务型支架:通过评价单任务,帮助学生全面评价

项目评价
"食堂行为提醒装置"制作评价表(小组互评)

参评小组:第（　）小组　　评价小组:第（　）小组

评价要素	星级
1. 在小组会议中积极参与头脑风暴	☆☆☆
2. 勇于承担小组分配的各项任务	☆☆☆
3. 按时完成任务,服从相应安排	☆☆☆
4. 小组成员遇到问题主动提供帮助	☆☆☆

评价要素	星级
5. 准确、完整地完成分配的工作	☆☆☆
6. 学习成果公平共享	☆☆☆
总星数	

"食堂行为提醒装置"活动过程评价表

姓名

评价标准	自评星级	互评星级
准确完整记录	☆☆☆	☆☆☆
愿意分享讨论	☆☆☆	☆☆☆
基于评价标准	☆☆☆	☆☆☆
胜任负责工作	☆☆☆	☆☆☆

学生档案袋材料收集

1. 学生制作的"食堂行为提醒装置"
2. "食堂行为提醒装置"课程过程的评价表
3. 作品展演中征集到的建议书

七 项目反思

本项目源于小学科学课程学习,是基于学生思考提炼出的小问题,引导以问题为导向学习跨学科知识,真正让学生成为学习活动的主体。本次项目研究旨在探讨食堂行为提醒装置的设计与制作,基于严格的实验设计和实验过程控制,切实不断地探索新的方法和思路,以便更好地解决实际问题。在课程学习过程中,学生基于身体及其感觉运动系统的活动与周围环境的互动,产生心理和情感水平上的变化进而产生深入探究学习的意识,促进学生科学素养全面提升。在课程实施与总结阶段,我们累积了许多有效的经验。

（1）以 STEAM 教育理念为指导,充分发挥学习支架的积极作用

项目组教师积极探索使用丰富的学习支架,带领学生具身学习,调动学生六感,

即:触、听、视、味、嗅、意,帮助学生掌握复杂概念和技能,激发学习兴趣和动力。支架助力学生深入探究,掌握学科核心,提高学习效果和质量。同时,帮助学生建立正确的学习方法和习惯,培养自主学习技能,如信息筛选、问题解决、合作交流等。这些技能对学生成绩和未来发展至关重要。

(2)观察生活,提炼问题,人工智能助力学习

在课程活动中,学生通过观察生活提炼问题,提高学习兴趣和动力。人工智能的助力使教学方法得到发展。AI(Artificial Intelligence)技术能够提供个性化、精准的学习资源和支持,加深知识理解,并能够分析学习进度和行为,提供个性化建议。在 AI助力下,模拟真实场景进行探究式学习和合作学习,培养学生的创新精神和团队协作能力。

(3)充分调动人工智能作用,构建行之有效的个性化评级机制

形成基于 STEAM 教育理念下的科技创新工程体系的个性化评级机制,力求做到因材施教、个性化指导,形成针对每一个学生的个性化成长档案。不同学科的教师可以通过共同的评价反馈达到学生评价全面统一的最佳实践,全方面助推学生综合素养提升。

(撰稿:深圳市坪山区中山小学　朱思楠、杨帆、曾颖霖)

【创意设计 4 - 2】AI 声纹识别的"无锁"保险柜

适用对象:高中生　项目课时:10 课时

一　项目背景

伴随现代科技的不断发展,指纹识别、人脸识别等生物识别技术开始在保险柜的身份认证中得到广泛应用。与传统身份认证方式相比,生物特征识别身份认证技术在使用过程中具有不会丢失、被盗或遗忘的特性;其不但快捷、方便,而且准确、可靠。随着人工智能深度学习算法的进步,声纹识别是当前最热门的生物特征识别技术之一。声纹就是语音中所蕴含的、能表征和标识说话人的语音特征,与指纹类似,每个人在说话过程中所蕴含的语音特征和发音习惯几乎是独一无二的,就算被模仿,也改变不了说话者最本质的发音特性和声道特征。科学研究表明,声纹具有特定性和稳定性等特点,尤其在成年之后,可以在相对长的时间里保持相对稳定不变。本项目将声纹识别技术应用于保险柜的身份认证中,设计一款基于声纹识别技术的家庭保险柜,硬件主要基于树莓派 4B,声纹技术基于科大讯飞的最新研究成果,具有较高的准确性和识别效率。

二　项目思路

声纹识别作为当前最热门的生物特征识别技术之一,目前市场上还没有利用声纹技术的保险柜出现,基于此本项目设计制作一个声纹保险柜。为了更好地结合学生的实际生活情景,项目采用真实的保险柜进行改造。本项目共 10 课时,在学习活动过程中,分为了解声纹识别、语言识别、直流电机基础知识、设计完整稳定的硬件系统、设计健壮高效的软件系统、组合软硬件系统、展示汇报,图 4 - 2 - 1 为项目思路流程图。

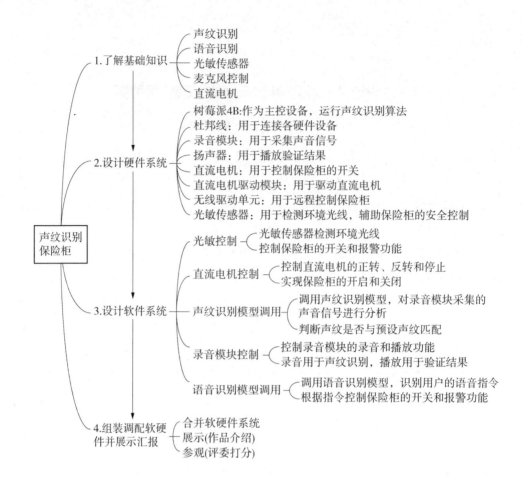

图 4 - 2 - 1　项目思路流程图

三　学习目标

　　《普通高中通用技术课程标准(2017 年版 2020 年修订)》要求学生经历发现问题、分析问题、比较和权衡设计方案、动手实践和问题解决的完整过程。本项目让学生使用 Python 语言编写、调试程序完成讯飞声纹识别模型的调用、树莓派 4B 的使用、光敏传感器的控制、麦克风和扬声器的控制、直流电机和光敏传感器的控制,最终完成一个声纹保险柜。具体目标从学科知识和核心素养两个维度表述如下。

（一）学科知识维度

1. 通用技术：了解结构与功能之间的关系，稳定结构的影响因素；能够阅读和绘制简单的流程图；了解系统的含义、基本构成和主要特性，掌握系统设计的主要流程；掌握开环控制系统的基本组成和工作过程。

2. 信息技术：掌握 Python 程序设计语言基础知识，使用程序设计语言实现算法；掌握直流电机、光敏传感器、录音模块等控制原理。

3. 人工智能：掌握人工智能基础、语音识别和声纹识别的原理。

（二）核心素养维度

1. 通过解决实际问题，体验程序设计的基本流程，感受算法的效率，掌握程序调试与运行的方法。

2. 能够运用控制原理进行简单的基础设计活动，尝试解决技术问题；能够识读并绘制控制系统方框图；能够表达简单的控制系统设计方案。

3. 能够综合运用系统、结构、流程等原理和系统分析的方法，进行简单的技术设计活动。

四　学习任务

一是设计声纹保险柜的硬件系统；二是完成声纹保险柜软件系统的设计和调试。具体任务见表 4 - 2 - 1。

表 4 - 2 - 1　设计声纹识别保险柜学习任务分解表

核心问题	核心任务	最终成果
如何将声纹识别加入到保险柜的身份认证中，完成一个完整的声纹识别保险柜？	学生团队合作，利用保险柜、开源硬件、马达等材料，调用科大的讯飞声纹接口将软件和硬件结合，设计一个完整的声纹保险柜	稳定可靠的声纹保险柜
分解驱动问题	评估任务	阶段产品
如何设计稳定、运行流畅的硬件系统？	学生团队合作，利用保险柜、开源硬件、马达、光敏传感器、麦克风等材料，设计保险柜的硬件系统	声纹保险柜硬件的各个部分全部组装完毕

分解驱动问题	评估任务	阶段产品
如何设计高效、健壮的软件系统？	学生团队合作查阅资料编写传感器、直流电机、麦克风等控制代码，并且能够稳定流畅运行	声纹保险柜各个部分的控制代码
展示汇报小组作品	1. 合并软硬件系统 2. 展示（作品介绍） 3. 参观（评委打分）	声纹保险柜

五　实施步骤

项目实施需要使用的材料包括两个方面。硬件配置：树莓派 4B 主板、保险柜、杜邦线、树莓派电源、麦克风及其声卡、面包板、光敏传感器、无线发射器、遥控器、直流电机驱动模块、喇叭及其声卡、USB Hub、电池盒、4 节 5 号电池、显示器（用来调试程序，演示程序运行状态）、树莓派散热风扇。软件环境配置：VsCode、Python3.7.3、讯飞声纹模型 API 及其相关第三方库、百度语音识别模型 API 接口及其相关第三方库，GPIO 及其相关第三方库。

（一）硬件系统设计（各个模块接线）共 4 课时

1. 直流电机接线

保险柜直流电机的接线：红色和黑色控制直流电机的正转和反转。

2. 喇叭接线

喇叭连接声卡，声卡通过 USB Hub 连接到树莓派 4B。

3. 直流电机驱动模块接线

直流电机驱动模块的电源接口，红色连接 6 V 电源，灰色接地。直流电机驱动模块的电机信号控制，红色对应电机的红色、灰色对应电机的黑色。电机的信号驱动模块，黄色杜邦线连接到树莓派 4B 的 GPIO 19，橙色杜邦线连接到树莓派 4B 的 GPIO 20。

4. 光敏传感器接线

光敏传感器的接线，红色杜邦线连接树莓派 4B 的 5 V 电源，灰色接地，橙色杜邦线接树莓派 4B 的 GPIO 23。

5. 无线遥控接线

无线发射器的两条黄色线连接电机的红色、黑色线。无线发射器的红色线对应连接 6 V 电源,黑色接地。

6. 直流电机供电模块

6 V 的电池盒供电,黑色负极,红色正极,用来给无线模块和直流电机供电。

7. 模块化组装

将各个控制模块全部整合到保险柜门上。

(二) 软件系统设计(声纹保险柜的控制流程)共 6 课时

1. 建立声纹数据库

使用麦克风录制某位特定人的一段清晰、无杂音的音频(一般 5 秒钟),将特定人的声纹特征进行提取并入库,声纹数据库中至少有一个人的声纹特征。

2. 设置唤醒指令

用户通过麦克风录入特定的唤醒指令(预设指令内容"伟大"),后台将用户录入的声纹特征提取和声纹数据库中的声纹进行 1∶N 比对,如果声纹特征和指令内容同时匹配唤醒成功,进入开门指令接收状态,并通过喇叭播放相关提示。

3. 设置开门指令

用户通过麦克风录入特定的开门指令(预设指令内容"打开"),后台将用户录入的声纹特征提取和声纹数据库中的声纹进行 1∶N 比对,如果声纹特征和指令内容同时匹配则通过身份认证,执行直流电机正转开启保险柜门,并通过喇叭播放相关提示。

4. 自动关门

用户使用保险柜完毕,将保险柜关上,如果光敏传感器检测到连续 2 秒钟"无光"状态,自动控制直流电机反转将门锁上,并通过喇叭播放相关提示。

5. 应急模式

为了防止树莓派或者程序意外出现问题,设置了远程遥控控制模块,在应急状态下控制直流电机的打开和关闭。

完整的控制流程见图 4 - 2 - 2。

(三) 声纹保险柜成果展示汇报

本环节是由小组合作完成项目路演和问题答辩,表达能力强的学生根据标书对本组声纹保险柜做出简要的介绍,包括合作过程、外观、功能、优势以及改进措施。教学

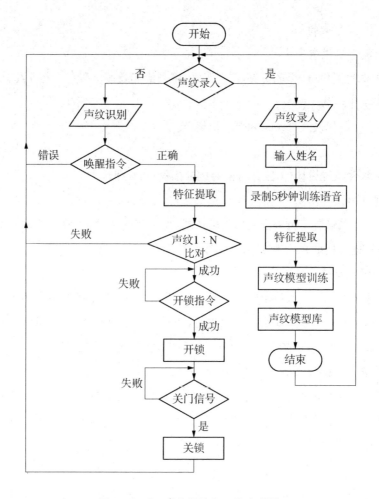

图 4-2-2 声纹保险柜工作流程图

评价采取形成性评价和总结性评价相结合的方式。形成性评价主要从各小组的沟通与合作情况、任务分工情况、学生的参与程度、外观结构、程序编写等方面进行评价。

六 学习评价

学习评价包括形成性评价与总结性评价两个部分，具体评价采用表 4-2-2。

表4-2-2　作品评价量规(综合得分＝自评×0.3＋互评×0.3＋师评×0.4)

项目及分值		评分标准与分值		得分	
				自评	互评
项目选题	10	选题切合实际、符合科学、可行性高	5		
		选题有应用价值、创新价值	5		
项目设计	15	准确分析方案的需求	5		
		所设计的保险柜功能完备、人性化	5		
		方案中巧妙使用传感器配合 Python 程序	5		
工具与方法	10	合理使用数字化工具及资源	5		
		围绕项目进行自主、协作学习	5		
步骤与过程	30	交流与沟通的团队合作能力	5		
		综合运用信息技术、通用技术、人工智能知识制作保险柜项目	5		
		动手将硬件接好,使得程序可以检测、控制硬件	10		
		编写代码,实现用程序控制保险柜	10		
成果与报告	35	汇报时清晰表达项目内容、团队协作情况	5		
		项目完成度高,实现了预设的目标	10		
		程序逻辑清晰、代码完整、无语法错误,合理运用三种控制结构	10		
		声纹保险柜项目现场展示效果好	5		
		报告内容完整,结构清晰,排版美观	5		
合计得分			100		

七　项目反思

声纹识别技术是一种高度安全和准确的身份验证方法,可以有效防止未经授权的访问。声纹识别技术不需要额外的硬件设备,只需使用个人的声音就可以实现身份验证,方便且易于使用。此外,声纹识别技术还具有抗冒充性和抗欺诈性,提供了更高的安全性和可靠性。目前在市面上还没有将声纹识别技术应用于保险柜的相关应用,这是本项目最大的创新点。基于声纹识别的门禁系统在家庭环境下使用能够进行准确的识别和匹配,但是如果在环境嘈杂的情况下,声纹识别的效率会降低,因此本项目的成果适合在家庭相对安静的情况下使用。如何排除噪音的干扰是以后研究的一个方向。

（撰稿者：深圳市坪山高级中学　王支勇）

【创意设计 4‑3】基于 Arduino 的校园午休管理机器人设计与制作

适用对象:七年级   项目课时:8 课时

一　项目背景

　　《义务教育信息科技课程标准(2022 年版)》强调了真实性学习的重要性,提倡通过创新的教学方式,以真实问题或项目为驱动,让学生在实际操作中体验原理的运用、计算思维的运用以及数字化工具的应用。这样的学习方式不仅有助于学生建构知识,更能提升他们的问题解决能力。学校明确要求将科技教育与其他学科教育相融合,形成跨学科的综合实践,从而全面培养学生的综合素质。特别是在春秋季节,甲流、乙流和支原体感染在校园内多发,传统的人工测量体温、消毒等方式不仅耗费了大量的人力物力,还可能因为接触而增加新的风险。针对这一问题,本 CIM 创新教育课程案例结合真实情境,借助 Arduino 创客教育机器人相关套件和科学实验室的相关设施设备,设计了一款集校园测温、消毒、循迹、避障等功能于一体的校园午休管理机器人。这款机器人不仅能够在无人值守的情况下完成校园内的温度监测和消毒工作,大大降低了人力成本,同时,通过循迹和避障功能,机器人能够自主在校园内移动,有效避免了人为接触带来的风险。通过这一项目的实施,学生们不仅能够深入理解信息科技的基本原理,还能够在实践中锻炼自己的计算思维和数字化工具应用能力,真正实现了新课标所倡导的真实性学习和跨学科综合实践的要求。本项目开展时长 8 周,每周安排 1 课时,充分利用课后时间进行完善和优化。

二　项目思路

　　CIM 创新教育课程贯彻以学生为中心的理念,促进主动性与创造性学习思维发展,以问题为导向,主题清晰明确。首先,通过查阅资料,学生初步了解防疫科学机器人原理及制作方法,为后续的设计制作奠定理论基础。接着,创建具身真实性情境,学生技术分组进行机器人的结构功能和外观设计,并绘制草图。然后,小组分享交流,搭建机器人小车外壳,并测试优化其测温功能、消毒功能等。之后,利用 Arduino 和 Scratch 软件进行模块化编程,实现机器人的循迹功能和避障功能。最后,不断测试调整优化,得到最终作品。在整个过程中,科学、技术、工程、艺术、数学多个学科得到了充分的融合与体现。这种跨学科的融合不仅丰富了机器人的功能,也提升了其整体性能和实用性(图 4-3-1)。

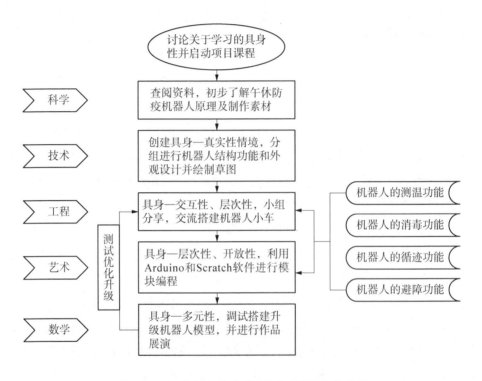

图 4-3-1 校园午休管理机器人项目架构流程图

三 学情分析

此项目适用于深圳市初中阶段七年级学生。学生在小学学段已经掌握了 Scratch 软件的基本编程方法,到初中后,初步了解 Arduino 创客教育机器人基本的编程技巧,进一步加强了机器人编程的兴趣,掌握了较同龄人更为丰富的编程语句和程序结构。但是初中学生的逻辑思维能力还不够强,对于复杂的程序语句不能理解。本项目旨在让学生在真实测温循迹消毒场景中将任务拆分、逐项击破,利用物理学中的电学知识、消毒液中的化学知识,通过对程序结构的设计、逻辑语句的编写,达到利用所学知识与技能改善实际问题的效果,并提升初中学生的编程水平、逻辑思维能力、小组合作能力、分析问题解决问题的能力,进一步激发他们对技术的兴趣与动手实践的信心(图4-3-2)。

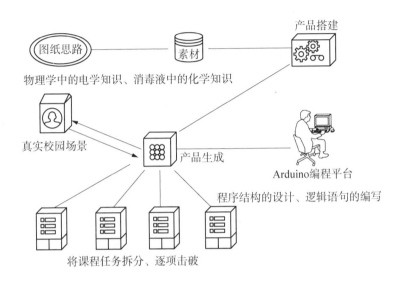

图4-3-2　课程学情分析解构图

四　学习目标

依据《义务教育信息科技课程标准(2022年版)》,体现CIM课程具身性,结合跨学科的交叉知识,将校园真实问题情境和课堂学习融为一体,重视逻辑思考和创新能力等思维的培育。本项目研究是项目式学科融合课程,通过校园午休管理机器人融合学科的研究,借助Arduino创客教育机器人相关套件作为基础研究材料,以创客实验室为研究基地,充分发挥学生创新思维和动手能力,培养学生项目工程设计的能力。

1. 学科知识:(1)生物,根据病毒的特点,要做到哪些防护避免感染(人教版初中生物八年级上册第五章"病毒");(2)物理,智能测温机器人电路工作原理(人教版初中物理九年级第十五章"电流和电路");(3)化学,酒精的消毒原理;(4)信息技术,智能测温机器人程序设计(广东高教 B 版信息技术七年级下册第二章"智能机器人程序设计");(5)美术,设计一款美观与实用的体现美育价值的测温机器人(岭南美术出版社美术八年级下册第六课色彩表现)。

2. 能力方面:(1)初步形成科学实践探究能力,观察、实验、测量、推理,以及思维能力得到培养;(2)学会合理使用数字化设备、平台、资源辅助解决问题,并进行创新活动;(3)理解工程与技术设计过程中的明确问题、设计方案、实施计划、检验作品、改进完善、发布成果等要素,技术与工程实践能力得到培养。

3. 学习素养:(1)能够倾听和接受来自其他同伴的反馈和想法,并提出自己的合理建议;(2)能够在认同小组目标的基础上,积极主动承担分内职责,与团队成员平等协商,灵活地作出妥协、解决分歧或问题;(3)遵循道德规范,合法合规选用互联网资源,观察生活,解决力所能及的实际问题。

五 学习任务

本课程的目的是在传染病易爆发的校园环境下,探索智能机器人在学生循迹测温消毒中发挥的现实作用。学生需要解决如何通过搭建匹配程序的机器人,同时,学生需要选择杀菌消毒效果最好的消毒洗手液,以实现无接触式高效快捷的测温消毒目的,解放人力资源(表 4-3-1)。

表 4-3-1　设计校园午休管理机器人学习任务分解表

核心驱动问题	核心任务	最终成果
利用 Scratch 软件和 Arduino 组件,实现校园午休管理机器人的设计和应用	利用现有学习材料,以真实情境为依托,利用 Arduino 创客教育机器人、3D 打印、激光切割、开源硬件等材料进行设计	设计总产品
分解驱动问题	评估任务	阶段产品
头脑风暴,充分设计讨论绘制机器人的外观	学生需要通过查阅资料、访问分析收集各种需求形成解决方案	解决方案 设计初步模型
查阅资料,机器人如何实现测温、消毒?	1. 编写测温消毒程序 2. 搭建 3. 测试仿真	测温消毒机器人

（续表）

分解驱动问题	评估任务	阶段产品
测试完善，机器人如何实现自动躲避障碍物循迹功能？	1. 编写循迹程序 2. 搭建 3. 测试仿真 4. 制作改进	循迹机器人
反复试验，升级午休管理机器人	1. 升级设备 2. 展演（作品介绍） 3. 参观（评委打分）	升级组装模型 产品成形

六 实施步骤

CIM 课程贯彻强调学习的具身性，主张调动学生多种感官，身心协同互动；在动手动脑中，实现深度学习；结合多元化数字资源，支持学生在"具身—真实性"教学环境中进行"具身—交互式"活动方式与"具身—多元性"评价体系相结合的学习实践，鼓励"做中学""用中学""创中学"，凸显学生的主体性。本项目设计分五个步骤完成。

问题情境（具身—真实性）：根据机器人主要用于校园午休管理的功能，让学生查阅资料了解校园常见的传染性病毒的生物医学知识，再了解如何做到午休管理。驱动问题（具身—真实性）：本课例以校园午休管理的真实问题解决为任务驱动，使用学过的科学知识，以信息技术作为手段，在解决问题的过程中学习生物、物理、化学等多学科新知识，反复测试修正机器人，并使用符合美学原理的美术优化，设计并制作测温循迹机器人。知识储备（具身—层次性、交互性）：项目学生需要提前查阅资料，通过合作探究等方式，掌握 AS-board 主控板线路原理及接法、温度传感器和红外循迹传感器。作品展演（具身—多元性）：学生结合最初对于机器人外形的设计，进一步对机器人的外形作出改善，与其功能相适应。各小组将设计的作品，进行展演，并参照过程性标准量表和终结性评价量表进行小组打分评奖。

机器人实现以下四重功能。

（1）让机器人检测体温并消毒：温度传感器能够检测室内空气温度，当人触摸温度传感器感应按钮时，传感器就会感应到人体的温度（检测范围是 0—100 摄氏度），并将温度数据反馈给输出设备。

（2）让机器人实现循迹：研究红外循迹传感器之前，先来研究灰度传感器，灰度传感器是一个模拟量传感器，由高亮 LED 和光敏电阻组成，利用光敏电阻的内光电效应来检测物体表面反射光的强度。

（3）让机器人实现自动躲避障碍物：红外避障传感器属于数字传感器，因此它要接在 As-board 主控板数字模拟口 2-13 口中的任意一个，其返回值只有 0 和 1,0 代表没有障碍物，1 代表有障碍物。

（4）升级午休管理机器人设备：升级机器人模型动力系统部分，通过 Ink scape 软件进行主题创意绘图，从美术色彩搭配角度，对图形进行涂色等艺术加工，然后使用激光切割机切割机器人模型外观，来增加机器人的高度，最后学生动手组装模型（图 4-3-3）。

图 4-3-3　校园午休管理机器人模型图

七　学习评价

学生搭建机器人编出程序下载仿真运行后，分享自己的运行成果，如果机器人偏离轨道，怎样修改进行设计制作更科学。学生根据参与情况对本节课的表现给予评价（表 4-3-2）。

表 4-3-2　校园午休管理机器人设计与制作过程性评价量表

项目	分值	评价标准	得分		
			自评	组评	师评
工程结构	30	**搭建合理** 小车能畅通无阻的向各个方向运动，运动过程中无明显阻碍或卡顿			
		机器人稳固 搭载了温度传感器、蜂鸣器后，机器人的结构、螺丝稳固，各连接部分不会活动			

项目	分值	评价标准	得分		
			自评	组评	师评
程序调试及运行	20	**编程技巧** 学生自主完成完整的逻辑语句的编写,循环语句的自动循环			
		调试过程 确认传感器、蜂鸣器等硬件的完好; 成功连接电脑与机器人,成功传输程序			
功能实现	20	**机器人达成目标任务** 灵敏测温,被测物体温度高于37度时蜂鸣器报警; 感应消毒,感应到人体靠近时喷洒消毒液; 小车能进行定轨巡航,1小时以上视为合格(其间可更换电池)			
创意设计	10	机器人功能上的创新设计,能够在基础功能之外自主开发衍生功能,或者对程序进行优化,以更好的方式进行程序语句的编写			
小组配合	10	小组成员人人有事做,没有游手好闲的同学; 小组成员团队凝聚力强,分工内容关联性强,当意见有分歧时能很快统一			
交流展示	10	本小组成员非常积极踊跃地进行成果汇报展示; 本小组的机器人能实现消毒、测温、考勤功能,解决学生午休教室的午休管理问题			
总分					

在项目在选题上,本项目具有新颖性,结合了时下校园真实问题,进一步优化项目的实施,不光可以帮助此阶段传染病的防控,也可以在疫情过后推广到校园特定功能室和场所,具有很强的应用价值,其终结性评价量表见表4-3-3。

表 4-3-3 午休管理机器人项目终结性评价量表

评价项目	具 体 内 容	评价等级 完全可以做到★★★★ 大部分可以做到★★★ 有时可以做到★★ 很难做到★ 做不到☆				
情感态度	① 活动整体参与度	☆	☆	☆	☆	☆
	② 主动提出设想、建议	☆	☆	☆	☆	☆
	③ 遇到困难能够积极想解决的方法	☆	☆	☆	☆	☆
合作交流	① 主动和同学配合	☆	☆	☆	☆	☆
	② 乐于帮助同学	☆	☆	☆	☆	☆
	③ 认真倾听同学的观点和意见	☆	☆	☆	☆	☆
	④ 对班级和小组的学习作出贡献	☆	☆	☆	☆	☆
学习技能	① 活动方案构思新颖	☆	☆	☆	☆	☆
	② 会用多种方法搜集、处理信息	☆	☆	☆	☆	☆
	③ 实践方法、方式多样	☆	☆	☆	☆	☆
实践活动	① 积极动脑、动口、动手参与	☆	☆	☆	☆	☆
	② 会与别人合作交流	☆	☆	☆	☆	☆
	③ 活动有新意	☆	☆	☆	☆	☆
	④ 具备关注社会、关注环境的意识	☆	☆	☆	☆	☆
成果展示	① 工程报告等	☆	☆	☆	☆	☆
	② 表演汇报,讲解生动有趣	☆	☆	☆	☆	☆
	③ 成果能解决学生午休场景下的测温、消毒、考勤问题	☆	☆	☆	☆	☆

八 项目反思

项目设计来源于现实校园的真实问题,通过真实情境的创立,引导学生通过问题情境、驱动问题、知识储备、设计制作、产品展演与评价的形式来学习跨学科知识,体现具身—真实性的特点。在项目任务的探索过程中,符合工程设计思路,学生运用跨学科知识解决真实问题,提高了学生沟通与合作,提升了学科核心素养,体现具身—层次性与交互性。

1. 环节设计体现具身—层次性。项目设计难度循序渐进、螺旋上升,功能环环相扣,需要解决前一个测温功能,才能解决后一个消毒功能。这些任务的解决思路类似但难度层层递进;学习方式上,以探究式学习、工程测试性学习、小组合作学习组为主,让学生充分体验"做中学"的乐趣;学生在本项目中组内合作、组间竞争,每节课的最后和项目最后都有交流展示的环节,让学生充分体会创新实践中运用技术解决问题的成就感。

2. 课程问题设计体现具身—真实性。学生自我探索的程度会更高,这也是对学生是否掌握相关知识技巧的反馈与检测。教师在整个项目中起引导作用,教授基础知识,更多时间交给学生探索。在解决问题的过程中学生既需要应用已有的知识技能,也需要不断探索、掌握新知识技能。当然,由于新技术设备限制,升级设备受到一定阻碍,如需要借助 3D One 建模绘图与激光切割机的使用,学生需要花费大量时间,进行切割组装。

(撰稿者:深圳市坪山区中山中学　巴春霞、王思浩、夏榕蔓)

【创意设计 4‑4】多维设计促思维成长　具身学习显实践创新
——火箭建造师

适用对象:七年级　项目课时:4 课时

一　项目背景

《义务教育科学课程标准(2022 年版)》提出:学校应该注重培养学生的创新意识、实践动手能力和科学素养。以"实践育人"为理念,通过实际操作和合作学习的方式,让学生在实践中掌握知识和技能,培养学生的创新意识和实践能力。注重学生在实践中的探究和反思,提高学生的思维能力和解决问题的能力。[①]

在当前教育背景下,科学技术的发展已经成为了现代社会发展的重要支撑。而火箭发射技术作为当代航空技术的代表,充分体现了国家航空技术领域的发展实力。

天宫一号的成功发射标志着我国航天事业迈出重要一步,是中国空间站的起点。为了培养未来科技人才,提升学生科技素养,本项目以"实践育人"为理念,通过认识火箭发射的基本流程和功能设计,深入了解科学技术的本质和规律,从而培养学生对科技的兴趣和爱好,增强其科技素养。火箭发射技术涉及多个学科领域,包括物理、化学、材料科学等,多学科融合将帮助学生拓展知识视野,了解科技领域的前沿和发展动态。

二　项目思路

《义务教育科学课程标准(2022 年版)》突出了学生创新意识和实践能力的重要性。如何通过实践让学生了解火箭发射的基本流程和功能设计,并以此提高其科技素养,是本课程项目面临的主要问题。

---

① 中华人民共和国教育部. 义务教育科学课程标准(2022 年版)[M]. 北京:北京师范大学出版社,2022.

为了解决上述问题,项目设计了一系列与火箭发射相关的情境,以便学生通过实际操作和合作学习的方式,深入了解火箭发射的基本流程和功能设计。其中包括以下几个方面。

1. 火箭介绍,以天宫一号成功发射为背景,深入介绍火箭的推进原理及火箭回收的过程。

2. 火箭制作,包括设计、组装、发射等环节,让学生在实际操作中了解火箭发射的基本流程。

3. 火箭发射,通过发射小型火箭,让学生亲身体验发射自己设计的火箭的过程。

在情境呈现的基础上,教师需要进一步拓展学生的知识领域,引导学生自主搜集和整理有关火箭发射和太空探索的资料,鼓励其进行深入学习和思考;在创新意识和实践能力的培养上,要求学生发挥创新思维,运用所学知识进行设计,比较火箭模型飞行高度和距离参数;在制作和竞赛过程中,鼓励学生发现问题、分析问题和解决问题,提高其思维能力和解决问题的能力;项目结束阶段,每组详细介绍其设计理念、制作过程以及在制作过程中遇到的问题和解决方案。项目也邀请了相关专业的教师和学生代表担任评委,观察火箭飞行过程,对学生的作品进行评估和指导。项目整体设计思路见图4-4-1。

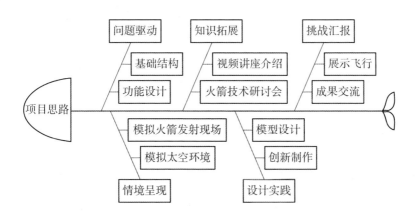

图 4-4-1 项目设计思路

三 学习目标

学生通过模拟火箭发射的实践活动,提升科技素养和创新意识,同时强化实践动手能力和团队合作精神。具体而言,学生将通过实际操作和合作学习的方式,了解火箭发射的基本流程和功能设计,加深对科学技术的本质和规律的认识,从而激发他们的探究欲望和创造力。本项目涉及科学、技术、工程、数学等多个学科领域,扩展学生知识视野,了解科技领域的前沿发展动态。学生最终将通过自主设计和建构火箭框架,加入降落伞的设计和测试等活动,从而提高问题解决、动手实践能力(表4-4-1)。

表4-4-1 课程 STREAM 因素及学习目标分析

STRAEM 因素	学习目标分析
科学(Science)	(1) 了解火箭飞行的空气作用力 (2) 区别火箭降落伞与一般降落伞的特性
技术(Technology)	(1) 了解不同火箭结构的直线飞行区别 (2) 通过改造火箭造型改变火箭的飞行流畅性
工程(Engineering)	(1) 设计火箭的侧翼,降低空气阻力 (2) 设计出降低高温影响的降落伞放置位置以及降落伞展开方式
数学(Mathematics)	(1) 火箭框架结构塑料管数量计算 (2) 火箭各肢体部分长宽高比例计算
艺术(Art)	设计美观的火箭箭体进行作品展示
信息阅读(Reading)	查阅文献,了解结构力学知识和已有的相关结构;了解其应用领域,展望应用前景。使用激光切割机制作火箭侧翼

四 学习任务

本项目以分组合作的方式展开,学生亲身参与火箭发射实践,从而深化对航天技术的理解。在学习任务中,学生需经历以下三个关键阶段。

首先,火箭平稳升空有哪些条件,如何提供动力。通过系统地学习火箭剖面图,学生可以全面理解火箭的基本框架结构,并根据项目要求,规划并分析出所需的火箭框架数据。这种分析过程将强化学生对于框架稳定性和安全性的理解,培养他们在实际问题中的分析能力。

其次,如何设计安全升空并且可以回收利用的火箭箭体结构。学生将根据预先设计的图纸,利用塑料纸管等基本材料,构建火箭的基础结构。实践过程中,学生自主完成设计,探索结构力学的实际应用。教师的辅助指导将确保实践操作的正确性和安全性。

最后,如何设计安全、可靠的火箭回收装置。学生将设计与优化火箭降落伞。学生需要测试降落伞的防护层,确保不被喷射的火焰烧穿,并在火箭返回时能正确打开,实现火箭的安全降落。此外,学生还需要对火箭外部气流结构进行优化,以提高降落伞打开后的稳定性。这一阶段将培养学生解决实际问题的能力和团队合作精神。

通过分组合作的学习方式,每位学生都能在团队中发挥自身特长,实现团队价值最大化。在 STEAM 实验室的支持下,学生操作塑料纸管和固体燃料火箭包等基本素材,在项目学习过程中全面了解火箭发射的实践过程。

五 实施步骤

本项目以培养学生创新能力和动手能力为核心,通过系统性地火箭构造学习,全面了解火箭的结构与发射原理,动手设计箭体、降落伞等,构建火箭主体成分。以下是火箭建造师的具体实施步骤。

步骤一:了解火箭升空原理。

通过观看火箭升空视频和展示火箭剖面图,学生可以直观地了解火箭的结构组成,包括箭体、发动机、燃料等。此外,教师还可以以一个小实验为例,让学生了解火箭燃烧所需的氧气和燃料如何在高空环境下持续燃烧。实验中需要准备的教学用具包括教学视频、火箭模型、烧杯、蜡烛和火柴。通过这一步骤,学生可以基本了解火箭的组成部分及箭体设计所要考虑的因素(图 4-4-2)。

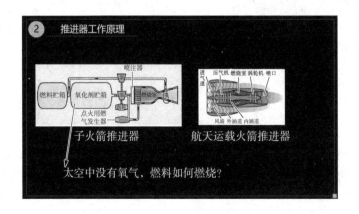

图 4-4-2 火箭发射原理

步骤二：了解火箭模型架构及外形设计。

根据不同的飞行路径和运行原理，学生需要设计并绘制出火箭的骨骼结构设计图，并考虑结构的对称性和重量平衡。这一阶段的学习需要准备的工具包括笔、白纸、直尺、火箭模型、剪刀和刻刀。通过这一步骤，学生可以了解火箭骨骼结构的连接方式以及如何保持稳定性，并学会如何用刻画、裁剪和测量的方法来得出合理的支架部分。

步骤三：火箭模型制作。

在这一阶段，学生需要根据设计好的图纸，小组分工后进行骨架制作。骨架制作完成后，需要进行骨骼架构的连接并进行优化。同时，学生还需要按照火箭骨骼架构做出火箭外壳，并利用颜料、水彩、喷漆等方式进行美化。这一课程需要准备的工具包括教学课件、吸管、连接片、剪刀、手套、火箭模型骨骼、各类纸质材料、热熔胶枪等。通过这一课程，学生可以学会如何进行团队内的配合，并熟练地运用所学到的稳定结构进行制作，最终完成完整的火箭模型。

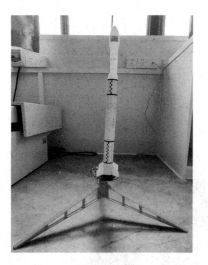

图 4 - 4 - 3　火箭发射成品

步骤四：火箭发射及升空。

在这一阶段，学生需要了解火箭发射所需的套件部分以及发射前箭体的安全和性能检查。同时，还要学习发射塔各部分的组装方法以及发射前的运行顺序和发射前安全注意事项。最后，学生需要模拟发射过程并观察记录发射过程是否正常。课程准备包括固体小型火药、发射塔、电池、遥控点火器等。通过课程学习，学生可以基本掌握火箭发射的操作过程和技术要求，并通过模拟发射的过程了解本小组的火箭发射状态是否正常（图 4 - 4 - 3）。

学生在整个项目过程中全面了解火箭的结构与发射原理，通过实践操作掌握了相关的基础知识和技能；在制作过程中逐渐融入团队，形成团队意识；除了掌握火箭发射基本操作和技术要求，也促进学生的团队思维和学习方式的转变。

六 学习评价

本项目在实施过程中，聚焦 STREAM 的多元素养，设计学习小组与个人评价的量表，推动评价主体由教师评价转向小组互评、自我评价；评价成果由纸笔转向团队项目展示，如火箭发射高度、降落伞回收完整度等，更全面地评价项目的有效实施和预期取得的成果，对提升学生参与火箭发射课程的积极性和效果具有良好的借鉴和参考价值（表 4-4-2）。

表 4-4-2　小组与个人评价量表

评价指标	需努力（0—2分）	一般（3—4分）	良好（5—7分）	优秀（8—10分）	自评	小组成员对你的评价
工作态度	总是批评本项目或其他组员的工作。对本任务持负面态度	有时批评本项目或其他组员的工作。对本任务大部分持正面态度	极少批评本项目或其他组员的工作。对本任务基本持正面态度	从不批评本项目或其他组员的工作。对本任务总是持正面态度		
工作质量	所做工作需其他人重做来保证质量	所做工作偶尔需要其他人重做来保证质量	所做工作拥有很高的质量	所做工作拥有最高的质量		
问题解决	让别人完成工作，未尝试解决问题	未提出解决方法，但尝试组员提出的方法	完善其他组员提出的解决方法	积极地探寻和提出解决问题的方法		
任务贡献	在参与小组和班级讨论时极少提供有帮助的想法，拒绝参与	在参与小组和班级讨论时有时提出有帮助的想法。完成所需的工作，是令人愉快的成员	在参与小组和班级讨论时经常提供有帮助的想法。努力地完成工作，是能力强的成员	在参与小组和班级讨论时总是提供有帮助的想法，是贡献很大的小组的领导者		
任务专注度	极少专注于本任务和所需完成的工作。让其他人完成工作	有时专注于本任务和所需完成的工作。其他小组成员需要敦促和提醒你保持工作状态	专注于本任务和所需完成的工作，是值得信赖的组员	稳定地专注于本任务和所需完成的工作。有很强的自我指导能力		

七 项目反思

通过本次"火箭建造师"主题的 STREAM 学习与实践,学生们在完成多个主题任务的过程中,深入探索火箭的结构与发射原理,这种沉浸式学习方法使得学生们能够更加深刻地掌握所学知识与技能,实现具身性学习的效果。

项目实施的关键环节包括火箭设计与制作、技术工具的应用、团队合作与问题解决以及成果展示与反思。在设计火箭模型的过程中,学生不仅学习到了火箭的基本原理,还通过实际操作,掌握了工具的使用技巧和不同材料的特性。这一环节强调了理论与实践的结合,使学生们能够将抽象的科学知识具体化,从而加深理解。通过使用热熔胶枪、激光切割机等工具,学生们体验了现代制造技术的便捷性与精确性。这些技术工具的应用不仅提高了制作效率,也激发了学生们对科技的兴趣。在火箭发射及回收展示的准备过程中,学生们面临了诸多挑战。他们通过团队合作,共同寻找解决方案,这一过程着重呈现了学生的团队精神和解决问题的能力。每个小组在展示后分享了制作过程中的挑战和解决方案,不仅展示了学生们的成果,也促进了他们对整个项目过程的深入反思。

总的来说,"火箭建造师"项目通过结合科学、技术、工程、艺术和数学(STEAM)的多学科知识,为学生们提供了一个全面而深入的学习体验。具身性学习方法为学生提供了一个充满挑战与机遇的学习环境,有助于激发他们的学习热情和探究精神。

(撰稿者:深圳市坪山区新合实验学校 彭建锋)

【创意设计 4 – 5】利用 D–柠檬烯回收利用白色污染物

适用对象:七年级　项目课时:6 课时

一　项目背景

　　《义务教育地理课程标准(2022 年版)》指出,"引导学生通过探究人类活动与地理环境的关系,认识到地球资源是有限的、生态环境是脆弱的,形成保护地球家园的观念、热爱祖国和家乡的情感,以及关心世界的态度,不断增强人文底蕴、科学精神和责任担当,并提高健康生活、终身学习和实践创新等能力"。开展跨学科主题学习是义务教育地理课程内容之一,要求从实际生活出发,利用生活中的素材,调动相关社会资源,设计学习主题,组织学习过程,引导学生学习对实际生活有用的地理、对终身发展有用的地理。近年来,白色污染逐渐成为人们关注的热点话题,由塑料制成的一次性用品(如塑料袋、塑料泡沫等)在我们日常生活中无处不在,且难以分解和回收利用。据报道,全球每年仅有 9% 的塑料袋被回收再利用,其他大部分进入海洋和土壤中,长时间无法降解,既浪费了资源,又给地球环境带来了巨大的压力。因此,我们根据 D–柠檬烯(从柑橘果皮中提取的天然物质)能溶解聚苯乙烯这一核心信息,设计了该项目,研究是否能在减少柑橘类果皮浪费的同时,实现白色污染物的再利用。本项目的设计是利用生活中的真实问题情境进行的跨学科主题学习,贴近学生实际生活,聚焦真实问题的发现和解决,体现鲜活的实践特征。

二　项目思路

　　CIM 课程贯彻以学生为中心的理念,注重具身性教学情境的构建,强调通过学生在身体活动与环境的有效互动中获得体验。因此我们在项目设计中,以真实情境为依托,以实际任务和实验活动为载体,让学生亲身体验和参与。首先通过"橘皮炸气球"和"橘皮吹蜡烛"实验进行真实情境体验,启动课程,组织学生成立学习小组进行合作探究;随后提供研究方法和研究平台,指导学生查阅资料,了解 D-柠檬烯的性状及提取方法,接着以小组实验的方式提取 D-柠檬烯,并通过实验对比 D-柠檬烯对各类泡沫塑料的溶解效果,以论证其回收利用白色污染的可行性,同时探究一次性塑料杯是否会被柑橘类饮料中的 D-柠檬烯溶解形成塑料微粒进入消费者的身体从而带来食品健康隐患;最后进行课程总结,进行环保科普。带着这样的思路,我们设计了课程项目流程图(图 4-5-1)。

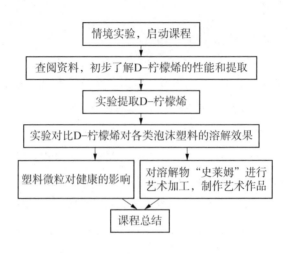

图 4-5-1 课程项目流程图

三 学习目标

人地关系是地理学研究的核心内容,协调人类活动与地理环境的关系,是建立人与自然生命共同体的需要。"人地协调观"是义务教育地理课程的核心素养之一,有助于学生形成尊重和保护自然、绿色发展等观念,滋养人文情怀,增强社会责任感。地理实践力是义务教育地理课程的另一大核心素养,我们在义务教育阶段进行地理实践力培育,以帮助学生在真实环境中运用适当的地理实践活动方式,观察和认识地理环境,体验和感悟人地关系,并在活动中做到知行合一、乐学善学、不畏困难。

本项目通过研究和实验探索 D-柠檬烯的性能,尝试借助柠檬烯溶解塑料以减少环境污染;探索泡沫塑料是否可实现再利用以及资源化,以实现地理实践力和人地协调观这两大地理课程核心素养的培育。

1. 学科知识:(1)地理知识,认识环境保护、资源利用、绿色发展理念。(2)生物知识,认识柑橘类水果皮的成分,理解食品安全隐患;了解现有的白色污染物处理方法。(3)化学知识,观察并体验D-柠檬烯溶解聚苯乙烯的变化过程,通过对比实验比较出D-柠檬烯对各类白色污染物溶解的能力。(4)美术知识,了解并观察D-柠檬烯溶解各类白色污染物后得到物质的性质特征,并在此基础上进行艺术创作。

2. 关键能力:(1)初步形成科学实践探究能力,掌握观察、实验等能力,培养综合思维。(2)学会合理使用数字化设备、平台、资源辅助解决问题,进行创新活动,培养创新意识。

3. 学习素养:(1)能够倾听和接受来自其他同伴的反馈和想法,并提出自己的合理建议,乐学善学;能够在小组合作过程中,积极承担个人职责,并与团队成员交流沟通,一起分析和解决问题,培养以地理学科为核心的跨学科综合实践力。(2)能通过活动,加强个人食品安全意识和环保意识,尊重和保护自然、绿色发展等观念,提升社会责任感,培养人地协调观。

四 学习任务

本项目的核心任务是通过实验操作探究D-柠檬烯是否可以溶解白色污染物从而实现白色污染物的再利用。要完成该核心任务,学生需要完成以下学习任务:首先通过图书馆、知网、网页搜索等方法去查询、搜集、整理相关的文献和资料,了解目前国内外对D-柠檬烯的研究方向和利用情况;接着收集关于D-柠檬烯的提取方法及相关的宣传报道和研究,加以整理,以了解目前D-柠檬烯提取方法的相关研究、白色污染的现状以及白色污染物的处理办法;然后根据前期的准备进行实验操作,从橙皮中提取D-柠檬烯,并对比D-柠檬烯对不同类型的饮料杯、一次性饭盒等聚苯乙烯的溶解作用,形成实验报告;最后进行交流、评价、成果鉴定及推广研究,具体的学习任务见表4-5-1。

表4-5-1 学习任务分解表

核心驱动问题	核心任务	最终成果
D-柠檬烯是否可以溶解白色污染物,实现白色污染物的再利用	学生团队合作完成 利用D-柠檬烯对白色污染物进行溶解,并对溶解物再利用	"史莱姆"艺术创作作品 科技节展示活动

分解驱动问题	评估任务	阶段成果
D-柠檬烯的性能及应用方向是怎样的？	通过查阅资料了解	文献分析报告
白色污染现状及目前白色污染物的处理方法有哪些？	通过查阅资料了解	文献分析报告
D-柠檬烯是否可以溶解白色污染物？	实验活动	实验结果实验报告
白色污染物如何再利用？	艺术创作	史莱姆艺术创作作品

五　实施步骤

本项目实施过程中，通过了解到 D-柠檬烯是一种存在于我们日常生活中的物质，是能从柑橘类水果皮中提取的天然物质，能溶解聚苯乙烯，而聚苯乙烯又是白色污染物的主要原材料。在这样的前提下，通过利用废弃物柑橘类水果皮减少垃圾排放和白色污染的同时，实现柑橘类果皮的再利用价值。项目设计主要通过以下五个步骤来完成。

（一）情境实验，启动课程（具身—真实性）

收集市面上不同材质的气球、柑橘、橙子和蜡烛，通过"橘皮炸气球"和"橘皮吹蜡烛"实验，让学生真实感受物质的反应与变化，从日常生活真实情景中引导学生关注生活，理解 D-柠檬烯对天然橡胶的溶解作用，初步认识 D-柠檬烯的性能。明确主题任务，思考为了完成任务我们需要先了解或者解决哪些问题，需要哪些准备或者支援。

（二）查阅资料，了解现状

通过提供相应的文献研究方法指导学生大量查阅国内外的文献了解 D-柠檬烯的性状和国内目前对 D-柠檬烯的应用性研究以及目前国内外从柑橘类果皮中提取 D-柠檬烯的方法；了解白色污染的现状、危害以及如何控制白色污染；整理信息形成文献研究报告。

（三）实验对比、研究特性

学生通过实验对比现行的 D-柠檬烯提取方法，比如超临界萃取、水蒸气蒸馏法、压榨法、冷磨法,选择合适的方法进行D-柠檬烯的提取;然后收集不同类型的聚苯乙烯产品,利用D-柠檬烯对不同聚苯乙烯产品进行溶解实验,观察并记录实验效果。

(四)回收利用、艺术创作

通过D-柠檬烯溶解塑料泡沫后的溶解物成了"史莱姆"(Slime——烂泥状、黏液状的物体又叫水晶泥)。市面上的"史莱姆"往往含有有毒物质硼砂,存在有毒、有害这一现状,而通过D-柠檬烯溶解塑料而成的"史莱姆"材料环保、无毒,减少了安全隐患。学生可以充分利用自制的"史莱姆"进行艺术创作,制作成艺术品。

(五)总结反思,环保推广

整理相关信息,利用各级部门组织的学生活动,准备相应的实验材料,通过"橘皮炸气球"和"橘皮吹蜡烛"的直观实验、用D-柠檬烯现场溶解塑料泡沫、溶解物"史莱姆"现场创作等方式,进行环保宣传和推广(图4-5-2、图4-5-3)。

图4-5-2　塑料泡沫溶解物"史莱姆"　　　图4-5-3　利用"史莱姆"进行现场创作

六　学习评价

本项目为跨学科主题式学习,进行多元评价,包括过程性、总结性以及多元主体参与的评价方法,以有效促进学生真正投入地参加到活动中来,达到目标—实践—成果—评价的一致性。评价包括以下五方面:衡量团队成功合作的程度;衡量学生能否顺利理解和正确运用知识;衡量学生在学习过程中的进步;评价学生在课程中的情感态度、价值观;衡量学生群体在课程中的成就感和参与度。评价方式采用自我评价和教师评价。自我评价:通过完成表格填写(表 4 - 5 - 2、表 4 - 5 - 3)对本人在小组合作活动过程中的表现进行总结反思。教师评价即教师根据学生的具体表现,对每位学生进行评价(表 4 - 5 - 4)。

表 4 - 5 - 2 活动反思

活动反思
1. 姓名:_____ 班级:_____
2. 项目任务名称:_____
3. 本次项目活动中没有预想到的困难是:_____
4. 我可以在项目活动中做得更好的事是:_____
5. 如果再次进行项目活动我需要提高的是:_____
6. 通过这次项目活动我学习到的事情是:_____
7. 通过完成这项活动,我意识到:_____
8. 此次活动最简单的是:_____
9. 此次活动最难的是:_____
10. 通过完成这项活动,我明白了:_____

填写提示:反思自己在活动中的行为表现。

表 4 - 5 - 3 自我评价量表

评分项目 \ 角色	组长	组员 1	组员 2	组员 3
态度:在小组中从不批评本项目或其他组员的工作,对本任务总是持正面态度				
质量:所做工作具有非常高的质量,不需要别人重做				
能力:积极地探寻和提出解决问题的方法				
贡献:在参与小组和班级讨论时总是提供有帮助的想法,对小组贡献大				
总分				

评分指导:按照你在指定任务中的行为表现对自己进行评分——完全符合 5 分,基本符合 4 分,一般符合 3 分,不太符合 2 分,不符合 1 分。

表 4-5-4　任务评价量表

评价项目	A	B	C	D
研究:能展示出活动计划中的研究,形成更深层次的决策;所有资料均按照版权指导标注引用来源				
实验:实验中相关数据的准确性及其与实际的吻合度				
结论:对活动有完整的目标,对活动过程有记录和简述,对实验结果的解释规范且准确,并展现出高层次的思考				
反馈:完成作品反馈并有对小组决策的深刻见解				
评价:完成自我评价,小组评价,并作为小组成员,对自己的行为和表现具有深刻见解				
教师评价:				

七　项目反思

　　本项目的设计是利用社会生活中的真实问题情境进行的跨学科主题学习,符合学生年龄特点,贴近学生生活实际,聚焦真实问题的发现和解决,以物化的学习产品(如各种文本、实物、模型、设计图等)为基本学习成果,体现鲜活的实践特征。项目研究从问题的提出、制定实验方案、准备各种实验材料,到后来的总结报告、环保推广,以学生为中心,注重具身性教学情境的构建,重点关注学生在身体活动与环境的有效互动中获得体验,经历了项目实施过程中质疑和修正,学生对科学精神和科学探究的本质有了更深刻的理解,这是有别于常规课堂的学习方式。学生在这样自主操作的实验中,掌握了学科知识,培养了实验操作技能和与人交流合作的能力,有利于地理实践力的养成。通过课程活动,学生加强了个人食品安全意识和环保意识,形成了尊重和保护自然、绿色发展等观念,提升了社会责任感。这种基于解决实际问题的自主学习和探究性学习过程,对提升学生的核心素养非常有效,能够促进学生全面发展和师生共同发展。在今后的教学中,我们将会给学生提供更多的这类学习的机会,让他们在主动的探索研究中有机会应用所学知识,点燃创新的火花,获得解决问题和终身学习的能力。

（撰稿者:深圳市坪山区同心外国语学校　张春慧、黄素杏）

第五章

策略的境脉性

策略的境脉性体现在知识的系统性、学习过程的情境性、学习主体的主动性。通过整合学科知识提升学生对知识的系统性理解,创设真实学习情境主动探索问题并寻求解决方案,进行互动学习实现知识的主动探索和创新应用。

CIM 课程中策略的境脉性是依托有逻辑主线的、有推进序列的情境活动为脉络展开探究实践活动。"境脉"(Context)的语义在英汉词典中是指"上下文",或指"人或事存在于其中的各种有关情况"、来龙去脉、背景、情境等。① 在 CIM 课程中,这个"上下文"应由社会科技发展程度和自身所处的自然学习环境共同构建。境脉性是一种学习文化理念,也是一种有效学习的操作范式,其在课程中体现出知识的系统性、学习过程的情境性以及学习主体的主动性和交互性三个显著特点,通过境脉化、互动化、潜移默化的学习方式,推动学生在认知实践、工程实践、创新实践活动中的自我成长,实现科技创新能力的提升和个人素养的全面发展。

　　相较于传统固定的、碎片化的情境学习方式,CIM 课程中策略的境脉性强调连续、动态、完整的有内部逻辑的情境。这种"境脉"性包括"情境"与"脉络",即学习发生的有逻辑的、情境化的时空,而境脉学习,则是一种基于问题解决、强调知识综合运用、培养元认知素养的学习行为。这种学习方式以浸润型和生成性为主导,学生在深入互动与潜移默化的过程中,达到学习的目的。所谓浸润型,指的是这种学习方式是境脉化的、互动化的、潜移默化的。② 学生在深入理解和应用知识的过程中,能够自然而然地吸收和掌握。生成性学习则突出了学习过程的非线性和学习结果的多元性,学生在探索和创新中,原有经验和新经验交融碰撞,为创新学习提供了广阔的空间和无限的可能。

　　在实践中,学生不仅从外部的知识体系,也从自身的认知结构中进行相互关联和具身化的学习。这种学习方式可以不断丰富、扩展和深化境脉,更深入地揭示学习的真谛和生活的实质理解。策略的境脉性有三个主要特点:知识的系统性、学习过程的情境性、学习主体的主动性。其具体实施如下。

---

① (美)斯伯克特,等.教育传播与技术研究手册(第三版)[M].任友群,焦建利,刘美凤,等,译.
　　上海:华东师范大学出版社,2012.
② 徐燕萍.境脉学习:一种引导学习转型的新范式[J].江苏教育研究,2017(29):23—27.

一是知识的系统性。《义务教育科学课程标准（2022 年版）》指出,加强课程内容与学生经验、社会生活的联系,注重关联。① 教学者应当从知识单元大概念中摄出次概念,再从次概念提炼出核心任务,通过强化学科内知识的整合和课程的综合,帮助学生建立起知识间的内在联系。学习者的动机、兴趣和反应都是学习过程中不可或缺的元素,它们影响着学习者如何与新知识互动。境脉学习同样重视学习者内部世界的构建,即学习者如何将新知识内化为自己的理解和能力。这种系统性的构建要求教育者深入理解学科知识体系及其发展脉络,关注学生的先验知识、兴趣和学习风格,分析学习者如何将知识内化为自己的理解和能力,通过强化知识的系统性和关联性,促进学生对知识的系统性理解。这不仅涉及学生对学科知识的掌握,还包括了对知识在现实生活中的应用,解决实际问题的能力。

二是学习过程的情境性。即贯穿始终的、源于真实生活的任务情境,这意味着学习并非在真空中发生,而是紧密联系着学习者所处的具体情境。在实施学习过程中的互动、鼓励、交流和合作,都应考虑学习者本身的社会文化背景、个人经验、情感态度、认知水平以及当前的学习环境等,这些情境活动不仅是学习发生的背景,也是学习内容和过程的重要组成部分,它为学习者提供了必要的意义和联系,使得学习活动更加生动、有效和持久。情境的创设能够激发学习者的学习动机,使他们能够在情境中发现问题、提出问题,并主动寻找解决问题的方法和途径。教育者应当引导学习者将所学知识应用于具体情境中,通过实际操作和体验来深化理解。在评价学习成果时,也应当考虑到学习过程的情境性,不仅要关注学习者对知识的掌握程度,更要关注他们在特定情境中运用知识解决问题的能力,以及在学习过程中表现出的创新思维、批判性思考和合作精神等素养。

三是学习主体的主动性、交互性。在学习的立体时空中,学习者的主动性体现在他们能够根据自身的兴趣和需求,选择学习的内容和路径,自主地探索和解决问题。学习不再是单一维度的知识传递,而是变成了一个立体化、多维度的动态过程。学习者在真实的学习情境中,通过与知识、教师、同伴的互动,不断地内化新知,主动建构知识的主体,从而将传统的被动学习模式转变为主动探索和发现的过程。交互性则体现在与学习环境中的各个要素进行深入对话和交流。这种深度的互动不仅促进了学习

---

① 中华人民共和国教育部. 义务教育科学课程标准(2022 年版)[M]. 北京:北京师范大学出版社,2022.

者之间的相互理解,也加深了他们对知识本质的理解,提升了他们的批判性思维和创造性思考能力。

　　总的来说,CIM课程中策略的境脉性,需要设计与学生实际需求紧密相连的真实或仿真学习情境,鼓励学生的主动参与和实施互动式教学,激发学生的思考和创造力,根据学习过程中的反馈及时调整教学方法,确保教学活动有效促进学生的全面发展和核心素养的培养。学生不仅是知识的接受者,更是科技创新的实践者和探索者。境脉性学习方式能够让学生在真实、连贯的学习环境中体验知识的实际应用和创新价值,从而在认知、工程和创新方面取得长足进步。

（撰稿者:深圳市坪山区新合实验学校　彭建锋）

【创意设计 5‑1】DIY 智能语音识别垃圾桶

适用对象:五年级　项目课时:6 课时

一　项目背景

　　随着人工智能课程在中小学信息科技学科中的深入应用,我们越来越注重学科融合的多元化应用情境和综合实践活动的课程定位。为此,配套人工智能开源硬件模块支持项目创新的教学实践模式被提上了议程。本项目选取了"人工智能初步"和"开源硬件项目设计"等必修模块,围绕学科融合实践下的学习情境,开展了一系列以人工智能技术体验、应用和创新为核心的探究实践活动。本项目以垃圾分类为主题,结合了开源硬件编程主板、LaserMaker 软件工程设计、激光切割机床制造技术和人工智能技术,综合应用了科学、技术、数学、工程等多学科知识。本项目采用境脉式的实践模式,引导学生通过解决实际问题来学习和应用知识。具体实践中,本项目利用人工智能语音识别技术来控制实现垃圾分类,从而解决了垃圾桶需要手动翻盖的问题。这一过程中,本项目基于核心任务驱动学生学会界定问题、划分问题、抽象建模和应用算法,有效训练了学生的计算思维。同时,本项目也注重培养学生的信息技术能力、计算思维能力和创新创造能力,为他们未来的全面发展打下坚实的基础。

二　项目思路

　　以人工智能语音识别技术的基本原理为基石,本项目将其与日常生活领域的垃圾分类应用紧密结合,创新性地构建了一个通过语音识别技术进行垃圾分类的装置。该装置能够准确识别"可回收垃圾""不可回收垃圾""厨余垃圾""有害垃圾"等关键词,并对模拟的生活垃圾进行精准再分类。以"DIY 智能语音识别垃圾桶"项目为例,本项目重点探索了新型 Mixly 编程教学实践。本项目搭建了 Mixly 编程环境,引导学生深入体验、运用和深度学习 Mixly 开源硬件技术。基于学科融合的项目设计理念,本项目从生活情景出发，以问题为导向，注重设计实践与体验探究，从这四个层面全面实施这一主题教学。

三　学习目标

人工智能主题领域的前沿技术深入到中小学教育范畴，新课改指出信息科技课程的核心素养，主要包括信息意识、计算思维、数字化学习与创新、信息社会责任。这四个维度有各自的特征，同时又互相支持、互相渗透，能够共同促进学生数字素养与技能的提升。案例理念注重对工程设计知识的探索，将功能编程和结构设计有机结合，融合了科学、技术、工程、数学多学科的知识原理。

1. 学科知识：（1）科学，能够解释舵机的工作原理，并在实际操作中正确连接和调试舵机；（2）信息科技，认识语音识别技术的基本原理，会运用 Mixly 编程和 Python 编程技术，能够独立完成一个基础的语音识别项目；（3）工程设计，使用 LaserMaker 软件设计并制作出一个具有榫卯结构的装置模型，该模型需符合预定的功能和尺寸要求；（4）数学，能够运用几何基础知识进行工程设计的计算和绘制，确保设计的准确性和可行性。

2. 关键能力：在实施垃圾分类装置物化过程中，本项目涵盖了工程设计方案、LaserMaker 平面设计、模型制作及装置外设等关键环节，特别注重学生信息技术能力的培养。同时，本项目设计了 Mixly 开源硬件的典型教学资源，鼓励学生进行原创设计，以培养他们的设计思维和工程思维能力。通过基于计算思维的任务驱动，学生将应用 Python 编写语音识别功能，并概括 Mixly 程序模型以控制舵机转动，实现串行通信信号传输，这一过程着重培养学生的计算思维能力。

3. 学习素养：面对当前持续推进的城市垃圾分类问题，引入人工智能语音识别技术，从社会、生活需求以及学生未来职业发展角度选取探究主题内容，自主探究垃圾分类装置，充分发挥学生结构设计的主观能动性，培养学生保护环境的责任意识。

四　学习任务

在中小学人工智能教育背景下，本项目依据境脉式探究活动积极践行人工智能创新项目协同智造。从智控语音垃圾分类装置的任务驱动特征来看，主要为解决语音识别技术控制垃圾装置的开合问题。现将核心驱动任务划分为两个任务，具体见表 5-1-1。

表 5-1-1 "DIY 智能语音识别垃圾桶"学习任务表单

核心驱动问题	核心任务	最终成果
如何基于人工智能语音识别技术实现垃圾分类功能	制作过程中重点突破舵机的角度伺服实现装置"打开"和"闭合"，引导学生编写实现装置开合动作的程序	智能语音垃圾桶原型产品
分解驱动问题	评估任务	阶段产品
如何应用 Python 编写语音识别功能？	(1) 选用 Mixly 开源硬件与 Arduino Microbit 兼容硬件。 (2) 依托人工智能开源硬件和 Python 编程库，编写语音识别部分程序	基于 Python 语音识别脚本
如何控制装置舵机转动实现正常开合？	(1) 控制电路接收信号源的控制信号驱动电机转动，电路板根据电位器判断垃圾分类装置 4 个舵机转动角度。 (2) 概括舵机开合动作的编程模型，识别不同的管脚，实现控制舵机转动程序模块化	Mixly 程序模型

五 实施步骤

本项目巧妙融合了 Mixly 开源硬件、Arduino Microbit 兼容硬件、LaserMaker 软件、激光切割机床及一系列造物工具，精心创设了垃圾分类的主题情境，旨在实现人工智能创新实践在教学中的深度应用（图 5-1-1、图 5-1-2、图 5-1-3、图 5-1-4）。在教学过程中，本项目采用了"呈现情境（共情）—驱动问题（定义）—原型设计（构思）—功能测试（测试）—成果路演（展示）"这一设计思维策略，引导学生开展基于学科融合的综合性项目实践。

1. 呈现情境

从学生生活和兴趣出发，本项目精心选取了与学生日常生活紧密相关的垃圾分类主题项目。为了更便于学生理解和操作，本项目将垃圾分类明确划分为"可回收垃圾""不可回收垃圾""有害垃圾"和"厨余垃圾"四大类，并依次赋予它们简洁明了的编号：

"1""2""3""4"。同时，为了方便程序识别和处理，本项目还为这四类垃圾设置了对应的转义内容，分别是"khslj""bkhs""yhlj"和"cy"。这样的设计既贴近学生实际，又便于他们在实践中快速准确地识别和分类垃圾。

2. 驱动问题

其一，如何实现垃圾分类装置的开合动作？重点需要突破舵机角度旋转的控制技术，计划通过设定舵机转向 90°至 180°的范围来实现垃圾装置的有效开合。在此项目中，设计了 4 个独立的垃圾分类模块，并将它们分别连接到 Arduino Microbit 主板的对应端口上，每个模块都配有一个执行机构。

其二，如何设计垃圾分类装置与舵机硬件之间的衔接结构件？需要考虑结构件的稳固性、精准度以及易于安装和拆卸等因素，以确保垃圾分类装置能够顺畅、准确地完成开合动作。

3. 原型设计

本项目采用 LaserMaker 软件进行垃圾装置的外形设计，并在实施过程中根据切割材料的厚度精确制作垃圾装置的大小。同时，结合垃圾分类装置的实际需求，测量并设计了衔接零部件，确保各部件之间的紧密配合。随后，本项目将激光切割机床切割后的材料与舵机进行拼接组装，确保舵机能够稳固地安置在四个垃圾分类箱上。为了实现装置的各项功能，本项目运用了 Mixly 编程和 Python 编程技术，并深入学习了 Arduino 开源硬件。通过掌握舵机转动的工作原理，本项目成功地实现了垃圾装置的开合动作。最后，在工艺美化方面，本项目采用描线、切割、浅雕、深雕等多种方式，对装置进行了精细化的处理，提升了其整体美感和观赏性。

4. 功能测试

（1）语音识别功能测试

语音智控垃圾分类装置程序解析引用 Haar 模型，启动语音识别功能，测试串口能否发出信号，若语音识别有识别的结果，将返回关键词对应编号。

（2）控制舵机转动测试

按照预设数字端口依次将舵机连接在拓展板上，主板通过引脚与拓展板连接，在 Mixly 软件中编写 Arduino 程序并上传到 Arduino nano 主板。

（3）通信信号传输测试

语音智控垃圾分类装置的控制端与执行端通过串行通信协议实现信号传输，拓展板上的串口分别是：RX、TX、5V、GND，借助 4P 线与语音识别模块连线。连接人工智能 OpenAIE 硬件上传程序时中途不能断开连线,运行程序在 OpenAIE IDE 串行终端查看反馈结果,测试串口能否发出信号。

5. 成果路演

教师在项目实施过程中同步提供环保知识讲解和语音识别技术指导,深入贯彻学科融合的教育理念,以实施语音智控垃圾分类主题项目为核心。该项目被明确归纳为环保主题项目的一部分,旨在增强学生的环保意识和实践能力。为了营造浓厚的学习氛围,教学现场特别设置了以"垃圾分类环保"为主题的路演活动。这些活动形式多样,包括环保知识问答,让学生在实际操作中检验和巩固所学知识;智控垃圾分类装置的现场投放演示,让学生直观感受技术的魅力;学生小组合作的人工智能语音技术体验和装置包装美化等环节,旨在全面提升学生的团队协作、技术创新和审美能力。

图 5-1-1 开源硬件主控板接线

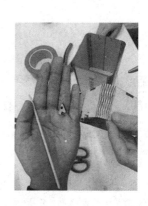

图 5-1-2 装置制作结构件

图 5-1-3 智能垃圾分类装置功能测试

图 5-1-4 智能垃圾分类装置原型产品

六 学习评价

本项目学习的评价指标被明确划定为四个关键维度:界定问题、跨学科应用、抽象建模以及应用算法。为了全面、客观地评估学生的学习成效,本项目采用了多主体评价方式,包括自我评价、同伴评价以及教师评价。在成果路演环节结束后,各小组将依据"DIY智能语音识别垃圾桶"评价表单(表5-1-2)进行细致的评定,并参照以下等级标准给出评价:A代表优秀,表示在该维度上表现出色,有显著的创新或突破;B代表良好,表示在该维度上有较好的表现,基本达到预期目标;C代表合格,表示在该维度上基本达到要求,但仍有提升空间;D则代表待提升,表示在该维度上表现欠佳,需要进一步加强学习和实践。

表5-1-2 "DIY智能语音识别垃圾桶"评价表单

指标	内容要求	自我评价	同伴评价	教师评价
界定问题	作品能够突破舵机角度旋转实现垃圾分类装置的开合动作			
	作品能够完整实现垃圾分类装置与舵机硬件衔接的结构件设计			
跨学科应用	了解语音识别技术原理			
	运用几何基础知识解决设计问题			
	掌握 LaserMaker 软件,设计装置榫卯结构			
	熟练掌握舵机工作科学原理			
	能够掌握 Mixly 编程和 Python 编程技术			
抽象建模	熟练应用 LaserMaker 软件进行设计			
	熟练使用激光切割机床制作装置			
应用算法	掌握 Mixly 人工智能图形化编程			
	了解 Python 语音识别算法原理			

七 项目反思

项目为了更有效地驱动市民遵守垃圾分类,设计了一款能模拟人类四肢的功能,并配有语音识别技术的装置。这款装置能够通过语音询问或应答来进行识别,为市民提供了一个简单便捷的垃圾分类解决方案。在原型创作的过程中,学生们深入认识了垃圾分类的生活理念,并在基于人工智能的项目式实践中,亲自设计了装置的结构,学习了语音识别的科学原理,并实现了装置的基本功能。这种境脉式的项目实践对于学生来说具有极大的价值,它不仅强化了学生开展人工智能项目的学习方法,还帮助他们掌握了开源硬件、图形化编程等信息技术的应用方法。更重要的是,它提升了学生运用人工智能和开源硬件技术开展创新活动的能力。该项目从人工智能编程教育、创意物化的软硬件使用以及校本化特色主题方面进行了创新,致力打造一个高质量的人工智能信息科技学科的先行示范,以适应人工智能时代的需求。

(撰稿者:深圳市坪山区坪山实验学校　徐广情)

【创意设计 5 - 2】可以计时提醒的工作椅的设计与发明

适用对象:四、五、六年级　项目课时:4 课时

一　项目背景

　　为了促进学生的健康成长,提高学生体质健康水平,教育部已明确规定要确保中小学生每天至少有一小时的校园体育活动。然而,在现实生活中,由于中小学生课业负担沉重,以及成年人面临的工作压力巨大,很多人常常忽视了身体锻炼的重要性。为了提醒不同年龄段的人群及时起身锻炼,我们萌生了一个创新想法:设计一个具有提醒功能的工作椅。通过这个设计与发明项目,旨在培养学生的创造思维和创新能力,激发他们的奇思妙想,帮助他们更好地应对知识经济时代的挑战。

二　项目思路

　　本项目旨在解决生活中的实际问题。具体的实施设计思路从以下几方面展开:
(1)发现我国人民的身体素质呈下降趋势,即发现问题;(2)通过聚焦问题提出驱动问题;(3)明确目的,即让那些久坐工作椅不起身的人能改变习惯,提醒他们起身去运动;(4)初步设想,画设计图,用头脑风暴的方式征集设计方案;(5)制作计时工作椅的模型;(6)测试,评价展示交流工作椅的优缺点(图 5 - 2 - 1)。

三　学习目标

　　本项目融合了科学、信息技术和综合实践等多学科知识,旨在通过一系列实践活动,提升小学生的动手能力和创新能力。具体内容涵盖了小学六年级科学下册第一单元的知识,包括设计模型、制作模型和测试模型等关键步骤,同时也结合了小学信息技术五年级第二单元的相关知识点。本项目的核心目标是通过实施"可以计时提醒的工

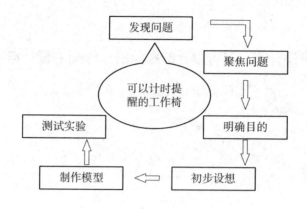

图 5-2-1　项目思路

作椅"这一发明项目,引导学生学会如何发现问题和分析问题。在这个过程中,学生将提出自己的解决方案,动手制作模型,并进行实验展示。通过这些实践活动,学生不仅能够掌握科学知识和信息技术,还能够培养创新思维和实践能力,为未来的学习和生活打下坚实的基础。具体目标如下。

1. 学科知识

(1) 科学:学会运用工程建设的基本知识,包括明确问题、进行设计、制作模型、测试模型等关键步骤。

(2) 信息技术:学习电脑软件的使用方法和编程语言,以便在项目中进行有效的信息技术应用。

2. 能力方面

在本项目的设计与发明中培养学生发现问题、解决问题、动手实践以及多学科运用的能力。

3. 学习素养

(1) 培养学生的健康意识:让学生更加关注生活和工作中的健康问题,养成热爱运动的习惯,提高自己的生活质量和学习效率。

(2) 增强团队合作意识:在项目研究过程中,学生需要相互协作,分工合作,共同完成任务,从而增强团队合作意识。

四 学习任务

本项目的设计初衷源于对人们缺乏锻炼、身体素质逐渐变差这一社会问题的深切关注。许多"工作狂"因长时间久坐不起,身体健康受到了严重影响。为了有效应对这一问题,学生萌生了设计发明一种"可以计时提醒的工作椅"的想法,旨在通过智能提醒功能,鼓励久坐的人群定时起身活动,从而改善他们的生活习惯,提升身体健康水平。

核心任务:如何设计并发明一款可以计时提醒的工作椅(表5-2-1)。

表5-2-1 具体任务

核心驱动问题	核心任务	最终成果
如何设计并发明一款可以计时提醒的工作椅?	学生通过小组合作,设计并制作可以计时提醒的工作椅	可以计时提醒的工作椅展示交流并推广应用
分解驱动问题	**评估任务**	**阶段产品**
怎样设计一种可以计时和具有提醒功能的工作椅?	学生需要通过查阅资料、访谈,收集大家的需求,分析形成解决方案	解决方案
怎样才能知道工作狂坐了多久时间没有起身?怎样给他计时?用什么方式提醒他起身去运动?	1. 小组合作设计,合作制定研究方案 2. 制作计时工作椅的模型 3. 组装并测试计时工作椅	计时工作椅模型
如何举办计时工作椅展销会?	评价展示交流	计时工作椅评价量表

五 实施步骤

本项目综合运用了科学、物理学和信息技术等多学科知识,实现了真正的跨学科融合。在项目初期,我们通过调查发现了国民普遍面临的工作压力大、健康锻炼少的问题,引导学生聚焦于这一现实问题。随后,教师组织学生以协作学习的方式展开项目,从设计与完善、制作模型到测试模型,每一个环节都充分发挥了学生的主体性和创造力。最后,通过展示、评价和交流活动,不仅展现了学生的成果,更培养了他们的创造才能和团队协作能力。

(一) 发现问题(共情)

程序员及长期坐办公室不动的人群数量众多,而久坐不动的危害不容小觑。它不仅会导致血液循环不畅,引发内分泌系统紊乱,还可能造成肌肉劳损、僵硬,进而影响人体的各机能协调,使得工作效率降低,并对身体健康造成严重威胁。经过深入调查,我们发现间歇性的少量运动能够有效降低这些伤害。因此,我们思考能否设计一款具有智能提醒功能的椅子,以鼓励用户定时起身活动,从而将久坐带来的伤害降到最低,守护久坐人群的健康。

(二) 驱动问题(定义)

1. 驱动问题:如何设计并发明一款可以计时提醒的工作椅?

2. 子问题:

(1) 怎样才能知道工作狂坐了多久时间没有起身;

(2) 怎样给他计时;

(3) 用什么方式提醒他起身去运动?

(三) 协作学习(构思)

1. 本项目发明的"可以计时提醒的工作椅",可以提醒人们不要总是坐在工作椅上,要时常起身运动。

2. 通过语音提示和振动提醒,让久坐不起的工作狂们不得不起身运动一下,真正倡导"每天锻炼一小时,健康工作五十年,幸福生活一辈子"。

(四) 初步设想(设计)

如果有一种椅子,它可以每日累计坐在椅子上的时间,并且可以设定报警提醒你快去运动,这样的椅子多好呀!用按压传感器和计数器计时,用振动和语音提醒。

1. 在制作模型的过程中,学生可能会遇到一些问题,例如:

(1) 传感器和主控制器的连接可能不牢固,导致数据传输不稳定或出现错误;

(2) 语音提示模块可能无法正确识别语音指令,或者语音质量不佳;

（3）座椅的震动模块可能无法产生理想的震动效果，或者震动的强度和时间无法精确控制。

2. 针对以上问题，学生可以采取以下措施进行改进：

（1）加强传感器和主控制器连接的稳定性，确保数据传输的准确性和稳定性；

（2）对语音提示模块进行调试和优化，提高语音识别的准确性和语音质量；

（3）对震动模块进行调整和优化，确保震动效果符合预期，并且震动的强度和时间可以精确控制。

（五）制作模型（原型）

1. 结构组成

本项目的作品是一个集成了多种功能模块的智能椅子，具体包括主控制器、压力传感器、震动模块、计时模块、语音提示模块、充电模块、计时显示屏以及设置旋钮等组件。这些模块共同协作，实现了椅子的智能提醒功能，旨在鼓励用户定时起身活动，降低久坐带来的健康风险。

2. 技术原理

本项目的作品是一款集成了多种智能功能模块的椅子（图 5-2-2），其中压力传感器被巧妙地安装在座椅上。当有人坐在椅子上时，压力传感器会立即启动计时功能。一旦到达设定的时间，座椅会通过震动模块开始对臀部进行按摩，并同步发出语音提示，催促用户离开座椅进行 3 分钟的运动，以此避免长时间久坐对身体产生不良影响。而当椅子坐板上的压力传感器检测到连续 3 分钟没有人坐时，它会自动恢复平

图 5-2-2　可以计时和提醒的工作椅正反面示意图

静状态。当用户进行完 3 分钟的运动并重新坐回椅子时,计时功能会重新启动。此外,本项目还特别设计了设置旋钮,允许用户根据自己的实际需求,灵活设置不同的提醒时间,以实现个性化的健康管理。

(六) 测试实验(测试)

在制作过程中,学生秉持着精益求精的态度,注重每一个细节和精度,确保各个部件能够紧密配合,共同实现预设的智能提醒功能。为了确保作品的稳定性和可靠性,学生进行了多次严格的测试和调整,不断优化和完善设计,力求为用户带来最佳的使用体验(图 5-2-3)。

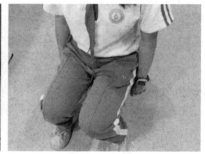

图 5-2-3　可以计时和提醒的工作椅作品测试与体验

测试结果表明,作品能够实现预设的功能,并且具有较高的稳定性和可靠性。这说明作品具有较高的实际应用价值和推广前景。

(七) 成果展示与交流(评价)

评价环节是对整个项目的全面审视与总结。教师会综合考量学生的表现、作品的质量以及比赛成绩等多个维度,给出客观、全面的评价。同时,我们也会对整个项目进行深入的总结,提炼经验教训,并提出具体的改进建议,明确未来的发展方向,以期在未来的项目中实现更高的质量与更好的效果。

六　学习评价

本项目是一个拥有一定参考价值的策略性境脉课堂研究。通过“可计时提醒的工作椅"的发明与实践这一具体载体,学生不仅获得了宝贵的直接经验,更在过程中锻炼和提升了自身的综合能力,包括创新思维、团队协作、问题解决等多个方面,展现出极高的研究价值和实践意义。

(一)过程性评价

在"可以计时提醒的工作椅的设计与发明"项目实施过程中,为了全面了解学生的学习进展和项目实施情况,我们采用了以下过程性评价方式。

1. 观察:在项目实施过程中,可以观察学生的表现,了解他们在解决问题、动手实践、多学科运用等方面的能力。

2. 记录:可以记录学生在项目实施过程中的表现,包括他们的学习兴趣、研究能力、团队合作意识和创新思维等方面的表现。

3. 反馈:可以根据观察和记录的结果,及时向学生提供反馈,帮助他们了解自己的优点和不足,以便调整学习策略和方法。

4. 调整:根据学生的表现和反馈结果,教师可以调整教学策略和方法,以提高学生的学习效果和项目实施效果。

(二)总结性评价

学习评价可以从发现问题、提出解决方案、制作模型和实验展示等环节,观察和记录学生的参与度、创意水平、作品质量和比赛成绩,开展自评和互评,得出有效数据,最后进行师评和总结,见表5-2-2。

表5-2-2 "可以计时提醒的工作椅"评价表

项目		参与	创意	作品	展示交流
占比		10%	50%	10%	30%
发明创造课堂					
动手实践能力					
作品	新颖性				
	创造性				
	实用性				

自评	
互评	
师评	

评价标准与说明如下。

参与：评价学生在项目中的实际投入，包括出席率、参与度、热情及贡献。如是否积极参与讨论、提出有价值观点，或在制作、实验等环节全身心投入。

创意：评价学生的创新思维和解决问题能力。如是否能发现问题、提出新颖解决方案，或设计是否具有独创性和新颖性，即设计工作椅时是否能提出独特且实用的功能或设计。

作品：评价作品的完成度、质量、美观度及实用性。如工作椅是否按预期工作，设计是否合理，外观是否美观，以及是否满足用户需求。

此外，自评和互评环节同样至关重要。它们为学生提供了一个反思自己学习过程的宝贵机会，帮助学生发现自己的优点和不足，并从他人的评价中获得新的视角和启示。为了更有效地进行自评和互评，可以设定一些具体的问题来引导学生深入思考，例如："你在这个项目中学到了哪些新知识或技能""你认为你在这个项目中的表现有哪些亮点和待改进之处""你如何评价你的队友在团队合作中的表现"等。通过这些问题，学生可以更全面地审视自己的学习和成长，同时学会欣赏和尊重他人的贡献。

七 项目反思

"可以计时提醒的工作椅的设计与发明"项目对学生产生了多方面的积极影响。它不仅提高了学生的动手能力，还培养了他们的创新思维和团队协作精神。在项目实施过程中，学生将理论知识应用于实践中，加深了对知识的理解与掌握。同时，他们也学到了各种宝贵的技能和经验，如问题解决、时间管理等，这些对他们的未来发展具有重要意义。此外，参与比赛也为学生提供了锻炼机会，提高了他们的演讲和表达能力。从策略的境脉性来看，可以得出以下几点结论。

1. 项目目标：培养学生的动手能力、创新思维和团队协作精神，以及将理论知识应用于实践中的能力。

2. 项目实施过程:学生经历了从发现问题到解决问题的过程,学会了进行调查研究、收集资料、分析问题、提出方案、实施方案、评估效果等步骤。

3. 项目成果:学生制作了可以计时提醒的工作椅模型,并参与了比赛。通过这个项目,他们获得了宝贵的经验和技能,也收获了自信和成就感。

4. 项目影响:这个项目对学生的未来发展有重要影响,不仅提高了他们的技能和能力,也让他们更加自信和有成就感。同时,这个项目也为科技创新事业做出了贡献。

"可以计时提醒的工作椅的设计与发明"项目无疑是一次全面而深入的探索与实践。它不仅充分展示了项目对学生的积极影响和重要意义,更生动诠释了"发明改变人的生活,科技也能使人更加健康"的深刻内涵。通过这个项目,学生不仅提升了动手能力,培养了创新思维和团队协作精神,还将理论知识成功应用于实践中,收获了宝贵的技能和经验。这一切都为他们的未来发展奠定了坚实基础,同时也彰显了科技在促进人类健康方面的无限潜力。

（撰稿者:深圳市坪山区马峦小学　杨小杰、刘廷鸾）

【创意设计 5‑3】无接触垃圾桶的设计与制作

适用对象:七年级　项目课时:6课时

一　项目背景

　　传统垃圾桶易滋生细菌、传播病毒,在学生聚集的校园内,降低病毒扩散风险成为关键。为此,本项目提出在校园设置无接触智能垃圾桶的构想。遵循《义务教育课程方案和课程标准要求》,本项目旨在通过境脉式学习模式,引导学生积极参与无接触垃圾桶的设计与制作。此模式强调学习与生活的紧密结合,通过真实环境和任务,激发学生兴趣和创新思维。在设计制作过程中,学生不仅掌握科技知识,还培养了跨学科整合、问题解决和团队合作精神。本项目实施了一系列教学活动,包括需求分析、方案设计、原型制作与测试等,让学生在实践中探索、发现和创新,深入理解和应用新课程标准。实践证明,境脉式学习在促进学生综合素质提升方面具有显著优势,为新课程标准的实施提供了有益的探索和实践。

二　项目思路

　　在新课程标准的引领下,本项目致力将学科知识与生活实际紧密结合,通过境脉式学习,让学生在真实情境中发现问题、解决问题,培养创新精神和实践能力。无接触垃圾桶设计与制作项目正是这一理念的体现。本项目采取境脉式教学,从学生先验认识出发,创设真实情境,以真实问题为驱动,通过抓主线、理脉络、建体系的学习活动,使学生内部世界与外部世界产生意义关联,在各种学习境脉关系中互动、思辨、择取、重构新的学习脉络,整体把握学习情境,形成新体系(图 5‑3‑1)。

三　学习目标

　　本项目融合物理、信息、数学等多学科内容,遵循信息技术教学标准,通过主要学

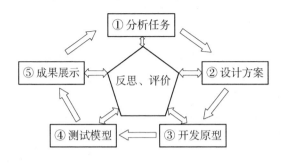

图 5 - 3 - 1　设 计 思 路 图 谱

科交叉构建境脉式学习经验与认知脉络。具体涉及数学的数据收集、整理与描述,物理的简单机械原理,以及信息科技的网上信息采集与程序设计等学科知识。本项目以环保为主题,引导学生设计和制作无接触垃圾桶,旨在实现以下目标:培养创新设计思维,提升动手实践能力,增强环保意识。具体学习目标包括:结合实际需求提出实用且创新的设计方案,掌握无接触垃圾桶制作的关键技术和方法,深刻认识垃圾分类和环保的重要性,形成良好的环保习惯。

1. 学科知识:(1)数学,数据的收集整理与统计;(2)物理,了解无接触垃圾桶翻盖的基本原理并运用杠杆原理来实现简易的翻盖功能;(3)信息,融合数学、物理、工程学的学科特点,设计并制作无接触垃圾桶并完成程序的编写与调试。

2. 能力方面:(1)能够正确操作无接触垃圾桶,实现垃圾的分类投放;(2)培养良好的环保意识和卫生习惯,提高垃圾分类投放的准确性和效率;(3)掌握实验数据的收集、整理与分析的能力,最终应用数据解决在实操中的设备调试问题。

3. 学习素养:(1)可以将所学的知识运用到实际问题的解决中,提高学生解决问题的能力;(2)培养批判性思维能力;(3)帮助学生发现不同学科之间的交叉点,从而产生新的观点和想法,培养创新精神。

四　学习任务

设计并制作一款智能感应垃圾桶,实现无需接触即可自动开关盖的功能。以下是一个详细的学习任务指南,旨在帮助学生全面理解无接触技术的原理与应用,掌握设计与制作技能,并激发创新思维和实践能力。具体学习任务详见表5-3-1。

表5-3-1 无接触垃圾桶的设计与制作学习任务分解表

核心驱动问题	核心任务	最终成果
如何设计安全、无接触、可行的无接触垃圾桶模型?	学生团队合作,利用木板、开源硬件、舵机等材料,设计安全、无接触的垃圾桶	垃圾桶调研资料 垃圾桶设计方案 无接触垃圾桶
分解驱动问题	评估任务	阶段产品
无接触垃圾桶需要实现哪些功能?	学生需要通过查阅资料、访问校内外师生及小区民众,收集大家的需求,分析收集到的各种需求形成解决方案	调研报告
如何制作安全、无接触、可自动感应翻盖的无接触垃圾桶模型?	1. 了解舵机的原理和机械结构原理(齿轮和扭矩) 2. 设计垃圾桶模型 3. 制作无接触垃圾桶 4. 组装并测试模型	设计方案 无接触垃圾桶模型
如何优化无接触垃圾桶?	请师生使用无接触垃圾桶,跟踪反馈使用出现的问题及时调整并优化	无接触智能垃圾桶

五 实施步骤

境脉学习理论认为,学习过程是个体学习境脉所构成的内部世界与外部信息之间发生有意义交互作用的过程。该理论强调认知的具身性、情景化和螺旋式发展,为本课例的教学意义提供了坚实的理论支持。

(一) 启动阶段:明确研究的问题

学生首先分工查阅互联网、书籍资料,访谈、收集校园里同学们日常扔垃圾的情况及建议,然后集中讨论研究,初步确定垃圾桶的设计思路及方案:(1)如何设计出既美观又能贴合校园文化的垃圾桶,从而受到广大师生的青睐? (2)设计具有什么性能的垃圾桶? (3)无接触智能垃圾桶的工作原理? 学生带着这三个问题开始在学校以及小区范围走访了解并收集资料整理出调研报告。

(二) 设计阶段：制定方案，构建无接触框架

在明确设计方向后，学生结合所学知识和创意，开始绘制无接触垃圾桶设计图，综合考虑外观、功能、材料等因素，确保设计既美观又实用。学生特别关注无接触元素的融入，如自动感应、垃圾分类等功能，以提升安全性和便捷性。在设计过程中，学生遇到的主要障碍是技术层面的，如绘图软件的使用和尺寸设置等。经过多次讨论和修改，学生最终确定了长方体构型的垃圾桶设计，并计划利用 LaserMaker 软件在外观上加入中国传统文化十二生肖的图案。然而，在制作过程中，学生遇到了困难。由于软件尺寸设置不当，导致激光切割出的木板无法拼接，造成原材料损耗。面对失败，学生向老师求助，并在老师的引导下，通过观察失败作品和寻找网络解决方案，最终决定利用榫卯结构来拼接垃圾桶的木块，并重新设计了桶盖。为了避免再次浪费材料，学生使用 3D 软件等比例绘制垃圾桶的各个部件，并仔细检查尺寸大小。最终，学生成功地制作出了垃圾桶模型。但随后，学生认为外观设计过于普通，决定进行重新设计。受到 3D 软件使用的启发，学生决定直接切割出十二生肖形状及图样的木块，并将其固定在垃圾桶外形上，使设计更具立体感和独特性。

(三) 制作阶段：动手实践，原型制作与测试

在垃圾桶模型完成后，学生进入无接触智能实现阶段。学生选择适宜的工具和材料，依据设计方案进行制作，并不断调试和优化，以确保各项功能正常运作。教师全程跟进，提供必要的指导和帮助。学生运用信息学科知识进行无接触程序设计，先绘制程序流程图，再进行编程和电子元器件的调试。然而，学生在实际调试中多次失败，无法实现自动感应翻盖功能。经过老师的组织和逐一排查，学生最终发现 4P 连接线接口的安插是关键，如连接错误，程序则无法正常运行。在设计环节，学生已明确垃圾桶的功能要求：无接触、超声测距、自动翻盖、定时合盖。随后，学生进行了多次尝试（表 5 - 3 - 2），比较了不同设置下的距离、翻盖角度和开盖时间。最终，学生设定了当人在距离垃圾桶 20 cm、舵机角度 90°时，桶盖自动打开，10 秒后自动感应关闭。

表 5 - 3 - 2　程序调试记录表

距离（cm）	舵机角度（°）	开盖时间（s）
30	180	5
25	90	10
20	100	9
15	90	15
20	90	10
30	100	15

（四）测试与优化阶段：精益求精，提升性能

在制作完成后，学生将对无接触垃圾桶进行功能测试，确保其正常运作并满足设计要求。在测试过程中，学生将记录并优化遇到的问题和不足，以提升垃圾桶性能。程序测试完成后，学生在安装零部件时遇到了问题：垃圾桶无法实现自动开关盖。经过反复比对和排查，他们发现是舵机安装出错，导致开关盖的角度不合适。学生分工合作，通过查询资料、调整舵机和咨询专业人士，最终成功解决了舵机的安装问题。在安装电子元件的过程中，学生还想到在垃圾桶外形上设计一个口袋来承接电子元件，以减少因胶水溢出而影响美观。他们计划在口袋外观上加入校园元素和校徽设计，以增强无接触垃圾桶的归属感（图 5 - 3 - 2）。这一想法得到了老师的表扬，进一步提升了学生的创作信心。

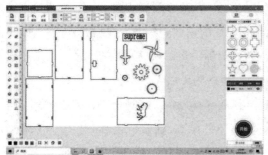

图 5 - 3 - 2　无接触垃圾桶设计图

六 学习评价

本项目采用过程性评价与综合性评价相结合的方式,旨在全面评估学生的学习成效。在项目制作与完成的过程中,教师将持续提供评价与指导,确保学生能够得到及时的反馈与帮助。在项目结束时,学生将根据项目评价表进行自评和互评,以此推选出最优组。这种方式旨在使学生在欣赏他人作品的同时,也能深刻反思自己的项目过程,从而实现相互学习与共同进步。具体评价表格参见表5-3-3和表5-3-4。

表5-3-3 过程性评价

评价指标 组别	作品完整性 (30分)	作品艺术性 (30分)	作品科技性 (20分)	小组展示 (20分)	评语	总分
第1小组						
第2小组						
第3小组						
第4小组						
第5小组						
第6小组						

表5-3-4 综合性评价

成员 自评维度	成员1	成员2	成员3	成员4
在项目过程中 我有尽职尽责 (10分)				
我有充分和队友 交流沟通 (10分)				
遇到困难我会及时 向队友或老师求助 (10分)				

成员 自评维度	成员1	成员2	成员3	成员4
我对小组合作完成 的作品很满意 （10分）				
反思 （10分）				

七　项目反思

　　本项目通过创设任务情境，引导学生沿着认知脉络和思维结构，在实践过程中建构经验、提升学力、涵育素养。同时，项目实施也促进了学生间的合作与交流，增强了团队协作和沟通能力。无接触垃圾桶设计与制作项目为学生提供了展示创意和实践能力的平台。学生在此过程中充分发挥想象力和创造力，提出创新设计方案，并通过动手实践将方案转化为实物，学会了选择工具和材料，以及进行调试和优化。这些经历将对学生未来发展产生积极影响。然而，项目在实施过程中也暴露出一些问题。部分学生在设计阶段缺乏创意和想象力，导致设计方案平庸；部分学生在制作阶段技术掌握不够熟练，导致制作出现问题。针对这些问题，教师在今后教学中将加强对学生创新思维和技术能力的培养，并提供更多实践机会和资源支持。关于任务驱动的合理性，本项目在创设情境时未明确评价标准和限制条件，这不符合提出问题的要求。今后教师应创设真实情境，定义工程问题，明确要求和限制条件，以及评价标准。在制作环节，学生的改进多体现在外观，未能充分体现工程设计的循环。原因是教师引导学生通过测试、改进反复迭代达成最终方案的环节做得不够。今后应加强这一环节的教学。在展示评价环节，学生多数通过自制无接触垃圾桶和小组成就来表达，内容较空洞且无主题。今后教师应引导学生利用图表、报告、设计图、模型等多种形式展示、分享过程中遇到的问题及解决方法，并及时进行反思和积累。

（撰稿者：深圳市坪山区坪山中学　林晓环、姜淼、彭柳静）

【创意设计 5‑4】一种家用手工锯辅助定位测量器

适用对象:八年级　项目课时:6 课时

一　项目背景

　　科技的持续进步不断推动人们对更高生活质量和工作效率的追求。在这一背景下,《义务教育信息科技课程标准(2022 年版)》强调,信息科技课程应注重科技原理与实践应用的结合,旨在帮助学生理解基本概念和原理,提升知识迁移能力和学科思维水平,实现"科"与"技"的并重。遵循这一理念,本项目以"设计家用手工锯辅助定位测量器"为主题,要求学生在学习过程中运用科学原理确保定位和测量的准确性,并通过测量、绘图、激光切割等实践技能,将理论知识应用于实际,从而培养动手能力和解决问题的能力。这一项目不仅符合现代社会对效率和精确性的追求,有助于提升人们的生活和工作体验,还能引导学生认识科技在日常生活中的应用价值,激发他们对科技探索和学习的兴趣。

二　项目思路

　　传统的手工锯在定位和测量方面存在一定的局限性,需要依赖传统的尺子、直角器等工具进行测量和标记,容易出现误差。为了提高切割工作的准确性和效率,本项目基于麻省理工学院和瑞典皇家工学院等四所大学提出的 CDIO 工程教学模式进行设计。本项目共 6 课时,将整个学习过程划分为需求分析、设计方案、实施操作、总结评价四个阶段,具体课程思路见图 5‑4‑1。

三　学习目标

　　本项目涉及物理、数学、信息科技等学科,具体内容涉及人教版物理八年级下册第八章运动和力、第十二章简单机械;人教版数学七年级上册第四章几何图形初步;信息

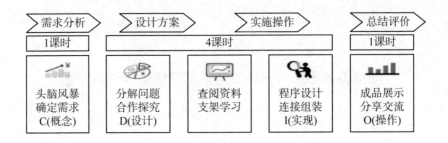

图 5-4-1 项目设计思路图

学科中使用计算机绘图软件或 3D 建模工具进行辅助设计。具体学习目标如下。

(1)物理:掌握定滑轮的作用,了解装置结构设计的原理;理解力学基础知识,包括力的平衡、杠杆原理等,能够分析装置在使用过程中的受力情况。(2)数学:掌握基本几何图形的性质和计算,能够运用长度、角度等数学概念进行精确测量和计算;理解比例和比例尺的概念,能够运用比例关系进行尺寸的缩放和转换。(3)信息:学会使用激光切割软件,能够制作模型图;了解数据收集和分析的基本方法,能够利用信息技术手段记录和分析测量数据。

以下是优化后的可行、可测量的学习目标。

1. 学科知识

(1)物理:学生能够准确描述定滑轮的作用,并理解其在装置结构设计中的原理;学生能够掌握力学基础知识,包括力的平衡和杠杆原理,能够分析装置在使用过程中的受力情况。(2)数学:学生能够熟练掌握基本几何图形的性质和计算方法,能够准确运用长度、角度等数学概念进行精确测量和计算;学生能够理解比例和比例尺的概念,并能够运用比例关系进行尺寸的缩放和转换。(3)信息:学生能够学会使用激光切割软件,并能够独立完成模型图的制作;学生能够了解数据收集和分析的基本方法,并能够利用信息技术手段准确记录和分析测量数据。

2. 关键能力

(1)学生在设计和制作过程中提出创新的想法和解决方案,以提高装置的准确性、稳定性或易用性,培养问题解决能力和创新能力。(2)学生通过对装置的反复测试,记录问题并针对性改进,提升科学探究能力。

3. 学习素养

(1)学生学会有效地与他人沟通、协商和分工合作,共同解决问题并实现改进目标。(2)学会使用科学术语和图表来描述和解释装置的工作原理和性能。(3)在制作过程中保持严谨的态度,注重细节和精确性,确保测量器的质量和准确性。

四 学习任务

本项目的开发源于学生对日常生活的观察,在家庭装修、木工制作和其他手工工作中,定位和测量是常见的任务。为减小测量误差,防止锯木头过程中发生偏移,本项目设计并制作了"一种家用手工锯辅助定位测量器",具体的学习任务见表 5-4-1。

表 5-4-1 一种家用手工锯辅助定位测量器学习任务分解表

核心任务	核心驱动问题	最终成果
学生团队合作,利用模板、磁铁、定滑轮等材料,设计省力、高效、精准的家用手工锯辅助定位测量器	如何设计一种家用手工锯辅助定位测量器,辅助手工锯快速地定位?	研究报告 一种家用手工锯辅助定位测量器
子任务	具体内容	阶段产品
家用手工锯辅助定位测量器方案设计与规划	1. 分析手工锯使用过程中的定位需求,确定测量器的功能要求; 2. 设计测量器的整体结构和关键部件,绘制初步的设计草图; 3. 制定详细的制作计划,包括材料准备、制作步骤和时间安排	解决方案
家用手工锯辅助定位测量器材料准备与加工	1. 根据设计方案,准备所需的材料和工具; 2. 使用合适的加工方法,如切割、钻孔、打磨等,制作测量器的各个部件; 3. 对部件进行必要的表面处理,确保其精度和耐用性	材料需求表
家用手工锯辅助定位测量器组装与调试	1. 按照设计图纸和制作计划,将各个部件进行组装; 2. 对组装完成的测量器进行初步调试,检查其定位精度和稳定性; 3. 根据调试结果,对测量器进行必要的调整和优化	一种家用手工锯辅助定位测量器

子任务	具体内容	阶段产品
家用手工锯辅助定位测量器总结与展示	1. 撰写研究报告，梳理制作过程中的经验和教训； 2. 展示制作完成的测量器，介绍其设计理念和功能特点； 3. 与同学和教师进行交流，分享在制作过程中的心得体会	研究报告

五 实施步骤

本项目实施需要的教具材料包括四个定滑轮、一个强力磁铁、一把钢尺、木板、激光切割机等。通过创设锯木头易发生偏移，需重新定位的情境，引导学生明确问题需求，分析可行性；再组织学生绘制草图形成初步设计方案；利用 3D 设计软件与激光切割技术制作成品，在不断测试中调整产品结构；最后展示项目成果，指出进一步优化方向。

1. 需求分析

（1）确定问题需求

教师通过播放使用家用手工锯锯木头的视频，让学生发现在此过程中总是容易发生偏移的问题，导致一小块木头报废，造成材料的损失，进而帮助学生定义驱动性问题：如何设计一种家用手工锯辅助定位测量器，辅助手工锯快速地定位？

（2）分析可行性

学生在机房自主利用电脑搜集资料，论证项目的可行性，通过访问中国知网数据库、百度搜索引擎、专利网站、淘宝购物网站等，了解所研究项目的现状，发现有省力高效的、可折叠的、大小形状各异的手工锯，但没有发现能方便定位与可量所锯材料长度的手工锯，说明项目的创新型较强。

2. 设计方案

学生通过查找资料，咨询教师，设计初步图纸，经过不断修正形成最终方案。该测量器由四个定滑轮、一个强力磁铁、扶手、测量装置等构件组成。将定滑轮贴在锯子一侧，在拉动锯子的过程中就不容易出现角度偏移或位置跑偏。而且在四个定滑轮中间还有一个强磁铁,磁铁和锯片有一定的距离不会吸住锯片,只是来提高锯子与滑轮之间的吸附作用防止脱落。在定滑轮的固定架一侧是一个扶手设计,方便师傅使用时固定木头和保持稳定。同时还有一个测量装置来帮助师傅对切割的长度进行测量。基于上述方案,绘制项目设计草图,见图5-4-2。

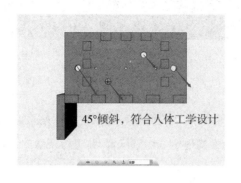

45°倾斜,符合人体工学设计

图5-4-2 项目设计图

3. 实施操作

(1)制作组装

学生根据图纸,利用3D One构建可视化模型,形成对此装置的基础概念,选用适合厚度的木板进行激光切割,将作品组装后测试,在实验中完善设计方案,实现把定位、测量等功能组合到一起,从而辅助手工锯更快工作的目标。教师强调在测试过程中注意安全问题,不能把手工锯的保护套摘下。

(2)优化迭代

在第一代模型中,对于四个定滑轮与三个强力磁铁的摆放位置没有特别注意,导致强力磁铁放置太近,给手工据造成强大的吸引力,学生很难进行任何切割操作。重新打孔,将四个定滑轮与三个强力磁铁错开放置并分散开以增加作用面积,形成第二代模型,虽然可以省力控制方向,但由于材料与木板固定采用的是热熔胶,经过多次实验,学生发现其不能支持多次且大力地使用,于是使用嵌入螺丝的方式,见图5-4-3。

4. 总结评价

在项目实施完成后,学生展示项目成果,采用小组互评和教师点评相结合的方式,评估学生作品的完成度,并指出作品有待进一步完善的方向,可以结合激光测距仪、角

图 5 - 4 - 3　作品原型图

度传感器和数字显示屏等技术,实时测量和显示切割位置的距离和角度。通过这些测量数据,使用者可以更为准确地定位切割位置,并进行精确的切割操作。

六　学习评价

　　本项目结合评价理论分为过程性评价与总结性评价,确保学生在项目过程中的各个阶段都能得到有效的反馈与指导,同时最终对学生的整体表现进行全面评价,见表 5 - 4 - 2 和表 5 - 4 - 3。其中过程性评价旨在监测学生在项目实施过程中的进展,及时为其提供反馈和指导。

表 5 - 4 - 2　过程性评价量表

项目环节	评价指标	分值	学生得分
需求分析	市场调研的深度和广度	10	
	功能定义的明确性	10	
设计方案	总体设计的创新性和实用性	10	
	手工锯模型设计的安全性	10	
	手工锯的功能性和稳定性	20	
实施操作	激光切割的质量	10	
	组件安装的稳固性	10	
	定滑轮与磁铁的准确性	10	
	项目实施与测试的成功率	10	

表5-4-3　总结性评价量表

评价指标	分值	学生得分
功能测试与问题修正的成功率	15	
对用户反馈进行回应的积极性和建设性	15	
项目总结与反思的深度	15	
团队合作与沟通能力	15	
创新性和解决问题的能力	15	
项目整体完成度	25	

七　项目反思

本项目解决了工人在裁锯过程中容易锯偏,位置不准的问题,方便用锯工人定位,从而能更轻松地完成锯木板的工作。学生在实际操作中能够较好地运用所学的数学、物理和信息科技知识。他们在设计测量器时能够考虑到几何形状的精确性,运用比例关系进行尺寸的缩放,体现了数学知识的灵活运用。同时,他们也能够运用物理原理分析测量器的稳定性和受力情况,选择合适的材料制作测量器。在信息科技方面,学生积极利用数字化设计工具进行辅助设计,提高了设计效率和精确度。项目式学习的独特价值和挑战在于其有效提升学生的跨学科整合能力和实践创新能力,这是一次有益的教学实践。

1. 设计迭代创新,注重学习境脉性

本项目最显著的创新点在于学生将制作的模型反复投入实验,在测试中改进设计,学生需要识别和分析设计中存在的问题,并提出解决方案,对设计的原理和概念进行深入的思考和理解。这有助于学生更加深入地掌握所学的知识,并将其应用于实际问题中,进一步激发学生的创造力和创新能力。

2. 给予容错空间,实践解决问题

学生在制作过程中遇到了许多问题,如测量器的定位精度不够、材料选择不当等,教师并没有直接告知正确答案,而是让学生积极思考,尝试不同的解决方案,确保给予充分的容错空间,允许学生在实践中不断试错、学习和改进。这一过程不仅锻炼了学生的问题解决能力,还提升了他们的实践能力。同时,通过团队合作,学生也学会了分工合作、沟通协调。

(撰稿者:东北师范大学深圳坪山实验学校　莫怡琳、黄韵豪)

【创意设计 5‑5】忘拔钥匙与忘带钥匙的多功能安防提醒装置

适用对象:八年级   项目课时:6课时

一 项目背景

在现今的科技浪潮中,智能家居技术正以前所未有的速度融入人们的日常生活,人们对于家居安全和便利性的需求也在逐步提升。与此同时,《义务教育信息科技课程标准(2022年版)》指出,要坚持创新导向,强化课程综合性和实践性,着力培养学生创新思维,鼓励"做中学""用中学""创中学",凸显学生的主体性。[1] 基于此,本项目以设计"一种忘拔钥匙提醒与忘带钥匙提醒的多功能安防装置"为主题,不仅可以将创新科技应用于实际生活中,满足学生对于智能化、安全化生活的期望,提高其对安全措施的认知和重视,还能通过动手实践活动,帮助学生将所学的知识应用到实际问题中,培养其创新思维和解决问题的能力。

二 项目思路

为解决用户忘带钥匙和忘拔钥匙所产生的不便与安全问题,从而提供更好的生活体验,我们开展此项研究,其基于麻省理工学院和瑞典皇家工学院等四所大学提出的CDIO工程教学模式进行设计。将整个学习过程划分为需求分析、设计方案、实施操作、总结评价四个阶段,具体课程思路见图5‑5‑1。

三 学习目标

本项目涉及物理、数学、信息科技等学科,具体内容涉及人教版物理九年级上册第

---

[1] 中华人民共和国教育部. 义务教育信息科技课程标准(2022年版)[M]. 北京:北京师范大学出版社,2022.

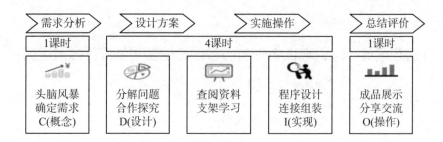

图 5 - 5 - 1　项目设计思路图

十五章电流和电路、第十六章电压和电阻、第二十章电与磁;教科版物理九年级上册第
八章第三节电话和传感器;人教版数学七年级上册第四章几何图形初步;信息科技中
利用程序语言完成感测与控制,搭建小型物联网系统。通过 CDIO 模式,学生将参与
到真实的科学和工程实践中,体验科学方法和工程设计的过程,培养他们的合作能力、
沟通能力和批判性思维。同时,CDIO 模式也可以帮助学生将理论知识应用到实际问
题中,提高他们的学习动机和兴趣,培养他们的创造性思维和创新精神。本项目共 6
课时,具体学习目标如下。

1. 学科知识:(1)物理,掌握霍尔传感器和语音播放模块的基本结构,学会设计和
连接电路的方法;(2)数学,运用几何形状设计的原理与尺寸测量的方法,计算装置的
大小,精确设计和优化安防装置;(3)信息,能借助 Arduino 开发平台设计算法,编写程
序实现装置提醒功能,能使用 3D 打印和激光切割技术制作装置外观。

2. 关键能力:(1)跨学科整合能力,能够综合运用数学、物理、信息科技等跨学科
知识,解决制作过程中的实际问题,实现安防装置的多功能集成;(2)问题解决能力,在
制作过程中能够独立思考,分析问题,提出解决方案,并不断优化装置的性能和稳定
性;(3)实践能力,学生能够将理论知识转化为实际操作,通过动手制作安防装置,加深
对理论知识的理解和应用。

3. 学习素养:(1)能够在团队中合作,承担不同的角色和职责;(2)能够表达自己
的思想和意见,并倾听他人;(3)有一定的审美和创造力表达经验;(4)了解安全措施的
重要性,并学会保护个人和财产的安全。

四 学习任务

本项目的开发源于学生对日常生活的观察,如早上匆忙起床忘记带钥匙,晚上开门回家忘记拔钥匙。为满足人们在每次不小心遗忘钥匙时,都能得到及时的提醒这一需求,本项目设计并制作了"忘拔钥匙与忘带钥匙的多功能安防提醒装置",具体的学习任务见表5-5-1。它适用于生活中常见的三种情况:(1)当钥匙在门锁上停留超过设定的时间,该装置会发出提示语音,提醒用户将钥匙拔下来,确保用户的家和钥匙都得到妥善的保护;(2)钥匙取下来后,装置会提示把钥匙挂在钥匙座上,帮助使用者养成将钥匙放在固定位置的习惯;(3)出门时,装置检测到门打开,会提醒用户带重要文件物品和钥匙,避免忘带东西的麻烦。

表5-5-1 学习任务分解表

核心任务	核心驱动问题	最终成果
学生团队合作,设计一种忘拔钥匙提醒与忘带钥匙提醒的多功能安防装置。在用户离开家门时,通过声音或其他方式提醒用户检查是否已经携带钥匙,以及是否已经拔出钥匙,帮助用户养成良好的钥匙管理习惯	设计一种忘拔钥匙提醒与忘带钥匙提醒的多功能安防装置,使之准确地检测钥匙的位置和门锁的状态,并选择合适的提醒方式,以确保用户能够及时察觉并采取相应行动?	研究报告 忘拔钥匙与忘带钥匙的多功能安防提醒装置模型
子任务	具体内容	阶段产品
装置需求分析	围绕"智能家居"主题,结合生活观察,小组讨论并提出子主题"忘拔钥匙提醒与忘带钥匙提醒的多功能安防装置",论证其可行性与创新性,并调研此产品的开发需求	发明创意卡 需求报告
装置设计方案	基于学生的调查结果,分析此作品的主要功能与实现方式,从而将问题进行分解,确定项目使用的开源硬件平台和实现每个功能模块需要用到的传感器及相关组件,形成初步设计方案	设计方案

子任务	具体内容	阶段产品
装置理论学习 与程序编写	【霍尔传感器的连接与程序编写】 学习霍尔传感器的工作原理、各个引脚的含义以及实际的应用，将其与 Arduino Nano 板、限位开关、状态指示灯连接，编写相关程序，实现检测钥匙的位置和门锁的状态与亮灯提醒功能	实践操作单 程序代码
	【语音播放模块的使用与程序编写】 学习语音播放模块的工作原理、各个引脚的含义以及实际的应用，将其加入电路连接，编写相关程序，实现语音提醒功能	
装置外型制作	根据设计草图，结合实物电路，估量 3D 打印方形盒的尺寸与模型门的长宽，引导学生利用激光切割机与 3D 打印机制作实物作品外型	忘拔钥匙与忘带钥匙的多功能安防提醒模型
装置组建调试 与展示分享	根据上述元件学习使用胶枪连接，组建实物作品。调试实物作品能否满足现实需求，展示交流创意想法	忘拔钥匙与忘带钥匙的多功能安防提醒模型研究报告

五　实施步骤

本项目所需的教具材料包括 Arduino 开发平台、Arduino Nano 板、电池、充电模块、灯带、语音播放模块、喇叭、钥匙挂钩、限位开关、磁铁、霍尔传感器、3D 打印机、激光切割机等。在项目的整个实施过程中，学生自主发现问题，进行需求调研，明确作品的主要功能；进而分析实现方式，确定项目使用的开源硬件平台和传感器，形成设计方案；随后完成电路连接，编写程序，制作外壳；最后展示项目成果，进一步调整优化作品。

1. 需求分析

（1）创设情境，头脑风暴

教师播放"智能家居"视频，展示使用智能手机或语音助手控制灯光的亮度和颜色,通过智能音箱播放音乐,以及利用智能摄像头监控家庭安全,让学生感受物联网给生活带来的变化与影响,进而抛出问题:在你的家庭生活中存在哪些方面的问题,引发学生思考。随后组织小组讨论,头脑风暴,每位学生需向小组其他成员讲述生活中的"麻烦事",以及希望的改进措施,首先在小组内部推选出一个想法。各小组派代表汇报结果后,由社团全部成员投票选出一个最感兴趣、最具共性、最值得研究的问题。最终确定驱动性问题为:如何设计一种忘拔钥匙提醒与忘带钥匙提醒的多功能安防装置?

（2）分析可行性

学生在机房自主利用电脑搜集资料,论证项目的可行性,通过访问中国知网数据库、百度搜索引擎、专利网站、淘宝购物网站等,了解所研究项目的现状,论证其创新性。填写完成"创意发明卡"中的项目名称、小组基本信息、发明缘由、研究目的、研究方法与研究现状部分。

（3）调研用户需求

教师布置课后作业,要求学生通过访谈的形式调研各自的父母、同学、亲戚和朋友,了解他们在钥匙使用方面遇到的问题、习惯的做法以及对智能家居门锁装置的需求,借助腾讯文档将小组各成员的调研结果汇总,并整理成文,填写"创意发明卡"中的需求分析。

2. 设计方案

（1）分解核心问题

学生汇报小组调研的结果,教师边记录边整合,并帮助学生总结提炼,将核心问题分解成以下子问题:①钥匙遗留在锁孔内,该怎么提醒? 用什么方式提醒? 多长时间必须发现? ②钥匙取下来后,如何养成把钥匙放在固定位置的习惯? ③出门时如何提醒人带钥匙? 用什么方式提醒?

（2）列出材料清单

针对每个子问题开展讨论,教师和学生一同确定解决方法,如借助霍尔传感器发现钥匙没有拔出,3秒后采用语音和亮灯的形式进行提醒。通过对问题的逐个回答,细化本项目需要的材料清单与使用的开源硬件平台。学生自主查询所需材料的价格,合理控制成本。

（3）明确设计思路

经查阅资料、研究讨论,最终确定设计的基本思路是:外壳主要由激光切割的木板与 3D 打印的方形盒子组成,盒子内安装电子元器件并敷设电路。钥匙上安装小型磁铁,锁眼周围布设霍尔传感器,霍尔传感器可以通过检测磁场来判断钥匙是否长时间插在锁眼里,如果是,主控器会控制语音播放模块、喇叭发出提示语音,提醒主人将钥匙拔下来。钥匙挂钩上端连接限位开关,钥匙取下来后,装置会提示把钥匙挂在钥匙座上,如果钥匙挂在挂钩上,则会触发限位开关,进而由主控器控制语音播放模块,提示关闭,养成钥匙放在固定地点的习惯。在门边与门框的对应位置分别安装磁铁与霍尔传感器,用于检测门是否打开了,如果检测到门打开了,则语音模块又会提醒人们需要带钥匙。教师指导学生将设计想法绘制成草图,方便后期制作。

3. 实施操作

(1) 霍尔传感器的连接与程序编写

教师提供霍尔传感器的相关资料,包括工作原理、各个引脚的含义、实际应用等内容,通过小组合作,探究其与 Arduino Nano 板的连接方式,简要画出本项目中四个霍尔传感器与控制板、限位开关、状态指示灯之间的连接图。根据连接图,以小组为单位动手实践,连接实物,并邀请物理老师参与指导。信息科技老师则帮助学生梳理程序逻辑,完成算法流程图,介绍 Arduino 编程中常用的函数,如 pinMode、digitalWrite、digitalRead、delay 等,让学生尝试补充程序代码实现相应功能。

(2) 语音播放模块的使用与程序编写

参考学习霍尔传感器的方法,学生自主探究语音播放模块相关知识,尝试连接 Arduino Nano 板和喇叭,学会存储卡中存储需要的音频文件,了解库的安装,通过简单的串口指令完成播放指定音乐的需求,教师在整个教学过程中提供个性化指导,把握教学节奏,推动项目开展。

(3) 系统电路连接与程序整合

根据设计方案,学生绘制完整电路图,并将其他硬件设备接入之前完成的部分电路中,完善系统电路连接,小组合作,整合全部程序并进行系统调试,注重检查程序逻辑,见图 5-5-2。

(4) 外部结构设计与拼装

结合实物电路,估量 3D 打印方形盒的尺寸与模型门的长宽,利用 3D One 软件和 Lightburn 激光切割软件绘制结构图,见图 5-5-3。选择合适的材料实现外部结构的制作,使用胶枪工具将硬件固定至相应位置,见图 5-5-4。

```
void loop(){
Sata:                          //提示钥匙挂好程序
    if (digitalRead(9) == 0 && digitalRead(A5) == 1) {
        while(digitalRead(A3) == 1){
            myPlayer.volume(25);myPlayer.playMp3Folder(1); //播放语音：欢迎回家，请将钥匙放在挂勾上！
            for (int i = 1; i <= 15; i = i + (1)) {
                digitalWrite(4,LOW);delay(100);
                digitalWrite(4,HIGH);delay(100);
            }
            Serial.println("2");
        }
        digitalWrite(3,LOW);
        myPlayer.volume(25);myPlayer.playMp3Folder(2); //播放语音：钥匙已放好，我将在您出门时提醒您带好钥匙。
        delay(6000);
        goto Gys;
    }
}
```

图 5 - 5 - 2　最终程序(部分)

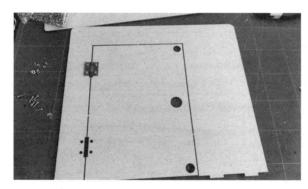

图 5 - 5 - 3　激光切割图

图 5 - 5 - 4　最终成品图

4. 总结评价

学生展示最终制作完成的成果，演示装置是否能够准确地检测到钥匙的状态，是否能够及时提醒用户，以及其他安防功能的可靠性和效果。鼓励学生采用多种形式(PPT、文档、图片)分享研究报告，描述设计制作的关键步骤，反思遇到的挑战和解决的方案，供其他小组学习参考。其他小组结合评价量表对汇报小组进行评分，给出合理化建议，教师总结指导，启发下一步的研究方向。

六　学习评价

本项目在实施的每个阶段都有自己的评价工具，确保学生在项目过程中的各个阶段都能得到有效的反馈与指导,如发明创意卡评价量表(表5-5-2)、设计方案评价量表(表5-5-3)、程序设计评价量表(表5-5-4)、外型制作评价量表(表5-5-5)、交流展示评价量表(表5-5-6)。在项目结束后,教师将根据终结性评价的标准对学生的总体表现进行评价,评价采用学生自评、小组组长互评与教师评价相结合的方式进行,分配比例为3∶3∶4,大力推动评价主体由教师转向师生、生生,见表5-5-7。项目整体评价维度由知识的记忆、理解、应用转向核心素养,评价成果由纸笔转向项目成果,旨在帮助学生和教师总结学习过程中所取得的成果,检验学生对课程内容的理解和应用能力,同时为学生提供反馈,帮助他们了解自己的优势和不足之处,在未来的学习中做出改进。

表5-5-2 发明创意卡评价量表

维度	指　　标	水平
创意思维	能积极参与头脑风暴,提出创新和有实际可行性的想法	优秀
	能参与头脑风暴,但提出的想法不够创新或不够合理	一般
	参与度不高,未能提出有效的想法	需改进
可行性分析	对选定的题目进行了深入的可行性分析,提出了详细和准确的分析结果	优秀
	可行性分析存在一些不足,需要进一步完善和深入分析	一般
	可行性分析不够充分,需要重新进行分析	需改进
需求调研	采用了科学合理的调研方法,得到了详尽准确的调研结果	优秀
	调研方法和结果存在一些问题,需要进一步完善和改进	一般
	调研方法和结果不够科学和准确,需要重新进行调研	需改进

表5-5-3 设计方案评价量表

维度	指　　标	水平
硬件平台选择	选择了合适的硬件平台,理解其优势和适用场景	非常优秀
	能够解释选择硬件平台的理由	优秀
	选择合理,但未提供充分的解释	一般
	选择不合理,无解释	需改进
	完全错误的选择	需重大改进

维度	指　　标	水平
传感器和组件	选择、配置和使用了适当的传感器和组件	非常优秀
	能够解释传感器和组件的工作原理	优秀
	选择合理，但未提供充分的解释	一般
	选择不合理，无解释	需改进
	完全错误的选择	需重大改进
需求分析和模块设计	进行了有效的需求分析，将需求分解为功能模块	非常优秀
	能够详细描述各个功能模块的硬件配置	优秀
	进行了需求分析，但未详细分解功能模块	一般
	需求分析不足，功能模块设计不清晰	需改进
	未进行需求分析和功能模块设计	需重大改进
初步设计方案	综合考虑项目各个方面，形成了初步设计方案	非常优秀
	能够清晰地解释设计方案的合理性和完整性	优秀
	有初步设计方案，但解释不够清晰	一般
	初步设计方案存在明显的问题	需改进
	没有初步设计方案	需重大改进

表 5-5-4　程序设计评价量表

维度	指　　标	水平
计算思维	学生能用自己的话表述对传感器各引脚的理解和相应程序功能设计思路	优秀
	学生能参考实践操作单表述对传感器各引脚的理解和相应程序功能设计思路	一般
	学生表述对传感器各引脚的理解和相应程序功能设计思路有困难	需要改进
电路连接	学生能熟练连接传感器及其他电子元器件	优秀
	学生能基本掌握霍尔传感器及其他电子元器件的方法	一般
	学生连接传感器及其他电子元器件依赖于教师指导	需要改进
程序编写	代码逻辑清晰、结构合理，功能完整且正确，高效	优秀
	代码逻辑一般，结构较简单或混乱，功能实现基本但可能存在一些错误，效率一般	一般

维度	指　　标	水平
	代码逻辑混乱，结构不清晰，功能实现不完整或存在较多错误，效率较低	需要改进
问题调试	能及时发现问题并采取相应措施解决问题	优秀
	能发现问题，需要在老师或同学的帮助下解决问题	一般
	不能发现并解决出现的问题	需要改进

表 5 - 5 - 5　外型制作评价量表

维度	指　　标	水平
外型设计	能够准确估算外型尺寸并满足装置需求	（10 分）
	能够将电子硬件与外型设计相协调	（10 分）
激光切割	能够正确操作激光切割机制作木板外壳	（10 分）
	理解激光切割机工作原理	（10 分）
3D 打印技能	能够正确操作 3D 打印机制作关键组件	（10 分）
	理解 3D 打印机的操作流程	（10 分）
工程实践技能	能够使用测量工具准确测量尺寸	（20 分）
	能够细致地进行切割、打印和组装工作	（20 分）

表 5 - 5 - 6　交流展示评价量表

维度	指　　标	水平
组装技能	能够精确组装和连接各个电子元件，保证它们牢固固定	优秀
	能够完成组装任务，但可能有一些细节不够完美	良好
调试能力	能够迅速且有效地调试作品，确保其正常运行，解决问题时表现出良好的解决方案	优秀
	能够调试作品，但可能需要更多的时间和帮助	良好
团队合作	能够积极参与团队工作，分工明确，有效协作，促进组装的顺利进行	优秀
	能够合作，但可能出现分工不均和沟通不畅的情况	良好

维度	指 标	水平
工程实践技能	能够清晰地展示和分享作品,表达设计理念和创意思考,吸引观众的注意	优秀
	能够展示和分享作品,但可能需要更多的细节和表达能力方面的改进	良好

表5-5-7　总结性评价量表

评价维度	评价指标	分值	学生自评	组长互评	教师评分
需求分析	市场调研的深度和广度	5			
	功能定义的明确性	10			
设计方案	总体设计的创新性和实用性	10			
	外壳设计的美观性	5			
	电路设计的安全性和可靠性	10			
	编程设计的功能性和稳定性	10			
实施操作	3D打印与激光切割的质量	10			
	组件安装的稳固性	10			
	电路连接的准确性	10			
	编程实施与测试的成功率	10			
团队合作	沟通有效性	5			
	合作贡献程度	5			

七　项目反思

本项目围绕"制作一种忘拔钥匙提醒与忘带钥匙提醒的多功能安防装置"展开,与生活紧密相关,同时融合多学科知识,让学生化身为小小发明家,完整地经历从需求分析、设计方案、实施操作到总结评价的全过程,产出了属于自己的发明作品。该作品不仅是记性差、粗心大意、生活节奏快人群的福音,也避免了人们忘带钥匙和忘拔钥匙的尴尬,还培养将钥匙放在固定地点的行为习惯。因此其不仅有现实意义,还能有效帮助学生提升安全意识。

1. 以完整问题链促进境脉性学习

本项目针对不同的子任务设计了完整的问题链,如理论学习与程序编写阶段,引导学生思考如何利用状态指示灯提示用户忘拔钥匙与忘带钥匙?开门忘拔钥匙亮灯提醒要实现的功能是什么?触发条件是什么?出门忘带钥匙亮灯提醒要实现的功能是什么?触发条件是什么?实现以上功能,需要用到哪些硬件设备?以问题链的方式激发学生思考,不断生成新的学习内容,在此过程中培养学生分解问题与解决问题的能力。

2. 以多样化教学活动带动学生积极参与

本项目通过多种教与学活动的设计,如讲解、示范、自主探究、小组合作等形式,激发学生的学习兴趣,促进其主动参与和合作。在实践环节,让学生亲自动手制作多功能安防装置,巩固所学的知识和技能。

本项目采用项目式学习教学模式,在实施过程中存在以下不足:没有充分给予学生个性化的指导和支持,项目的难度相对较大,而且环环相扣,学生需要综合运用物理、科学、技术、工程、艺术、数学等领域知识解决问题,而不同学生的学习能力和兴趣有所差异,导致一些学生可能无法充分发挥自己的潜力,缺乏主动性,因此教师可以通过差异化教学的方式,为学生提供适合他们的学习资源、技术指导和挑战性任务,引入激励机制,促进小组内部互帮互助,以满足不同学生的需求。

(撰稿者:东北师范大学深圳坪山实验学校　莫怡琳、黄韵豪)

第六章

评价的生长性

评价的生长性强调关注学生的学习过程和发展轨迹，从而促使学生实现最大限度的成长。在实施过程中应做到，评价目标指向核心素养，评价任务设置具体合理，评价方式综合多类手段，评价反馈指导持续有效。

国家对创新人才的需求日益迫切,培养具备创新思维和实践能力的人才,离不开深入实施科技创新教育。评价作为科技创新教育中的重要一环起着不可或缺的作用,它可以帮助教师了解学生的发展情况,指导其学习与成长。然而,传统的学生评价过于强调甄别与筛选功能,通常以当前的学业成绩作为衡量学生的标准,这种静态的评价忽略了个体的潜力和发展空间。为此,2020 年 10 月,中共中央、国务院印发的《深化新时代教育评价改革总体方案》指出,教育评价事关教育发展方向,并提出了"改进结果评价,强化过程评价,探索增值评价,健全综合评价"的主要原则。[①] 可见,以发展的眼光来关注学生学习的动态变化,促进教育从关注结果向关注过程转变的评价生长观,为科技创新教育的学生评价提供了新思路。

　　CIM 课程具有评价的生长性,这一特征是指在关注学习目标达成情况的同时,突出评价的诊断和发展功能,主张评价应该随着学习认知过程、学习表现情况、学习活动参与过程及时有效进行,促进真实学习、增值学习的发生,从而帮助每位学生最大限度的实现生长。[②] CIM 课程注重培养学生的创新思维、动手实践能力和问题解决能力等核心素养,以上素养的培养需要一个持续的过程。生长性评价关注学生的学习过程和发展轨迹,能够全面了解学生在科技创新领域的成长和进步情况,帮助教师更好地指导学生的学习和发展。

　　CIM 课程具有评价的生长性,在实践层面需要做到以下几点。

　　1. 评价目标指向核心素养,推动学生多元化生长。CIM 课程大多基于真实问题情境,学生通过实践发现问题、分析问题,并运用多学科知识解决问题,在此过程中提升学科思维。以往参照学科知识大纲开展的测试脱离问题情境,将综合实践割裂成一

---

① 中共中央、国务院. 深化新时代教育评价改革总体方案[EB/OL]. (2023 - 10 - 13)[2024 - 07 - 15]. http://www. gov. cn/zhengce/2020-10/13/content_5551032. htm.
② 黄文业. 语文学科教学中生长性评价的构建与运用[J]. 小学语文教学,2023(9):14—17.

系列"零碎的知识点",难以反映出学生对事物或问题的整体认识与思考。① 与此同时,CIM课程具有快速变化和不确定的特点,评价应该具备灵活性和适应性,才能帮助学生有效应对科技创新领域的变化和发展。指向核心素养的评价,更为关注学生在真实情境中的学习表现,思维的发展过程,以及对知识的学以致用,能更好地帮助学生认识自己的优势和改进方向,推动学生多元化成长。评价首先需要明确CIM课程的培养目标;其次结合相关的科技创新教育框架和标准,确定核心素养评价指标的内容和范围;然后针对每个核心素养,设定具体的评价指标,指标应该能够客观地衡量学生在该素养或能力上的表现,描述清晰明确,具有可操作性,方便评价者进行评估;最后考虑不同层次和发展阶段的学生,可设定不同的评价指标。

2. 评价任务设置具体合理,激发学生的能动性生长。CIM课程的教学需要设计具体的评价任务,来发展学生核心素养。评价任务提供的实际应用场景,让学生将所学知识和技能应用到实际问题中,赋予知识意义,教师通过观察学生在科技创新方面的实际行动和成果,可以更为准确地评估其能力和素养。为确保评价的有效性和可行性,在设计评价任务时,应注意与CIM课程的目标相一致;任务设置具有一定的挑战性和启发性,能够激发学生的创新思维和解决问题的能力,同时具有一定的灵活性,以适应不同学生的发展需求和兴趣,鼓励学生展现创造力和独立思考;评价实施过程中,提供相应的资源支持,如实验器材、科研文献、编程平台等,以帮助学生完成任务或项目;合理安排评价任务或项目的时间,确保学生有足够的时间进行实践和探索。

3. 评价方式综合多类手段,促进学生全方位生长。CIM课程涵盖了广泛的领域和技能,学生在科创实践中需要发展多样化的能力和素养,通过多元化的评价方法,可以更全面地了解学生在不同方面的发展情况,促进学生全方位成长。评价可以采用观察记录、口头报告、书面作品、项目展示、实践演示、团队合作评估等不同的方式,从不同角度评估学生的能力和素养,提供更全面的评价结果。使用多样化的评价工具,如评估表格、评分标准、自评和同伴评价表、电子档案、学习系统等,帮助评估者更具体地描述学生的表现和要求,提供客观的评价依据。将不同的评价方法和工具综合起来,形成综合评价的结果,可以建立评价体系或评分体系,对不同评价指标和方法进行权衡和综合,得出综合评价结果。

---

① 李锋,沈玲霞,林众.信息科技新课标中素养导向的增值性学习评价[J].课程·教材·教法,2022,42(11):44—50.

4. 评价反馈指导持续有效,尊重学生个性化成长。通过持续有效的反馈与指导,学生可以更好地认识自身学习进展情况,发现存在的问题和可挖掘的潜力,逐渐培养起自主学习的能力,更好地满足尊重学生个性化学习和成长的需求。评价反馈应该具体、明确,指出学生在科创实践中的优点和需要改进的方面,提供具体的例子和观察结果,让学生更好地理解自己的表现。在提供反馈时,不仅要指出问题所在,还要提供改进的方向和方法,可以给出具体的建议、技巧或资源,帮助学生了解改进的方向。根据学生的个体差异和发展需求,提供个性化的指导,了解学生的兴趣、目标和学习风格,根据其特点提供相应的指导策略,使学生能够更好地接受和应用指导。学生需要在实践过程中得到及时的反馈,以便能够及时调整和改进自己的学习和实践方法,教师和指导者应尽量及时地提供反馈和指导,确保学生能够及时受益。同时鼓励学生参与反馈和指导的过程,让其尽可能多地发表观点和反思,学生可以提出问题、分享感受,并与教师一起制定改进计划,以增强其学习的主动性和参与度。

生长性评价是 CIM 课程中一种重要的评价方式,它通过观察、记录和评估学生的实际表现和综合素质,全面了解学生的成长情况,激发学生的学习兴趣和动力,促进他们的全面发展。这种评价方式的引入,将为 CIM 课程提供更有效的教学和培养手段,培养更多具有创新精神和实践能力的科技人才。

（撰稿者:东北师范大学深圳坪山实验学校　莫怡琳）

【创意设计 6-1】用 LED 直接照射绿萝根部对促进植株生长情况的研究

适用对象：三、四年级　项目课时：12 课时

一　项目背景

《义务教育科学课程标准（2022 年版）》提倡设计学生喜爱的科学活动，营造愉快的教学氛围，激发学生的好奇心和学习动力，强调学生主体地位，引导学生总结、反思、应用和迁移所学知识，促进自主学习和合作学习。[①] 2016 年 9 月发布的《中国学生发展核心素养》明确了学校需培养学生的六大核心素养并提倡全面评价学生素养提升。本课程设计围绕 STEAM 教育的五个关键点：项目式、问题导向、真实情境、跨学科性和整合性，通过研究探究用 LED 直接照射绿萝根部是否能够促进整体植株的生长这一问题，帮助学生掌握基于已知事实发现、思考、提炼问题的能力，学会记录和处理实验数据的方法，围绕 CIPP(Context；Input；Process；Product)教育评价模型开展评价方式更新，形成有效研究成果，借助人工智能技术[②]，在追求"五育并举"向"五育融合"深化发展的科学实践中，积极探索评价新路径。项目历时 6 周，结合了科学、技术、工程、艺术和数学等多个学科领域，通过引导学生进行实验探究，帮助其理解植物生长的基本要素，掌握科学研究的方法和技能，培养创新意识和实践能力，主张贯彻落实评价机制改革深入基础教育课堂理念，全方位助力学生成长。

二　项目思路

本项目旨在探究用 LED 直接照射绿萝根部是否能够促进整体植株的生长。为实

[①] 中华人民共和国教育部. 义务教育科学课程标准(2022 年版)[M]. 北京：北京师范大学出版社，2022.

[②] Stufflebeam D. L. The CIPP Model for Evaluation[M]. Boston：Kluwer Academic Publishers，2003.

现这一目标,项目组精心设计了以下实施思路:(1)深入挖掘最关键的、对项目具有决定性影响的核心问题;(2)明确项目所面临的问题背景和情境;(3)阅读文献、收集资料积累相关知识;(4)开始设计和制作解决问题的工具或方案;(5)记录并分析实验,通过严谨的实验设计和数据分析,得出可靠的结论并对项目的成效进行科学的评估。项目具体设计思路见图6-1-1。

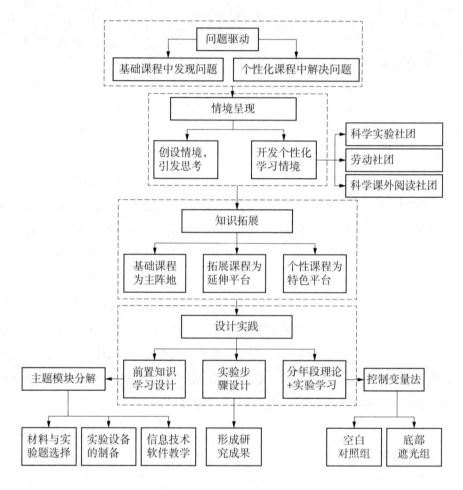

图6-1-1 用LED直接照射绿萝根部是否能够促进整体植株的生长探究课程设计思路

三 学习目标

本项目涉及科学、信息科技、综合实践等学科,具体内容涉及人教版小学科学四年级第一单元知识;小学科学信息技术五年级第二单元知识:使用图形化程序语言完成感测与控制。目标是让学生通过探究用 LED 直接照射绿萝根部是否会促进整体植株生长的过程,培养其科学素养和创新精神,提高问题解决能力和实践操作能力。同时,这一课程项目还可以帮助学生树立环保意识,了解绿色植物的生长特点及 LED 绿色环保照明在日常生活中的重要意义。具体学习目标如下。

1. 学科知识:(1)科学,控制变量法,植物生长的基本要素。(2)信息技术,使用图形化程序语言完成感测与控制。(3)综合实践,植物的种植与养护,实验器材设计与制作。

2. 能力方面:(1)掌握基于已知事实发现、思考、提炼问题能力。(2)学会记录和处理实验数据的方法,总结形成有效的研究成果。(3)学会合理使用多学科知识协同解决问题,跨学科学习、创新能力以及跨学科融合素养得到提升。

3. 学习素养:形成科学观念,理清科学思维,掌握探究实践的方法,理解认识科学本质和规律,理解科学技术和社会环境之间的关系,逐渐形成科学态度与社会责任。

四 学习任务

课程体系开发研究起源于学生在科学课上了解到,植物是通过叶子和茎进行光合作用,从而实现生长发育的。学生提出"水培植物的根部被光照射时是否也能有效加快植物生长"这一问题,为了激发学生对科学探究的兴趣,提高其科学素养,项目组设计了一套适用于三、四年级的科学探究课程,该课程以"用 LED 直接照射绿萝根部是否能够促进整体植株的生长"为主题。基于对驱动问题的深入理解,学生对实验进行了设计及实施(表 6 - 1 - 1)。

表 6 - 1 - 1　用 LED 直接照射绿萝根部是否能够促进整体植株的生长探究课程任务分解一览表

核心驱动问题	核心任务	最终成果
光照根部会促进植物生长吗?	设计实验方案并制备实验装置,实验装置订制单	实验装置 实验结果 研究论文
分解驱动问题	评估任务	阶段产品
① 实验装置如何设计?	学生需要通过查阅资料、联系工厂设计制作实验装置	实验装置设计图 实验装置实物

（续表）

分解驱动问题	评估任务	阶段产品
② 如何设计实验计划,基于什么进行实验操作?	1. 学习控制变量法 2. 依据控制变量法设计实验方法 3. 进行实验并记录实验数据	实验方案设计
③ 如何高效总结实验结果,做好记录与分析?	1. 撰写实验报告 2. 分析实验结果 3. 书写研究论文	实验报告 研究论文

五 实施步骤

本项目总共分为 12 个课时。首先,学生开展初步的植物生长研究,了解植物生长的基本要素。接下来,教师将引导学生自主设计实验方案,通过实验探究用 LED 直接照射绿萝根部是否会促进整体植株生长。在实验过程中,学生分工合作,进行实验操作、数据记录和分析等工作。最后,教师组织学生开展成果分享和总结交流,帮助其梳理实验结果,形成研究论文。

1. 问题驱动

本课程依托 STEAM 教育,以真实问题的解决、学科整合与技能培养三个方面为基本内涵[1],通过构建真实的问题情境,旨在以学科间深度融合的方式,促进学生 STEAM 素养的全面提升。围绕课程研究的核心问题:光照根部会促进植物生长吗?项目组将所研究问题进行分解:(1)实验装置如何设计?(2)如何设计实验计划,基于什么进行实验操作?(3)如何高效总结实验结果,做好记录与分析?教师着力帮助学生形成科学观念,理清科学思维,掌握探究实践的方法,理解认识科学本质和规律,理解科学技术和社会环境之间的关系,逐渐形成科学态度与社会责任。

2. 情境呈现

在教学过程中,课堂情境的创设是一项重要的教学策略。模拟真实世界的情境,学生能够更好地理解和应用所学知识,提高其学习兴趣和参与度。项目组织学

---

① 彭敏,郭梦娇. STEAM 教育的基本内涵与发展路径研究[J]. 教育理论与实践,2018,38(25):14—18.

生开展初步的植物生长研究。通过植物园参观,学生亲眼见到各种植物的生长状态和环境,了解植物生长的基本要素和影响因素。在参观过程中,教师会安排一些小实验,例如测量不同植物的高度、重量等,让学生亲手操作,加深对植物生长的了解。

3. 知识拓展

本课程以科学和信息技术课程为主要阵地,以基础课程为奠基平台,以拓展课程为延伸平台,以个性课程为特色平台,帮助学生将生活问题转化为多学科的知识技能,加强学生对科学、信息技术等学科知识的综合运用能力,促进学生全面发展。项目以活动为抓手,引导学生自主设计实验方案,通过实验探究用 LED 直接照射绿萝根部是否会促进整体植株生长,组织学生分工合作,阅读文献、收集资料积累相关知识,进行实验操作、数据记录和分析等工作。在这个阶段,教师将抛出问题"如何设计实验装置以便于进行实验操作",学生们需要通过查阅资料、绘制实验装置设计图等方式完成任务。

4. 设计实践

STEAM 教育强调学科知识的迁移,注重学生之间的协作,是以实践过程为导向的一种教学方式。范文翔等认为 STEAM 教育以工具和资源为载体,基于项目式或问题式来培养学生的 STEAM 素养。[①] 本课程项目将采用问题解决式学习和项目式学习相结合的方式进行。

项目实施方案的设计指导思想是分步走,总突破。在材料与实验体的选择上,项目选用绿萝作为实验体,实验植株选择直径 0.5 cm 及以上、高度 10—15 cm 的健康绿萝枝条,无黄叶、烂叶等现象。培养基液为自来水,晾晒 3 天后均分使用,未添加其他营养。

在实验设备选择上,学生利用开源硬件自制了专用的培养实验箱,以完成实验。实验箱采用 3 mm 高透明亚克力制成,尺寸为 $30 \times 25 \times 10$ cm,可同时培养 3 个植株(实验探究专用设备模块清单见表 6-1-2)。通过 Arduino 平台实现了光照和温控,底部可发出可控亮度的光源,并通过温湿度传感器和散热风扇确保热量顺利散发,保证实验的科学性。

---

① 范文翔,张一春. STEAM 教育:发展、内涵与可能路径[J]. 现代教育技术,2018,28(3):99—105.

表 6-1-2　实验探究专用设备模块清单

模块名称	规格	数量	作用
DTH22 温湿度传感器	3.3 V 数字测温	2	监测实验场地及设备底部的温湿度,通过程序启动散热风扇,调节确保光源伴生热量不会影响实验结果
Arduino 主控板	UNO R3	1	主控板,用于控制设备的运行,程序通过 Mind+软件编写
WS2812 灯带	5 V 12 mm 宽度 90 灯/米	1	全彩色灯带,可以通过程序调节亮度与颜色,方便根据实验要求调节参数
散热风扇	12 V 6 W 无刷风扇	1	安装在灯带旁边,通过温度传感器控制启停,从而确保实验环境的一致性
数码管	4 位 0.56 寸	1	直观显示温湿度数据
亮度测试仪	数字感应式	1	日常测量光线亮度
高精度电子秤	测试精度 0.1 g	1	日常测量植株重量
直尺	30 mm 透明	1	日常测量植株长度

在实验场地选择上,由于不确定外界光照环境是否会对实验结果有影响,特将实验场地分别为无光实验室(日常关闭窗帘,平均照度为 1 200 lx)和强光实验室(全玻璃无遮挡、5 楼光线较强,平均照度为 8 000 lx),学生在这两种截然不同的光照条件下分别进行了实验。实验装置空白对照组、底部遮光组、底部光照组见图 6-1-2。

图 6-1-2　实验装置空白对照组、底部遮光组、底部光照组(从左到右)

在实验测试环节中,学生选取同一批次的绿萝幼苗,筛选修剪后,用高精度电子秤称重和测量长度,记录数据。将幼苗分置于不同实验箱,每箱18株。每两天记录重量和高度,拍照留存。实验周期15天后,对比和分析最终与初始数据。实验箱设三组:空白对照、底部光照(含 WS2812 灯带、温度检测器和散热风扇,平均照度 4 000 lx)和底部遮光(底部遮光,模拟黑暗环境)。每周期15天,每两天测量一次。室内和阳台各进行一次实验。观察和记录各组绿萝的重量与长度,计算各组植株的增重与增高数据。并记录实验体的生长健康状态,如是否出现黄叶、枯萎、烂叶、烂根等现象。

实验研究发现,在光线较差的室内(白天平均照度为 1 200 lx)场景中,底部光照组试验箱中的绿萝植株整体增重量比空白实验组增重量提高了 18%。而底部遮光组中的植株,从第 8 天开始,陆续出现了叶片发黄、根部腐烂等现象,不具备对比价值。在光线充足的阳台(平均照度为 8 000 lx)场景中,底部光照组试验箱中的绿萝植株整体增重量比空白实验组增重量提高了 14%,底部遮光组则比空白实验组增重量降低了 38%,并未出现叶片发黄及腐烂现象,这也符合了绿萝喜光照的特性。从实验中发现光照绿萝的根部确实会促进其植株的生长(实验结果见图 6 - 1 - 3)。因此,在实际生产中可以采用 LED 光照根部的方法,促进部分绿萝植株的生长。这种方法也可以成为增加绿萝等植物产量的一种有效途径。

此次实验场地平均气温约 30 度,日常湿度 50%—80%,为了验证实验的准确性,未来会在冬季较寒冷及干燥的环境中,继续进行相关的实验。

5. 实验结果汇总,在两次实验中得到平均数据统计如图 6 - 1 - 3。

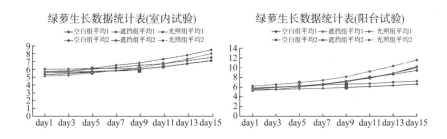

图 6 - 1 - 3　室内、阳台实验植株生长数据统计

6. 项目成果

在实验过程中,控制变量以排除其他因素的干扰,从而获得准确的实验结果。此

外,学生还需要对实验数据进行细致的分析和解释,得出有意义的研究成果。最后学生撰写的名为"用 LED 直接照射绿萝根部是否能够促进整体植株的生长"的论文,在深圳市青少年技术创新大赛中斩获优秀的成绩,并被刊登在坪山区中山小学校报上。

六 学习评价

随着《深化新时代教育评价改革总体方案》的进一步实施,学校和老师对于学生评价机制的改革加紧推荐,实现了很多新的突破,获得了一系列的积极成效。其中,STEAM 教育课程作为中小学特色教育发展的重要组成部分,正是学生评价机制改革的重要阵地,本课程依托跨学科课程深耕课堂培养学生教育能力并以全新的评价机制与手段,对学生进行全方位的评价。依托 CIPP 教育评价模型,课程组教师将成果评价分解为影响(Impact)、成效(Effectiveness)、可持续性(Sustainability)和可应用性(Transportability),提出面向人人的有效评价机制,助力每一个学生综合素养的完善与进步。结合现代信息化教学手段,我校借助"班级优化大师""红蜘蛛""极域电子教室""Arduino 平台""问卷星"等优质信息化教学手段展开课程过程与结果评价。通过数字化评价手段实现了以人工智能技术赋能本课堂、辅助跨学科教育校园建设、奠定 STEAM 教育基石,助力学生素质教育全面发展。

通过本课堂教学体系的研究与开发,对学生的课堂表现数据记录进行整理、分析,基于学生基本学情与综合素养制定个性化的学习方案,做到因材施教,个性化指导,加速提升本课堂教学的质量和水平。课程实施末尾,本课题组充分总结反思,定制个性化评级机制,力求做到因材施教、个性化指导,形成针对每一个学生的个性化成长档案。将人工智能技术应用于课堂教育教学中,为各级学校的教育提供良好的技术支持(表 6 - 1 - 3)。

表 6 - 1 - 3 课程评价量表

项目评价
用 LED 直接照射绿萝根部是否能够促进整体植株生长的研究评价表(小组互评)
参评小组:第( )小组 评价小组:第( )小组

评价要素	星级
1. 在小组会议中积极参与头脑风暴	☆☆☆
2. 勇于承担小组分配的各项任务	☆☆☆
3. 按时完成任务、完成相应安排	☆☆☆
4. 小组成员遇到问题主动提供帮助	☆☆☆
5. 准确、完整地完成分配的工作	☆☆☆
6. 学习成果公平共享	☆☆☆
总星数	

用 LED 直接照射绿萝根部是否能够促进整体植株生长的研究过程评价表

姓名

评价标准	自评星级	互评星级
准确完整记录	☆☆☆	☆☆☆
愿意分享讨论	☆☆☆	☆☆☆
基于评价标准	☆☆☆	☆☆☆
胜任负责工作	☆☆☆	☆☆☆
总星数		

七　项目反思

本项目源于小学科学课程学习，旨在通过学生主动思考，提炼出问题，并以此为导向进行跨学科知识学习，学生的主体地位得以充分体现。此次研究致力于探究用 LED 直接照射绿萝根部是否能够促进整体植株的生长。经过严谨的数据收集与分析，项目组得出了初步结论，并对研究进行了深入反思。在项目执行过程中，课程组教师充分尊重课堂动态，围绕学生兴趣点展开探索，并根据学生在创造性活动中的表现进行灵活而深入地跟踪评价，旨在促进学生的全面发展。在课程实施与评价阶段，课程组充分调动人工智能的作用，构建行之有效的个性化评级机制，形成基于 STEAM

教育理念的科技创新工程体系的个性化评级机制,力求做到因材施教、个性化指导,依托 CIPP 教育评价模型,形成针对每一个学生的个性化成长档案。不同学科的教师可以通过共同的评价反馈达到学生评价全面统一的最佳实践,全方位助推学生综合素养的提升。

（撰稿者：深圳市坪山区中山小学　朱思楠）

【创意设计 6‑2】我为祖国添光彩——LED 灯光秀项目式活动

适用对象:五年级　项目课时:9课时

一　项目背景

《义务教育课程方案(2022 年版)》指出,课程内容以培养有理想、有本领和有担当的学生为目标,学会在真实情境中发现问题、解决问题,具有探究能力和创新精神,热爱祖国,学习和弘扬社会先进文化和中华优秀传统文化,积极为社会作力所能及的贡献。随着祖国的繁荣富强,夜游经济的崛起,城市灯光秀越来越热门,目前全国已有上百个城市制作城市灯光秀表演。声光电科技含量十足的城市灯光秀,是城市形象的亮丽展示。在"我为祖国添光彩——LED 灯光秀项目式活动"中,学生通过掌握 3D 打印和激光切割的技术,了解现今的科学技术,增强团结协作与动手实践能力,培养爱国情怀和责任意识,引领个性化和创新思维发展。

二　项目思路

在"我为祖国添光彩——LED 灯光秀"项目中,整个实施流程精心规划为四个核心阶段:(1)识别问题,明确要求,学生运用设计思维,学会建立"同理心",思考如何设计 LED 灯,重新定义聚焦问题细节;(2)创意设计,原型制作,构思 LED 灯的结构组成,小组头脑风暴提出更有创意的解决方法,制作原型进行测试;(3)动手实践,不断改进,学生学习 3D 打印和激光切割的技术原理,结合自己的创意,设计有特色的 LED 灯,思考如何安装 LED 灯带,点亮 LED 灯带;(4)原型测试,展示分享,对作品雏形进行调试,找到问题,最终分享成品与制作过程。项目具体设计思路见图 6‑2‑1。

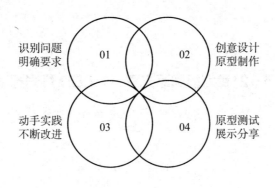

识别问题明确要求 01
创意设计原型制作 02
动手实践不断改进 03
原型测试展示分享 04

图 6-2-1 项目思路流程图

三 学习目标

　　此课程的目标是引导学生了解 3D 打印和激光切割技术的运用,培养学生的创新能力和实践能力,倡导"做中学""用中学""创中学",初步养成合作、分享、积极进取等良好的个性品质,形成爱国情怀和社会责任感,具体见表 6-2-1。

表 6-2-1　学习目标计划表

学科素养	工程	了解激光切割技术的原理,学习 Inkscape、LaserMaker 软件
		学习 3D 建模 123D Design 软件及 3D 打印机的使用
		了解 LED 灯带的工作原理,掌握点亮 LED 灯带的方法
	技术	利用 Inkscape、LaserMaker 软件和激光切割机做出描线、浅雕、深雕等加工工艺
		设计 LED 灯带和底座
	数学	测量设计 LED 灯座各部件的尺寸和大小
	美术	制作展示海报
能力素养	发现和解决问题	学生面对现实问题时,能运用批判性思维,并在学习新知识后联系旧知识形成新的理解和认识
	主动学习和创新	学生能够积极主动学习,推动项目的发展,能有自己的创意,敢于承担责任
	口头和书面沟通	无论是口头、书面、技术或表达技巧上,学生能够阐明个人想法、意图和观点

四 学习任务

项目组在每个活动环节设置了驱动性问题,希望自然引发学生主动思考,将相关知识的运用贯穿于整个学习过程,通过小组合作方式促使学生自主思考和探索,见表 6-2-2。

表 6-2-2 学习任务表

阶段	任务名称	目标	内容	时间安排
第一阶段:前期调研	市面上有哪些 LED 灯?有什么特点?	掌握网络搜索工具使用方法,了解深度调研的重要性	网上搜索、市场调研现有的 LED 灯具,观察其外观造型、结构组成等,收集汇总有效信息	第一课时
	如何确定作品的主题?	观察和发现生活细节,学会通过作品来表达个人的想法	分享交流,确定要制作 LED 灯的主题:如人文、建筑、卡通等	
第二阶段:头脑风暴	个人怎么计划制作 LED 灯?	发挥想象力和创造力,表达自己的想法	小组头脑风暴,每个组员发表自己的创意想法	第二课时
	小组怎么计划制作 LED 灯?	小组得出统一的设计方案	小组分工协作,在白纸上设计并画出 LED 灯的草图,填写探究单写出制作步骤	
第三阶段:学习技术	什么是 3D 打印技术?	了解 3D 技术的原理和用途	学习 3D 建模 123D Design 软件及 3D 打印机的使用方法	第三课时
	什么是激光切割技术?	了解激光切割技术的原理和用途,学习激光切割软件	用 Inkscape、LaserMaker 软件和激光切割机做出描线、浅雕、深雕、切割等加工工艺	第四课时
	如何选择合适的材料?使用什么原材料?规格是多少?	了解各种不同材料在激光切割机的用途和使用方法	根据小组作品的呈现,选择合适的材料,并确定规格尺寸和大小	第五课时
第四阶段:动手实践	如何运用 3D 打印技术?	掌握 3D 打印技术的使用方法	使用 3D 打印技术,打印出小组的作品	第六课时
	如何运用激光切割技术?	掌握激光切割的使用方法	使用激光切割技术,切割出小组的作品	第七课时

阶段	任务名称	目标	内容	时间安排
	怎样才能点亮LED灯带？	认识LED灯带的特点，并学会用焊锡接通LED灯带	灵活使用LED灯带，用焊锡接通LED灯带点亮作品	第八课时
第五阶段：原型测试	LED灯能点亮吗？	测试原型	遇到问题学会找出问题症结所在，并解决问题，如LED灯不能点亮等	第九课时
	怎样能使得LED灯更具实用性或更加美观？	完善作品总结分享	通过市场调研、网上搜索使用者对LED灯的使用感想，进一步完善小组作品，分享创作想法	

五　实施步骤

（一）识别问题、明确要求

随着祖国的繁荣富强，夜游经济的崛起，城市灯光秀越来越热门。声光电科技含量十足的城市灯光秀，是城市形象的亮丽展示，如此受欢迎的灯光秀是如何制作的？通过分享各大城市的缤纷灯光秀场景，学生思考灯光秀制作的原理，并主动地做前期资料搜集，整理有关灯光秀的相关信息。

（二）创意设计、原型制作

第一阶段：前期调研

1. 网上搜索LED灯相关信息，观察其外观造型、结构组成等，做好资料收集整理工作；

2. 利用课外或周末时间进行市场调研，观察市场上现有的LED灯，研究其功能性和实用性，做好资料收集整理工作；

3. 资料收集整理后，在班上进行分享，并确定此次制作LED灯的主题，如图6-2-2所示。

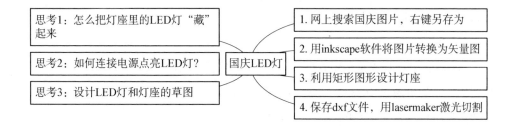

图 6-2-2 学生设计 LED 灯的思维导图

第二阶段:头脑风暴

1. 活动 1——构思设计

2021 年恰逢中华人民共和国 72 岁生日,学生围绕数字 72、国旗、五角星等元素进行艺术字体设计和图案的拼接。

2. 活动 2——手绘设计草图,填写活动探究单

考虑灯光映射的效果,设计草图时运用的五角星、国旗等元素可以适当地层叠,且整体设计不要过分冗杂。

第三阶段:学习技术

在此阶段,学生需要学习掌握 3D 打印和激光切割的操作和软件使用。

1. 活动 1——了解 3D 打印技术和认识 3D 打印设备和材料

对于立体的几何结构图形,传统的制造工艺需要将物品分解再分别加工组装,技术限制大,同时也限制学生的创造力和想象力。利用 3D 打印技术,学生可以充分发挥想象力和创造力,任意设计复杂的几何形状,设计空间无限。

(1) 123D Design 软件

掌握 123D Design 软件,使用简单的图形来设计、创建、编辑三维模型,将照片变成 3D 模型并制作成实物。学生发挥自己的创造力利用软件来设计自己的作品原型。

(2) Cura 3D 打印切片软件

Cura 3D 打印切片软件可以根据不同的打印机和打印材料,对物体进行调整与设置,让 3D 打印机打出更加完美的 3D 模型。

2. 活动 2——了解激光切割技术和软件设备

激光切割技术工艺,可对所有非金属材料,如纸板、木板、亚克力板、皮革、布料等材料进行切割、雕刻或描线。

(1) Inkscape 软件

Inkscape 是一款矢量绘图软件,可以用来创作插画、图标、Logo,绘制地图以及网页图像。学生可通过 Inkscape 软件设计 LED 灯的外观造型图案,也可将网上搜索的主题图片转换成激光切割机所需要的文件格式。

(2) LaserMaker 软件

LaserMaker 是一款激光建模软件,可以实现自由设计,制作简单的图形、文字并对导入的数据进行编辑和排版。学生可以利用 LaserMaker 软件设计好图案,把文件通过数据线传输到激光切割机上。

第四阶段:动手实践、不断改进

1. 活动 1——3D 打印 LED 灯底座

(1) 建模

学生首先运用 3D 建模软件(123D Design 软件)设计灯饰底座模型。

(2) 切片

3D 打印技术是以逐层叠加成型,切片分层即是规划 3D 打印进行的路径。通常切片时,学生需将模型文件导入切片 Cura 软件进行分层切片,如图 6-2-3 所示,完成后保存切片数据并导入 U 盘。

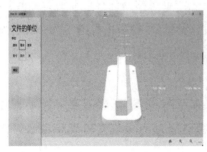

图 6-2-3　LED 底座切片

(3) 打印

在 3D 打印机完成调平、预热、进料等初始打印设置后,将 U 盘插入到 3D 打印机的 USB 接口,在打印机的屏幕上选择 SD 卡上存储的模型名字,确认打印即可进入打印状态。

（4）组装

根据 3D 打印底座设计图纸,清理底座上多余的打印材料,将底座主体和盖子组装,预留安装灯带的位置,如图 6-2-4 所示。

图 6-2-4　打印组装 LED 底座

2. 活动 2——激光切割

（1）软件绘图

① 用 Inkscape 打开一个选取好的图片;

② 调整参数将图片的矢量图和位图分离;

③ 适度修改矢量图,组内评选出最漂亮的图案,用于切割或雕刻。

（2）选取合适的原材料

由于灯光无法透射木板、皮革、布料等材料,因此初步考虑使用亚克力板。经实践发现,不同颜色的亚克力板会对 LED 灯带的颜色和灯光闪烁模式产生不同的影响,为了保证安装的 LED 灯带在所有闪烁模式下均能产生较好的效果,选取透明的 3 mm 亚克力板作为最佳切割材料。

（3）切割模式的设计

在 LaserMaker 软件中,对图形内部进行不同工艺加工（如切割、描线、浅雕、深雕等）,设置不同的速度、功率等进行切割。

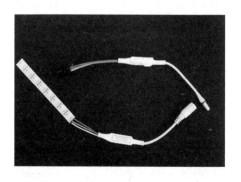

图 6-2-5　焊锡灯带和 LED 控制器

3. 活动 3——锡焊

完成 LED 灯底座和外观造型后,将 LED 灯带和控制器运用杜邦线锡焊连接,接通电源使得 LED 灯亮起,如图 6-2-5 所示。

第五阶段:原型测试

1. 活动 1——测试评估、优化改进

原型测试,就是在作品雏形期间,就对其进行测试,发现其存在的问题。如遇到问题，小组探讨交流，找出问题症结所在，寻找解决问题的方法。

2. 活动 2——展示分享、总结评价

举办班级分享会，每组分享作品的设计理念和想法，以及制作过程中遇到的问题，解决问题的方法和经验，如图 6-2-6 所示。

作品从主题选择到设计草图都由学生自主决定，主题自选，素材自己收集，制作形式随意发挥。每个小组成员都能发挥自己的主观能动性，能较好地运用 Inkscape、LaserMaker 等软件，并掌握相关的基本技巧。

图 6-2-6　LED 灯作品展示

六　学习评价

"我为祖国添光彩——LED 灯光秀"以项目式形式展开，学生之间通过讨论和交流，不断修正和完善对问题的理解，用合作学习的方式减少学生的紧张情绪，增加学生的自信心，上台展示培养学生的口语表达能力，激发学生的学习潜能，培养学生探索精神和勤于动手、善于思考、敢于创造的能力，项目组为全面评价学生的学习情况，设计了如表 6-2-3 所示的评价量表。

表 6-2-3　学生评价表

评价类别		评价目标	评价内容	量化等级				
				5	4	3	2	1
学科素养	工程	了解激光切割技术的原理，学习 Inkscape、Laser-Maker 软件	了解和说出激光切割技术的原理，软件使用熟练					
		学习 3D 建模 123D Design 软件及 3D 打印机的使用	了解和说出 3D 打印技术的原理，软件使用熟练					
		了解 LED 灯带的工作原理	掌握点亮 LED 灯带的方法					

评价类别		评价目标	评价内容	量化等级				
				5	4	3	2	1
	技术	利用软件和激光切割机做出描线、浅雕、深雕等加工工艺	熟练做出描线、浅雕、深雕等加工工艺					
		设计LED灯带和底座	设计合理和实用					
	数学	测量设计LED灯座各部件的尺寸和大小	准确测量，误差值小					
	美术	制作展示海报	将想法和设计理念形成海报，并在班上展示分享					
能力素养	发现和解决问题	学生面对现实问题时，能运用批判性思维，并在学习新知识后联系旧知识形成新的理解和认识	学生查阅文献，制定初步方案之后，在实验过程中不断对方案进行修正，最终形成完整的实验方案					
	主动学习和创新	学生能够积极主动学习，推动项目的发展，能有自己的创意，敢于承担责任	学生遇到问题，能够主动查阅资料，与小组成员讨论交流，发挥自己的创意和想象力					
	口头和书面沟通	无论是口头、书面、技术或表达技巧上，学生能够阐明个人想法、意图和观点	能流利地用语言阐释自己的看法和观点，在展示会上能大方地展示自己的成果					

七　项目反思

本项目应用STEAM综合思维，强调跨学科融合核心思维，依托真实生活情境和其他学科建设跨学科课程。在此课程开展过程中，学生对激光切割和3D打印技术充满好奇，通过小组合作的方式，学生能自主完成独立的完整的项目或任务，学习软件操作会较为枯燥，以简单小任务的方式完成，学生会易于接受。

但由于学生人数较多，教师在活动中无法给每个学生提供足够的时间和指导，这可能导致部分学生在实践中遇到挫折时容易缺乏耐心,失去学习的兴趣。教师可以考虑分批次分时间进行活动,以确保每个学生都能得到充分的支持和帮助。学生体会亲自设计和打印切割模型,坚持"在学中做,在做中学"学用结合,能大大地促进科技素质和创新思维的发展。

（撰稿者：深圳市坪山区科源实验学校　陈怡、牛颖刚、刘佳琦）

【创意设计 6‐3】循序探索学知识　设计涂鸦苔藓墙

适用对象:七、八年级　项目课时:20课时

一　项目背景

　　新课程理念明确了学科育人的功能,促进学生核心素养的发展。《义务教育物理课程标准(2022 年版)》提出了物理观念、科学思维、科学探究、科学态度与责任的四大核心素养,相较于 2011 版的"三维目标"更加具体,侧重思维与观念的培养;在课程内容层面,5 大一级主题、18 个二级主题、89 个三级主题,体现了"分级呈现,层层递进;主题间相互关联,各有侧重"的课程理念,而这正是新增的"跨学科实践"的题中应有之义。整体来看,新课标注重学科育人、强调跨学科实践、解决真实问题,可以说其是新课标物理的三大核心要求,培根铸魂、启智增慧是核心目的。

　　经过探讨发现,结合生物学科、STEAM 课程的苔藓涂鸦,既可以充分利用空间改善环境绿化,又可以增强获得感、幸福感。所以项目组决定开展"可自动浇水的苔藓墙涂鸦"课程活动。在实施过程中本项目将通过分组研究,采用多种形式和方法,解决种植、涂鸦、技术三大问题,最终做成自动浇水的苔藓涂鸦墙实物。

　　在实际调查中发现,苔藓植物墙在实际运用中仍然存在一些问题,如:植物在生长过程中受重力影响容易倒伏,影响设计美观;小盆栽方式种植需要大量盆器和泥土,使植物墙的制作成本较高而且自主发挥空间有限;植物需要人工浇水,费时费力等。人们缺乏对环境问题的关注已经成为一个深层的弊病,该项目希望通过涂鸦和苔藓二者巧妙的结合,让人们发现原来绿色种植可以跟环境、家居建设和谐统一。同时,通过亲身体验前期的植物种植过程和解决一系列自动灌溉的问题,学生可以感受绿色自然环境的魅力,体验成功的快乐。

二　项目思路

　　项目围绕"解决种植、涂鸦、技术三大主要问题"出发,按照"调查筛选—制定方

案—实践检验—阶段总结—完善方案—总结成果"的思路进行,如图6-3-1所示。

图6-3-1　项目思路

（1）解决种植问题。如何选择与设计墙体？如何挑选最适合"上墙"的植物？如何种好苔藓？——前期对适合墙上种植的蕨类和苔藓类植物做全面的了解与对比,明确研究的内容、方法和步骤。

（2）解决涂鸦问题。如何更加高效地制作苔藓墙？如何在制作过程中更能体现出环保理念与人文科技的结合？——组织学生学习研究的内容、任务和具体的操作研究步骤。

（3）解决技术问题。如何实现自动浇水满足植物长青生长？——利用社团活动等课余时间采摘苔藓并对比种植培育苔藓墙,在过程中合理运用对比法。

三　学习目标

在新课程标准中,初中阶段注重学科观念、科学思维、科学探究、科学态度与责任的综合素养培养。结合STEAM课程理念,确定本项目以下学习目标。

科学知识:(1)通过查阅文献、观察记录等方式学习不同种类苔藓的生长习性和种植要求;(2)通过小组合作实验,掌握对照法、控制变量法等科学研究方法;(3)通过查阅文献、结合学科知识等方式,学习太阳能等自动化科学知识。

技术与工程:(1)应用相关的知识和技术,设计并构建立式自动化浇水装置;(2)通过查阅文献、设置对照组,在实践过程中掌握苔藓养护技术;(3)设计绘制苔藓墙自动浇水装置,形成工程设计思维;(4)应用相关知识和技术,在实践中体验优化环境、自建墙体等工程。

数学:(1)成本预算,装置尺寸的测量;(2)按比例配置苔藓泥浆营养液;(3)种植过程、养护过程、浇水过程中对相关数据的收集、处理和分析。

艺术:(1)从苔藓墙色彩、苔藓球形状和植物种类的搭配、造型和空间等方面进行立体景观设计;(2)设计苔藓墙涂鸦图案、制作活动简报等。

信息处理与写作:(1)查阅文献,了解苔藓养护的相关知识和已有的相关研究;(2)了解苔藓应用领域,展望应用前景,学会撰写方案标书、种植方案、浇水方案和涂鸦方案,撰写研究报告。

四　学习任务

根据前期的项目思路与设计,结合初中学生年龄等特点,制定一学期学习任务。涂鸦苔藓墙任务分解表如表6-3-1所示。

表6-3-1　涂鸦苔藓墙任务分解表

任务名称	任务目标(解决什么问题)	任务成果	课时
认识课程	1. 制作苔藓墙的意义与困难; 2. 解决困难的预设思路与方法	苔藓墙设计初稿	1
认识苔藓	1. 苔藓的种类与习性; 2. 选择哪类苔藓用于涂鸦上墙	苔藓种类细目表	1
采集苔藓	1. 获取更多苔藓的方法有哪些; 2. 如何更经济实惠地获得苔藓	苔藓获得方案	1+1
苔藓种植与观察	1. 在哪里培养苔藓最合适; 2. 如何更好地养护苔藓	苔藓生长对比记录表	1+2
制作"涂料"	1. 为了苔藓墙持续生长,泥浆应该包含哪些配方; 2. "涂料"里的各种材料各自的比例应该是多少	苔藓泥浆配方 涂鸦模拟墙实物	2
苔藓涂鸦	1. 如何让苔藓泥浆更好的上墙; 2. 把苔藓泥浆涂鸦在哪里更合适	涂鸦对照模拟墙	3
阶段评估	1. 目前的涂鸦配方如何改进; 2. 目前的涂鸦方式如何优化	优化方案	1
自制苔藓墙	如何自制更适合苔藓生长的苔藓墙	苔藓墙实体	2
设计与制作自动浇水装置	1. 目前我们有哪些自动浇水装置; 2. 最适合苔藓墙生长的浇水装置设计与制作	浇水装置设计图 浇水装置实体	3
保养与改进	1. 如何保养维护苔藓墙; 2. 如何更好地改进我们的苔藓墙		2

项目课程围绕前期准备—初期尝试—中期实践分析—后期改进优化—总结分析,重视过程指导与深度拓展学习。

(一) 前期准备——确定初期思路方案,确定分组分工

小组成员认真学习相关植物的文献理论,查阅与课题创作有关的成品展示以及对课题研究有借鉴和指导作用的理论知识;利用社团时间一起讨论,围绕项目问题,确定本项目三大学习板块;根据学生兴趣与特长,确定三大板块的思路和分工。

这一阶段要求学生获得以下成果:

1. 种植分队确定第一阶段苔藓泥的配方;
2. 种植分队找到最经济有效的苔藓原材料来源渠道;
3. 涂鸦分队提出几种有待尝试的苔藓上墙方式;
4. 技术分队设计自动浇水初期方案。

(二) 初期实践尝试——检验初期种植涂鸦方案,确定改善方向

教师和学生在理论研究基础上,首先通过分组分工研究出苔藓墙体的选择与设计、适合苔藓生长的最佳环境、自动灌溉的有效方式。初步确定以下技术方案:采用太阳能自动喷雾装置,因为喷雾能更好地加大空气湿度并且扩大加湿面积。但发现容易被环境影响,比如风大情况下不合适,炎热夏季时需增加人工喷雾次数。

这一阶段要求学生获得以下成果。

图 6-3-2　学生尝试改进自动浇水方案

1. 种植分队——挑选合适的藓种。

2. 涂鸦分队——改进涂鸦方式；首先采用"酸奶、苔藓泥土、环保酵素"的配方进行搅拌混合，确认能涂鸦上墙，但成本太高并且苔藓长势欠佳，用平刷涂鸦搅拌好的苔藓泥浆，需掌控好粘稠程度否则很难成型。

3. 技术分队——改进自动浇水方案（图6-3-2）。

（三）中期实践分析与后期改进优化——总结经验，分析改进

在初期实践尝试的基础上总结待改进的几个问题。

苔藓泥浆配方中利用酸奶增加粘稠度太贵，考虑优化使配方更加环保便利；泥浆粘稠度不够，没法马上附着在墙壁上，容易破坏原本设计好的图案；夏季苔藓由于湿度不够很难茁壮成长；自动喷雾装置满足不了苔藓需水量，人工浇水又费时费力。

根据以上发现的问题，进行进一步的查询和探究，明确以下改进方案。

图6-3-3　检查　　　　　　　　　图6-3-4　图案

1. 改进研究环境：自建可移动垂直墙体，使研究环境更加真实并方便实验对比探究；通过咨询对比，选用透气性良好的仿古红砖作为实验墙体。

2. 改进配方：首先把成本高的酸奶换成玉米粉或淀粉，但实际搅拌中不好掌握粘稠度，一不小心就会调制成"非牛顿流体"；为了使泥浆更加适合垂直墙面涂鸦，师生最后采用"终极配方"——先涂鸦一层黏合土打底，湿润后再刷上苔藓孢子粉和营养土的混合物（或者鲜活苔藓和营养土的混合物），保证湿润度足够即可。

3. 优化苔藓墙图案设计:项目组发现尽量选择连续面积较大的图案,苔藓保湿效果较好,比较容易存活并且长势良好。

4. 优化浇水装置:采用太阳能自动喷灌装置,根据实际情况设计组装方式,使浇水面积更广,更有利于苔藓生长。经过实践发现,室外苔藓墙由于风大,喷雾不适合,所以项目组改用水量较大的喷头。考虑到冬季空气干燥,项目组利用定时器增加定时喷灌次数。

(四) 研究结果与讨论——收集整理,分析归纳

(1) 苔藓泥浆终极配方:黏土打底,喷湿后把苔藓孢子粉(或新鲜苔藓)与营养土混合搅拌涂抹上墙(为巩固生长,最好重复涂鸦几次);为了环保便利,可采用生命力旺盛的野生苔藓,或者网购星星藓或大灰藓,尽量避免使用需水量太多的水生苔藓。

(2) 涂鸦方式及注意事项:墙体需事先喷湿,渗透性良好的墙体更适合苔藓生长;涂鸦时可以用手代替毛刷(好玩又便利),第一次成型后需增多喷水量使表面充分湿润,并且盖上一层保鲜膜保湿,等苔藓生长后再揭掉保鲜膜;用黏土做图案打底,喷湿后把苔藓和营养土涂鸦覆盖压实即可。

(3) 浇水方式:采用太阳能+充电(两用)+喷雾的自动浇水装置;夏季太阳能充足,冬季需隔段时间对浇水装置充电;喷雾方式浇水面积较大并且能在较短时间内提高空气湿度。

(4) 苔藓墙后期保养:及时修剪维护图案,及时湿润保证生长。

六 学习评价

本项目实施过程中,设计过程性和终结性评价表,推动评价主体由教师转向师生、生生评价;评价方式由结果导向的单一终结性评价向过程导向的多维诊断性评价和过程性评价转变,大力探索增值性评价;评价维度由知识的记忆、理解、应用转向核心素养;每个挑战单元设计"过程性自评""小组阶段互评"和"项目终结性评估"(表 6 - 3 - 2、表 6 - 3 - 3)。

表6-3-2 过程性评价表

一级指标	二级指标	达标要求	等级	自我评价	同伴评价	教师评价
认知发展	知识技能	我能够上网查询信息,知道苔藓墙所需要的学科知识	A 优秀 B 良好 C 一般			
	计算思维	我能够经过对比、分析等系列步骤得出团队认可的苔藓墙设计模型或方案	A 优秀 B 良好 C 一般			
	问题解决	我能够利用习得的知识技能解决过程中遇到的问题,帮助小组方案进一步实施	A 优秀 B 良好 C 一般			
人际交往	团队合作	我能够在认同小组或团队目标及核心价值观的基础上,积极主动承担职责,与团队成员友好协商,灵活地作出安排、解决分歧或问题	A 优秀 B 良好 C 一般			
	有效沟通	我能够倾听和接受来自其他同伴的反馈和想法,并提出自己的合理建议	A 优秀 B 良好 C 一般			
社会参与	实践创新	我能够利用相关信息和资源,产生新的且有价值的观点、方案、产品或成果	A 优秀 B 良好 C 一般			
	责任担当	在项目实践过程中,我能做到自尊自律、文明礼貌,诚信友善;能明辨是非	A 优秀 B 良好 C 一般			
自我发展	学会学习	我能够自主探索学习,但是在必要的时候会寻求帮助	A 优秀 B 良好 C 一般			
	健康生话	在项目实践过程中,我能够进行自我管理,积极应对困难,及时获取和使用信息	A 优秀 B 良好 C 一般			

表 6-3-3　终结性评价表

指标	达 标 要 求	分值	得分
思想性	内容表达的思想积极向上,能科学、完整地表达主题思想	10	
创新性	具有符合主题的原创图案或角色,有一定的想象力、个性表现力,独到新颖	10	
实用性	苔藓墙有利于校园环境得到改善	10	
功能性	设计的涂鸦图案利于苔藓生长、设计的苔藓泥配方实用性高	10	
	自动浇水装置正常运行,且节能节水	10	
艺术性	设计了与主题匹配的平面或立体元素	10	
	整体设计美观、友好,色彩搭配运用得当	10	
其他	小组讨论时思路清晰,能清楚介绍整个作品设计过程与理念	10	
	准确理解评委的问题,回答问题思路清晰,语言简洁流畅	10	
	精神风貌好,仪表整洁大方,表现得体	10	

七　项目反思

本项目源于学生对校园环境的憧憬,对大自然的喜爱以及希望将所学知识付诸实践的诚恳心愿。结合了生物、物理工程技术等学科知识,重在学习过程中的个人体验、综合学科知识应用能力和团队协作能力培养。

(一) 自主学习,课堂回归学生本真

虽然个人的力量是微不足道的,但一份耕耘总会有一份收获。在本次活动中,学生有时像玩泥巴的小孩子,有时像钻研的科学家,有时变身建筑工,有时变身小画家,在学习过程中能发掘自身在不同角色时的潜力,感受不一样的学习快乐。

(二) 深度学习,课堂无限延伸

在课程活动过程中,为了解决不同阶段遇到的困难,学生自主通过网络、课外书籍等形式查阅资料,向不同学科老师虚心请教,加深了对理论知识的深度拓展学习,开拓了视野,丰富了知识储备,让学生通过实践发现美、创造美和保护美,将艺术创作与人

文科技相结合,并以自己的实际行动广泛传播环境保护的知识,增强环保意识。

(三) 合作学习,课堂实现团队协作

项目前期明确的任务分工,不仅有利于发挥学生已有的个人能力,还可以通过小组合理分工培养团队协作能力,互相学习,从设计方案开始,不断地发现问题,组内分析讨论,然后再完善修改,并克服一切困难解决问题,让学生感受到团结协作的精神,在集体中感受个人的智慧和力量,分享成功的喜悦。

(四) 持续学习,实现绿色可持续生长性课堂

种植小组与老师一起到大自然中实地考察,烈日阳光下,学生的衣服被汗浸透,但这些困难丝毫没有减少学生科研的热情,在实验室交流的过程中,学生争先恐后地发表自己的看法和意见。涂鸦小组从成本过高的酸奶换成玉米粉,再到先涂鸦一层黏土打底,湿润后再刷上苔藓和营养土的混合物来保证足够的湿润度,通过不断地改进配方,最后使泥浆更加适合墙面涂鸦。一次次的失败并没有打消学生的积极性,他们反而越挫越勇,对研究过程更加感兴趣,最后出色地完成任务,还积累了许多宝贵的经验。

本项目在很多地方仍然有待改进的问题,比如苔藓泥浆配方,并不适用于所有类型的墙体,自动浇水装置对环境要求较高等,需要在新的课程实施过程中,激发学生去探究并解决新的问题。

(撰稿者:深圳市坪山区同心外国语学校　林莹)

【创意设计6–4】基于物联网的远程遥控电闸

适用对象:八年级 项目课时:6课时

一 项目背景

物联网(IoT)作为当今科技发展的一个重要趋势,对社会经济、技术和文化产生了深远的影响。为了适应这种变革并为下一代提供必要的技能和知识,本项目基于《义务教育信息科技课程标准(2022年版)》编制了基于物联网的远程遥控电闸项目课程。本项目核心目标是围绕数字素养与技能的培养,帮助学生掌握信息科技的基础概念与原理,通过实际应用体验,深刻理解信息科技在人类社会中的重要作用。该项目强调"科学原理""技术应用"的多元评价,确保学生能在理论与实践之间进行有效的知识迁移。

为了实现上述目标,项目组采用创新的教学方法。项目以真实性问题为核心,有效激发学生的兴趣和参与度,帮助学生更好地理解和应用相关的知识和技能。学生在这个过程中掌握了相关的科学原理,学会运用数字化工具,培养计算思维,并将所学知识应用于实际问题的解决中。通过模拟真实的远程控制物联网环境和应用场景,学生更深入地理解和体验数字技术在实际生活中的应用。在评价方面,项目组鼓励学生在数字化学习环境中进行自我规划、管理和评估。当学生主动参与并对自己的学习过程进行管理和反思时,才能真正地掌握知识和技能,并将其应用于实际问题的解决中。

基于物联网的远程遥控电闸项目不仅是一个技术项目,更是一个培养学生数字素养、创新思维和实践能力的综合教育项目。项目组期望通过这个项目,为学生提供一个全面、实践和有意义的学习经验,帮助他们为未来的数字时代做好准备。[①]

[①] 中华人民共和国教育部. 义务教育信息科技课程标准(2022年版)[M]. 北京:北京师范大学出版社,2022.

二 项目思路

为解决在外可以通过手机 APP 查看家里电器的工作状态,并远距离控制家电开关的问题,本项目采用CDIO教学模式(Conceive-Design-Implement-Operate)作为实践导向的教学模式,此模式能够培养学生的实践能力、创新能力和团队合作能力。CDIO教学模式是一种源自于瑞典的工程教育模式,由麻省理工学院和瑞典几所大学共同研发,目的是使工程教育更加贴近实际,让学生具备实践能力、创新能力和团队协作能力,以适应当今复杂的社会和企业环境。同时,CDIO 教学模式注重学生的终身学习能力,培养学生成为有价值的人才,其核心思想是把工程教育分为四个阶段:概念、设计、实现和操作。为了实现上述的设计目标,项目组将根据图 6-4-1 所示框架,对项目进行系统的学习和实践。

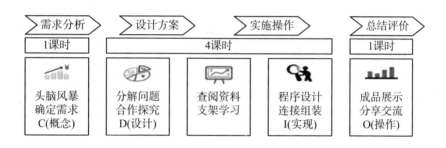

图 6-4-1 项目设计思路图

三 学习目标

本项目涉及物理和信息科技两大学科,具体内容涉及人教版物理九年级第十六章第三节电压电阻、信息科技物联网专题、手机 APP 程序设计与应用等知识。具体学习目标如下。

1. 学科知识:(1)物理,理解电流、电压和电阻的基本概念,并学会测量的方法,学习电路的基本组成和工作原理,了解不同电器设备的功率和能耗;(2)信息,理解物联网的基本概念和原理,掌握基础的网络通信知识,包括 WiFi 和蓝牙等无线通讯方式。

2. 能力方面:(1)初步体验以项目问题为中心的设计思维;(2)学会合理使用数字化工具辅助解决问题,数字化学习与创新能力得到提升;(3)学会记录和处理实验数据的方法,科学探究精神得到培养。

3. 学习素养:增强信息意识,认识到信息技术在现代生活中的重要性和无处不在的特点,了解信息技术对于环保和能源节约的积极作用。

四 学习任务

为确保学生全面且深入地掌握所需的跨学科知识并锻炼关键能力,项目组特制定了一系列具体的学习任务。下述任务不仅涵盖理论学习,更注重实践操作与团队合作,帮助学生在真实场景中应用所学,提高其创新思维和问题解决能力,见表6-4-1。

表6-4-1 学习任务分解表

核心驱动任务	核心问题	最终成果
学生团队合作,设计并制作基于物联网的远程遥控电闸,实现远程遥控家用电闸的目标	怎样设计、制作一个APP,能远程遥控电闸?	研究报告 远程遥控电闸模型
子任务	具体内容	阶段产品
需求分析	发现问题,社会调查 文献研究,市场调查	发明创意卡 需求报告
设计方案	总体设计 外观设计:远程遥控电闸特征 电路设计:增配远程连接控制器 程序设计:使用巴法云实验室测试,确保物联网模块可以接收和发送数据	设计方案
实施操作	列出材料清单,购买研究器材 改造现有电闸,重新连接电路 编写程序	材料清单 产品设计图 实践操作单
组建调试与展示分享	调试实物作品能否满足现实需求,展示交流创意想法	系统模型 研究报告

五　实施步骤

本项目实施步骤旨在能让学生学习理论知识的同时,掌握实践技能。CDIO 教学模式为我们提供了一个实践导向的教学模式,它能够培养学生的实践能力、创新能力和团队合作能力,为学生的未来打下坚实的基础。

根据上述理念,结合需求分析、设计方案、实施操作和总结评价四大环节,我们拟定如下实施步骤:第一,通过社会调查了解人们出门担心忘关电器的情况,提出在外能远程控制家中电器的必要性;第二,通过专利查阅、市场分析,了解目前远程控制电器的方案;第三,设计远程遥控电闸项目;第四,通过硬件搭建、软件设计、模块组建等方式制作实物,投入试用,获取反馈,更新迭代。

1. 需求分析

需求分析是项目开发的第一步,其确定了项目的方向和目标。对于基于物联网的远程遥控电闸项目而言,需求分析确保学生针对真正的问题开发合适的解决方案,避免资源浪费并最终满足用户的期望。

(1) 问题定义

教师帮助学生整理问题定义,项目起源于学生日常生活中的实际需求,希望在外面就能控制家中的电器。因为随着生活节奏的加快,人们越来越容易忘记关闭家中的电器设备,尤其是在出门或出远门时。这不仅浪费了宝贵的能源,还可能存在安全隐患。教学过程首先分享这个情境,激发学生对问题的关注,接着引导学生对该问题进行定义。

(2) 明确问题

在了解项目背景后,学生需要明确问题。问题定义的目的是确定项目的主要目标和边界。项目的核心问题是:怎样设计、制作一个 APP,能远程遥控电闸? 这意味着学生需要开发一个能够实时查看电器状态并控制其开关的系统。

(3) 用户需求调研

为了深入了解用户的具体需求和期望,教师引导学生分组使用多种方法进行调研,如问卷调查、深度访谈和焦点讨论等。这些方法能够帮助学生从不同角度和层面了解用户的真实需求。

同时,教师组织学生开展技术资源调查,以便将想法转变为实物作品。作为本项目的核心,师生将关注当前市场上的物联网技术和解决方案,特别是所需的硬件和软件资源,如物联网模块、传感器、数据库和开发工具等。

在整个教学过程中,教师与学生之间的互动非常频繁,学生通过小组讨论和活动的形式,积极地参与到教学中来。教师则在关键节点上,给予学生指导和反馈,确保学生能够真正掌握需求分析的方法和技巧。最后,教师总结整个教学的内容和意义,强调需求分析在项目开发中的核心地位,并鼓励学生在未来的学习和工作中,都能够进行深入的需求分析,确保项目的成功。

2. 设计方案

在设计方案的教学环节中,学生与教师深度互动,针对设计的各个方面进行讨论、设计和验证。该教学过程以实践和探索为主导,鼓励学生自主思考、合作交流并创造性地设计。

在物联网遥控电闸项目的设计方案教学中,教师与学生共同参与了一个充满互动和实践的学习过程。整个教学旨在使学生深入理解如何从用户需求出发,结合技术资源,设计出一个实用、高效且安全的遥控电闸系统。

教师首先与学生一起回顾了前一节课的内容,即项目的需求分析,为接下来的教学内容做铺垫。随后,教师引导学生进入设计方案的四大要点:架构设计、界面设计、功能设计和安全性考虑。

(1) 架构设计

架构设计是系统设计的基础。教师首先和学生一起探讨了系统架构的概念,并强调了其在整个系统设计中的核心地位。为了更直观地帮助学生理解,教师组织了分组活动,要求学生绘制简单的系统架构图,并解释各部分的功能。这种互动方式不仅能够让学生更加深入地理解架构设计的意义,同时也能够锻炼其实践和合作能力。

(2) 界面设计

教师强调了界面设计在提高用户体验中的重要性,并要求学生设计一个简单的APP界面草图。这个环节注重学生的创意和设计思维,同时也考验了其在前期需求分析基础上的应用能力。

(3) 功能设计

功能设计环节更为具体,直接涉及最终产品的实际效果。教师引导学生根据前面的需求分析,列出 APP 应具备的核心功能,并进行简单描述,确保了设计方案与实际需求相匹配,避免了脱离实际的过度设计。

（4）安全性审查

在物联网应用中,安全性是一个至关重要的问题。教师与学生一起讨论了可能的安全威胁,并探索了相应的防范措施。这一环节教育学生始终将用户的安全放在首位,培养他们的安全意识和风险防范能力。

3. 实施操作

基于物联网的远程遥控电闸项目为学生提供了一个独特的跨学科学习平台,其中实施操作环节尤为关键。在这一环节中,教师将学习的重点从传统的知识传授转移到了实践操作和师生互动上,以确保学生能够全面、深入地掌握所需技能。在实施操作阶段,学生和教师共同将设计方案转化为实际的组合式多功能排插产品。此过程由以下四个主要环节构成。

（1）硬件搭建

硬件搭建作为整个过程的基础,其稳固性决定了整个系统的可靠性。在这个阶段,通过与学生的深入互动,教师将复杂的物联网硬件结构转化为学生可以理解和操作的模块。教师通过展示实际的物联网元件来激发学生的好奇心和探索欲望。当学生在小组实践中亲手搭建硬件模型时,不仅学到了技能,还学会了团队合作的方法,提升了问题解决的能力。

（2）软件开发

软件开发环节则更加注重逻辑思维和创新能力的培养。学生根据教师指导,设计直观、易用的界面。教师根据设计界面,完成具体程序开发,学生有机会直接操作真实的APP,真实的体验能够帮助其更好地理解软件开发的全过程,如图 6-4-2 所示。

（3）系统测试

系统测试环节为学生提供了一个检验成果的机会。测试不仅仅是找出问题,更重要的是了解为什么会出现这些问题,以及如何解决这些问题。教师通过模拟可能出现的

图 6-4-2　APP 界面

故障情境,引导学生思考可能出现的问题。在小组实践中,学生模拟真实的使用场景,不断排查问题。

（4）用户体验

用户体验环节将学生从技术的角度引导到了用户的角度。这一环节强调的是学

生的同理心和沟通能力。只有深入地了解用户的真实需求,学生才能开发出真正有价值的产品。

实施操作的师生互动教学过程是一个全面、深入的学习过程。在这个过程中,学生不仅仅是被动地接受知识,更多地是通过实践来掌握知识和技能。同时,教师也不再是传统意义上的"知识的传递者",而是成为了学生学习过程中的引导者和伙伴。这种教学方式不仅能够提高学生的学习兴趣和实践能力,还能培养其创新思维和团队合作精神。

4. 总结评价

总结评价环节是学生学习过程的收尾,能有效帮助学生深入理解自己的学习成果,同时也为未来的学习提供了方向。教师在此过程中的角色不仅是指导者,更是激励者。

(1)成果展示

在这个环节,学生分享设计思路、实现方法以及遇到的问题和解决方案。通过这种方式,学生不仅能够对自己的工作进行回顾和总结,还能与同学们交流和分享经验。

(2)反馈分析

在成果展示结束后,教师将组织一个反馈分析环节。学生将被分为小组,需要对其他小组的呈现进行评价,并给出建议。每个小组会从技术、设计、用户体验和团队合作四个方面对其他小组进行评价。

(3)项目总结

教师在此环节的任务是引导学生进行深入的思考。提出一系列的问题,帮助学生理解他们的项目在哪些方面做得好,哪些方面还需要改进。

(4)未来展望

在本环节,学生需要思考项目未来的发展方向。学生考虑如何对遥控电闸项目进行升级或扩展,思考如何将该项目应用到其他智能物联场景中。

六 学习评价

本项目结合评价理论分为过程性评价与总结性评价,确保学生在项目过程中的各个阶段都能得到有效的反馈与指导,同时最终对学生的整体表现进行全面评价。其中过程性评价旨在监测学生在项目实施过程中的进展,及时为其提供反馈和指导。具体详见表6-4-2和表6-4-3。

表6-4-2 过程性评价量表

项目环节	评价指标	分值	学生得分
需求分析	市场调研的深度和广度	5	
	功能定义的明确性	5	
	成本预算的合理性	10	
设计方案	总体设计的创新性和实用性	10	
	电路设计的安全性和可靠性	10	
	编程设计的功能性和稳定性	20	
实施操作	组件安装的稳固性	10	
	电路连接的准确性	10	
	编程实施与测试的成功率	20	

表6-4-3 总结性评价量表

评价指标	分值	学生得分
功能测试与问题修正的成功率	15	
对用户反馈进行回应的积极性和建设性	15	
项目总结与反思的深度	15	
团队合作与沟通能力	15	
创新性和解决问题的能力	15	
项目整体完成度	25	

　　教师在每个环节结束后,可以根据过程性评价的标准对学生进行评价,并提供反馈和建议。在项目结束后,教师再根据总结性评价的标准对学生的总体表现进行评价。这种双重评价方式既确保了学生在过程中得到有效的指导,也确保了对学生最终的全面评价。

七 项目反思

本项目旨在设计和实现一种基于物联网的远程遥控电闸,最显著的创新点在于可以通过手机远程查看电闸状态,如果确定没有关闭电闸,打开手机还能远程操作,实用且便捷。

从需求分析到设计方案,再到实施操作和总结评价,整个过程是一次完整的实践体验。在这样的跨学科项目中,学生有机会运用他们在信息科技和物理学科中所学到的知识,同时还能培养他们的团队合作、创新思维和问题解决等关键能力。

（撰稿者:东北师范大学深圳坪山实验学校 黄韵豪、莫怡琳）

【创意设计 6‑5】交通信号灯失灵定位报警系统

适用对象:八年级　项目课时:6课时

一　项目背景

　　智能交通系统作为现代城市建设的重要组成部分,以其高效的管理和便捷的出行体验,满足了现代社会对交通流畅与安全的新需求;同时,随着城市化进程的加速,智能交通系统对于缓解交通拥堵、提升城市运行效率也发挥着不可或缺的作用。智能交通系统的广泛应用离不开物联网的快速发展,《义务教育信息科技课程标准(2022年版)》指出,物联网实践与探索是第四学段(7—9年级)的重要学习内容模块之一,要求学生根据学习任务的需要和可用的实验设备,设计并搭建具有数据采集、实时传播和简单控制功能的简易物联系统,学生能通过智能终端或编写的程序,读取并处理含有物联功能设备中的数据,并进行适当反馈或控制。[①] 基于此,本项目围绕"设计并制作交通信号灯失灵定位报警系统"展开,学生需综合运用物联网技术、硬件搭建和编程等知识和技能,将信号灯设备与物联网平台连接,实现对信号灯状态的实时监测和反馈。本项目不仅有助于学生更加深入理解物联网的原理,还能有效提高其信息科技水平和创新能力,培养解决实际问题的能力。

二　项目思路

　　为解决交警部门难以及时发现交通灯故障所引发的交通拥堵问题,减轻交警巡逻的辛劳,并降低管理成本,本项目基于麻省理工学院和瑞典皇家工学院等四所大学提出的 CDIO 工程教学模式进行设计。本项目共 6 课时,将整个学习过程划分为需求分

---

① 中华人民共和国教育部. 义务教育信息科技课程标准(2022 年版)[M].北京:北京师范大学出版社,2022.

析、设计方案、实施操作、总结评价四个阶段,具体课程思路见图6-5-1。

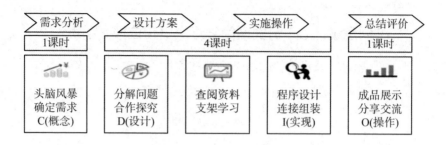

图 6-5-1　项目设计思路图

三　学习目标

本项目涉及物理、数学、信息科技等学科,具体内容涉及人教版物理九年级上册第十五章电流和电路、第十六章电压电阻、第二十章电与磁;人教版数学七年级上册第四章几何图形初步;信息科技中利用程序语言完成感测与控制,搭建小型物联网系统。具体学习目标如下。

1. 学科知识:(1)物理,掌握光敏传感器的工作原理和使用方法,理解电路的基本概念和原理,能够搭建和调试简单的电路系统,确保报警系统的正常运行;(2)数学,掌握基本的几何图形知识,能够绘制和计算与交通信号灯和报警系统相关的图形和角度;(3)信息,学习编程基础知识,能够编写简单的程序控制报警系统的运行,实现数据采集、传输、处理和控制功能,了解物联网技术的基本原理和应用,能够将报警系统接入物联网平台,实现远程监控和管理。

2. 关键能力:(1)理解系统的运行原理和各个组件之间的关系,培养思维逻辑和系统思维能力;(2)学习物联网技术、传感器应用、电路连接和编程等知识,并将其应用到交通信号灯失灵定位报警系统的设计和制作中,培养技术实践和创造能力。

3. 学习素养:(1)通过调研、实验和实践,培养科学探究思维;(2)通过问题解决与程序编写,培养计算思维;(3)学会与小组成员进行有效的沟通和协作,分工合作,共同解决问题;(4)认识到科技对社会的重要性,培养学生的社会责任感和担当精神,能够为社会的发展和进步贡献自己的力量。

四　学习任务

随着社会发展速度的加快,社会车辆与私人车辆的数量不断增多,交通拥挤问题日益凸显,社会时刻面临着交通压力的挑战。在日常生活中,我们常常看到交警顶着烈日代替交通信号灯指挥交通,因为交通信号灯损坏,得不到及时维修从而导致交通拥堵,甚至发生交通事故,给过往的车辆和行人安全带来隐患。因此急需有一个能够及时发现错误信息,精准定位错误地点,实现手机实时监控等功能的系统。为解决以上问题,我们设计并制作了"交通信号灯失灵定位报警系统模型",具体的学习任务见表6-5-1。

表6-5-1　学习任务分解表

核心驱动任务	核心问题	最终成果
学生团队合作,设计并制作一个能够实时监测交通灯故障、准确定位故障点,并快速向交通指挥中心发送信号的系统,以提升交通流畅度和安全性	怎样设计、制作一个系统,能及时发现交通灯故障,准确定位,快速向交通指挥中心发出信号?	研究报告交通信号灯失灵定位报警系统模型
子任务	具体内容	阶段产品
交通信号灯失灵定位报警系统需求分析	发现问题,社会调查文献研究,市场调查	发明创意卡需求报告
交通信号灯失灵定位报警系统设计方案	设计发现故障系统:准确、快速发现发生故障交通灯的位置设计发射信号系统:准确地把定位发送到指挥中心设计接收管理系统:指挥中心接收、处理信号	设计方案
交通信号灯失灵定位报警系统实施操作	列出材料清单,购买研究器材利用3D One软件设计模型搭建实物电路,组建外形学习相应编程原理,编写程序	材料清单产品设计图实践操作单程序代码
交通信号灯失灵定位报警系统组建调试与展示分享	调试实物作品能否满足现实需求,展示交流创意想法	交通信号灯失灵定位报警系统模型研究报告

本项目实施需要的教具材料包括 Arduino 开发平台、Arduino 开发板、光线传感器、无线 WiFi 模块、模拟测试开关、模拟位置选择开关、3D 打印机、激光切割机等。在整个项目活动中,课题组成员首先开展访谈调查,了解交通信号灯失灵定位报警系统的制作需求。其次通过文献研究、市场调查研究该项目的创新性与可行性。而后分工查阅资料,相互讨论,确定交通信号灯失灵定位报警系统的初步设计思路。接着设计模型,购买器材,动手制作,编写代码,最终形成样品。通过反复测试,保证该系统能够及时发现错误信息,精准定位错误地点,实现手机实时监控等功能。

1. 需求分析

(1) 发现问题,社会调查

本项目通过展示交通信号灯失灵导致交通堵塞的图片,激发学生对问题的关注,引导学生将问题聚焦。为深入了解设计需求,指导学生设计交通信号灯失灵故障处理访谈提纲。学生通过线下走访交警,调查常见的交通灯故障种类与频率,面对交通信号灯故障时的处理方式与处理时长,以及对现有处理方式的改进需求。而后,学生整理访谈结果,形成访谈报告。

调查发现,交通信号灯偶然失灵,在深圳市是一个常见事件,常见故障为路口交通信号灯全不亮、单方向交通信号灯不亮、单个交通信号灯不亮等,受自然原因影响和交通事故的影响较多,交通部门一般通过举报电话和巡逻等方式发现故障,维修时间一般在一周以内。这些故障会给交通带来堵车、撞车和更严重的交通事故,所以有必要发明一个交通信号灯失灵定位报警系统帮助交警部门快速发现问题,以及精准定位报警地点。

(2) 文献研究,市场调查

学生利用百度、国家知识产权局网站、购物网站等搜索网络与市场中是否存在类似研究、专利或产品,初步分析"交通信号灯失灵定位报警系统"的创新性。发现同类产品较少,交通信号灯失灵定位报警系统创新性强,可以继续进行研究。

2. 设计方案

教师与学生讨论,共同梳理定位与报警的功能实现原理,分析得出该系统应该包含以下三个子系统。

（1）发现故障系统

把每一个路口的信号灯事先编好编号,比如"深圳坪山天虹路口:编号0001""深圳坪山图书馆路口:编号0002"。每个路口的红灯、黄灯、绿灯各安装一个光线传感器,光线传感器安装在信号灯机壳内,避免外界光线干扰。光线传感器与信号灯串联在一起。当光线传感器检测到信号灯没有正常亮起,说明处于不正常工作状态;主控器通过对应的光线传感器,检测到工作不正常的信号灯,就能知道是哪个路口、哪个颜色灯工作不正常。

（2）发射信号系统

当出现问题时,主控器马上通过无线WiFi模块将"工作状态信息"和"编号"发送至管理人员的手机上。

（3）接收、管理系统

管理人员通过手机,看到失灵信号灯位置编码后,马上通知交警到现场指挥或通知维修人员抢修,避免交通拥堵。

学生与教师进一步分析需要用到的硬件,思考电路连接方式,见图6-5-2。完善作品方案,形成最终版创意方案。

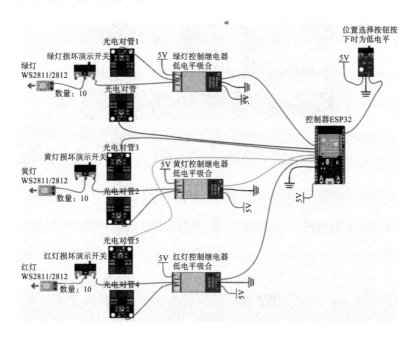

图6-5-2 系统电路图

3. 实施操作

(1) 列出材料清单,购买研究器材

根据创意卡内容,借助学习的人工智能与发明创新相关知识,查阅资料,在教师的引导、帮助下,选定 Arduino 编程控制器作为主控芯片,同时连接光线传感器、无线 WiFi 模块、模拟测试开关、模拟位置选择开关、WiFi 指示灯等,安装在方形盒状的木质外壳(激光切割技术)内外。架起交通灯的横杆、立杆、底座(不锈钢)外形仿真路上的交通信号灯设备。

列出所需材料的作用以及购买数量、途径与价格,向家长汇报研究的想法,在其帮助下完成器材的购买。

(2) 设计模型

测量旗杆的长度,利用 3D One 软件设计连接处模型。根据设计草图与实际元器件大小,利用 Lightburn 软件设计交通灯外壳,见图 6-5-3。

图 6-5-3 外壳拼接

(3) 搭建实物电路,组建外形

将准备好的材料按照电路图进行连接,对交通灯内部部件进行一定的布局,完成模型的组建。

(4) 学习相应编程原理,编写程序

师生共研 Android 开发的相关知识,了解故障检测、信息发射、信息接收等子程序的编写过程,见图 6-5-4。此系统以红绿灯为模型,通过控制灯带开关模拟故障情况,连接到手机热点,并将设备信息绑定至微信巴法云平台,即可随时查看设备预警信息。在上述过程中,学生重点了解交通信号灯失灵定位报警系统的工作原理,对于程序设计和电路连接暂不需深入了解。

```
digitalWrite(5,HIGH);digitalWrite(18,huangz);digitalWrite(19,HIGH);
if (digitalRead(16) == LOW && huangcs == 0 && fs == 0) {delay(500);
  if (digitalRead(16) == LOW && huangcs == 0 && fs == 0) {
    fs = 1;
    String postData;
    if (digitalRead(15) == HIGH) {postData = "uid="+uid+"&type=" + type +"&time="+delaytime+"&device="+device+"&msg="+huang+"&msg2="+szlk;}
    if (digitalRead(15) == LOW) {postData = "uid="+uid+"&type=" + type +"&time="+delaytime+"&device="+device+"&msg="+huang+"&msg2="+dglk;}
    http.begin(client, ApiUrl);
    http.addHeader("Content-Type", "application/x-www-form-urlencoded");
    int httpCode = http.POST(postData);
    String payload = http.getString();
    http.end();
  }
  if (millis() - TIMING_Time >= 800) {
    TIMING_Time          = millis();
    huangz               = 1 - huangz;
    if(huangz            == 1){huangcs = 1;}
    if(huangz            == 0){huangcs = 0;}
      digitalWrite(5,HIGH);digitalWrite(18,huangz);digitalWrite(19,HIGH);
      huanggs = huanggs + 1;
  }
  if(huanggs >= 5){huanggs = 0; huangz = 0; digitalWrite(5,HIGH);digitalWrite(18,huangz);digitalWrite(19,HIGH); fs = 0;goto END_hong;}
goto END_huang;
}
```

图 6-5-4　系统程序(部分)

4. 总结评价

学生展示最终制作完成的成果,演示装置是否及时报送错误信息以及信息的正确性,见图 6-5-5。鼓励学生采用多种形式(PPT、文档、图片)分享研究报告,描述设计制作的关键步骤,反思遇到的挑战和解决的方案,供其他小组学习参考。其他小组结合评价量表对汇报小组进行评分,给出合理化建议,教师总结指导,启发下一步的研究方向。

六　学习评价

本项目结合评价理论分为过程性评价与总结性评价,确保学生在项目过程中的各个阶段都能得到有效的反馈与指导,同时最终对学生的整体表现进行全面评价,见表 6-5-2 和表 6-5-3。其中过程性评价旨在监测学生在项目实施过程中的进展,及时为其提供反馈和指导。

图 6-5-5　预警信息提醒

表6-5-2　过程性评价量表

项目环节	评价指标	分值	学生得分
需求分析	市场调研的深度和广度	5	
	功能定义的明确性	5	
	成本预算的合理性	10	
设计方案	总体设计的创新性和实用性	10	
	外壳设计的美观性	10	
	电路设计的安全性和可靠性	10	
	编程设计的功能性和稳定性	10	
实施操作	3D打印与激光切割的质量	10	
	组件安装的稳固性	10	
	电路连接的准确性	10	
	编程实施与测试的成功率	10	

表6-5-3　总结性评价量表

评价指标	分值	学生得分
功能测试与问题修正的成功率	15	
对用户反馈进行回应的积极性和建设性	15	
项目总结与反思的深度	15	
团队合作与沟通能力	15	
创新性和解决问题的能力	15	
项目整体完成度	25	

七　项目反思

本项目围绕制作"交通信号灯失灵定位报警系统"展开,学生从生活中发现问题,从理论学习到实践操作,再回归生活,运用知识解决问题,进一步明确了知识的意义。该作品最显著的创新点在于可以智能检测交通信号灯状态并发送位置到相关部门,及时地通知相关人员来修理,避免不必要的交通事故或者堵塞,同时省去了工作人员定期的检查,在一定程度上节省了人力。

1. 评价的生长性促进个体发展

本项目在实施的每个阶段都有需要完成的任务,如访谈报告、设计方案、材料清单、设计模型、实物成果、研究报告等,这些阶段性的成果不仅为学生提供了实践的机会,也为教师提供了观察、评价学生成长的窗口。在评价学生的过程中,注重及时反馈与指导,每当学生完成一个阶段的任务,教师会认真审阅其成果,并给予具体的评价和建议,这不仅激发了学生的学习兴趣和动力,也帮助他们建立了自我反思和自我提升的能力。

2. 创新思维的展现与应用

在制作过程中,学生展现出了卓越的创新思维,提升了项目的实用性和价值。他们不仅按照传统的方法制作了基本的报警系统,还结合实际需求,提出了一系列创新性的想法。例如,他们加入了定位功能,可以准确地定位到交通信号灯失灵的位置,为维修人员提供了极大的便利。

(撰稿者:东北师范大学深圳坪山实验学校　莫怡琳、黄韵豪)

后 记

    本书是深圳市坪山区创新教育品质课程探索多年的成果结集,书中的每一个项目案例都是来自一线教师亲身实践。在书籍写作过程中,我们深感其重要性和挑战性。创新教育是当今社会的一个热门话题,也是教育领域中的一个关键议题。在撰写本书的过程中,我们不仅深入研究了创新教育的理论和实践,还对许多教育工作者的案例进行了指导和细化,直至研制出比较满意的 CIM 课程案例。

    在撰写本书的过程中,我们也遇到了许多困难和挑战。由于创新教育是一个复杂而广泛的议题,因此在撰写过程中需要平衡不同的观点和意见。同时,由于创新教育是一个不断发展和变化的领域,因此需要不断更新和修订书中的内容。

    总的来说,这本书是我们对创新教育的一个探索和尝试,希望通过本书,能够让更多的人了解创新教育的理念和实践,并为其发展贡献自己的力量。同时,我们也希望通过这本书,能够激发更多的讨论和实践,以推动创新教育的发展和进步。

    最后,我要感谢所有支持这本书的读者和华东师范大学出版社。感谢你们对我们的支持和鼓励。我相信,在你们的帮助下,这本书将会对创新教育的发展产生积极的影响和贡献。